Regelheft Baseball

Deutscher Baseball und Softball Verband e. V. (Hrsg.)

Christian Posny & Sven Müncheberg

REGELHEFT BASEBALL

Aktualisiert 2018

Das offizielle Regelwerk des

Deutschen Baseball und Softball Verbandes (DBV)

Meyer & Meyer Verlag

REGELHEFT BASEBALL

Bibliografische Information der Deutschen Nationalbibliothek
Die Deutsche Nationalbibliothek verzeichnet diese Publikation in der Deutschen
Nationalbibliografie; detaillierte bibliografische Details sind im Internet
über <http://dnb.d-nb.de> abrufbar.

Alle Rechte, insbesondere das Recht der Vervielfältigung und Verbreitung sowie das
Recht der Übersetzung, vorbehalten. Kein Teil des Werkes darf in irgendeiner Form –
durch Fotokopie, Mikrofilm oder ein anderes Verfahren – ohne schriftliche Genehmigung
des Verlages reproduziert oder unter Verwendung el ektronischer Systeme verarbeitet,
gespeichert, vervielfältigt oder verbreitet werden.

© 1994 by Meyer & Meyer Verlag, Aachen
11., überarb. Auflage 2018
Auckland, Beirut, Dubai, Hägendorf, Hongkong, Indianapolis, Kairo, Kapstadt,
Manila, Maidenhead, Neu-Delhi, Singapur, Sydney, Teheran, Wien

 Member of the World Sport Publishers' Association (WSPA)

Druck: CPI - Clausen & Bosse, Leck
ISBN 978-3-8403-7602-3
www.dersportverlag.de
E-Mail: verlag@m-m-sports.com

INHALT

Vorwort 10

Einleitung 10

1.00 Ziele des Spiels... 12

2.00 Spielfeld... 13
    2.01 Aufbau des Spielfeldes 13
    2.02 Home Base 15
    2.03 Bases 15
    2.04 Pitcher's Plate 15
    2.05 Mannschaftsbänke... 15

3.00 Ausrüstung und Bekleidung 16
    3.01 Spielball 16
    3.02 Schläger 16
    3.03 Bekleidung 18
    3.04 Fanghandschuh des Catchers 19
    3.05 Fanghandschuh des First Baseman 20
    3.06 Fanghandschuhe der Feldspieler 20
    3.07 Fanghandschuh des Pitcher 21
    3.08 Schutzhelme 22
    3.09 Unzulässige Werbung 23
    3.10 Ausrüstung auf dem Spielfeld 23

4.00 Spielvorbereitung 24
    4.01 Aufgaben des Schiedsrichters 24
    4.02 Manager 25
    4.03 Austausch der Schlagreihenfolgen 25
    4.04 Wetter und Zustand des Spielfeldes.................. 28
    4.05 Ground Rules: Individuelle Regeln eines Spielfeldes 28
    4.06 Verbot der Verbrüderung 29
    4.07 Sicherheit 29
    4.08 Doppelspieltage 29

5.00	**Spielablauf**	**32**
5.01	Spielbeginn: „Play Ball"	32
5.02	Feldpositionen	32
5.03	Base Coaches	33
5.04	Schlagen	33
	(a) Schlagreihenfolge	33
	(b) Schlagraum	34
	(c) Ende eines Schlagdurchgangs	38
5.05	Schlagmann wird zum Läufer	38
5.06	Ablaufen der Bases	42
	(a) Besetzen eines Base	42
	(b) Vorrücken auf den Bases	42
	(c) Spielunterbrechung (Dead Ball)	48
5.07	Pitching	51
	(a) Erlaubte Pitch-Ausführung	51
	(b) Aufwärm-Pitches	53
	(c) Spielverzögerung durch Pitcher	54
	(d) Würfe zu den Bases	54
	(e) Auswirkung beim Entfernen des Standfußes von Pitcher's Plate	54
	(f) Beidhändige Pitcher	55
5.08	Erzielen von Punkten	55
5.09	Erzielen von Aus	58
	(a) Schlagmann wird zum Aus	58
	(b) Läufer wird zum Aus	63
	(c) Appeal Plays: Einsprüche	69
	(d) Auswirkung bei Nichtberühren eines Base durch einen vorauslaufenden Läufer	72
	(e) Wechsel des Schlagrechts	72
5.10	Auswechslungen und Pitcher-Wechsel (inklusive Besuche beim Pitcher)	72
5.11	Designierter Schlagmann	78

	5.12	„Time" und Spielunterbrechungen 82
6.00	**Unzulässige Spielzüge, regelwidrige Aktionen und Fehlverhalten 84**	
	6.01	Behinderungen, Blockierungen und Kollisionen mit dem Catcher.. 84
		(a) Interference: Behinderung durch Schlagmann oder Läufer 84
		(b) Vorrecht eines Feldspielers............................. 88
		(c) Interference: Behinderung durch Catcher...... 88
		(d) Unabsichtliche Behinderung 89
		(e) Behinderung durch Zuschauer 90
		(f) Behinderung durch Coaches oder Schiedsrichter 91
		(g) Behinderung bei Squeeze Play oder Home Steal 92
		(h) Obstruction: Blockierung eines Läufers 92
		(i) Kollisionen an Home Plate............................ 94
		(j) Hineinrutschen an Bases bei Versuch eines Double Play... 96
	6.02	Regelwidrige Handlungen des Pitchers 97
		(a) Balk: Regelverstoß des Pitchers..................... 97
		(b) Regelwidrige Pitches ohne Läufer auf Base.. 100
		(c) Verbotene Aktionen beim Pitching 100
		(d) Strafen 102
	6.03	Regelwidrige Aktionen des Schlagmanns............ 103
		(a) Schlagmann wird zum Aus......................... 103
		(b) Schlagen außerhalb der Schlagreihenfolge ... 106
	6.04	Unsportliches Verhalten 109
7.00	**Spielende... 111**	
	7.01	Reguläre Spiele (Regulation Games) 111
	7.02	Aufgeschobene Spiele (Suspended Games),

		verschobene Spiele (Postponed Games) und Spiele mit Gleichstand (Tie Games) 114
	7.03	Aberkannte Spiele (Forfeited Games) 119
	7.04	Proteste 121
8.00	**Schiedsrichter**.. 122	
	8.01	Qualifikationen und Befugnisse von Schiedsrichtern... 122
	8.02	Appeal: Einspruch bei Schiedsrichterentscheidung 122
	8.03	Positionen der Schiedsrichter 125
	8.04	Berichte 127

Allgemeine Anweisungen für Schiedsrichter 128

Die Regeln für die Anfertigung des Spielberichts 130

9.00	**Der offizielle Scorer (Official Scorer)** 132	
	9.01	Offizieller Scorer (allgemeine Regeln)................ 132
	9.02	Offizieller Spielbericht 135
	9.03	Offizieller Spielbericht (zusätzliche Regeln) 138
	9.04	Runs Batted In 140
	9.05	Base Hits 141
	9.06	Bewertung von Base Hits 143
	9.07	Stolen Bases und Caught Stealing 146
	9.08	Sacrifices 149
	9.09	Putouts 150
	9.10	Assists 152
	9.11	Double Plays und Triple Plays 154
	9.12	Errors 154
	9.13	Wild Pitches und Passed Balls 159
	9.14	Base on Balls 160
	9.15	Strikeouts 161
	9.16	Earned Runs und zugelassene Runs................... 162
	9.17	Winning und Losing Pitcher 168
	9.18	Shutouts 170
	9.19	Saves für Einwechselpitcher 170

9.20	Statistiken 171
9.21	Berechnung der Durchschnittsleistungen 172
9.22	Mindestanforderungen für Spielerauszeichnungen 172
9.23	Richtlinien für Rekordserien 175

Begriffsdefinitionen 176

Anhang 200

1	Aufbau des Spielfeldes 200
2	Abmessungen an Home Plate, ersten, zweiten und dritten Base 201
3	Abmessungen des Werferhügels (Pitcher's Mound) 202
4	Abmessungen eines Fanghandschuhs 203
5	Strike Zone 204

Änderungen 2017 und 2018 205

Bildnachweis 211

VORWORT

Deutscher Baseball und Softball Verband (DBV)

Für den deutschen Baseballspielbetrieb gilt das vorliegende Regelheft als Grundlage für die Spieldurchführung in allen Ligen und Altersklassen. Das Regelheft basiert auf den Original-Regeln der US-amerikanischen Profiliga – der Major League Baseball.

Das Regelheft wird durch die Bundesspielordnung und weitere Bestimmungen auf der Ebene des Bundesverbandes und der Landesverbände ergänzt, um eine bestmögliche Organisation des Spielbetriebs in den verschiedenen Ligen zu erzielen. Diese Bestimmungen sind im Internet unter **www.baseball-softball.de** erhältlich.

Regelheft sowie begleitende Bestimmungen dienen dem fairen Wettkampf im Geiste sportlichen Miteinanders. Diese Grundsätze stehen beim Baseball stets im Vordergrund.

Play Ball!

Präsidium des DBV

EINLEITUNG

Das Spielfeld ist ein Viertelkreis, der Endstand ist nie unentschieden und Zeit ist reine Nebensache: Das sind nur einige der Unterschiede, die Baseball von anderen europäischen Sportarten abheben – und Baseball gleichzeitig besonders interessant machen.

Für das Baseballspiel existieren in den USA Regelvariationen – von Major League Baseball (US-Profiliga) über die Collegeligen bis hin zum Spielbetrieb der Jugendligen. Auf internationaler Ebene – und deshalb auch in Deutschland – gelten die Regeln der US-Profiligen, auf denen diese Übersetzung basiert.

Für den Spielbetrieb im deutschsprachigen Raum haben die Dachverbände Spielordnungen und Durchführungsbestimmungen festgelegt. Diese ändern nicht den Spielablauf – treffen aber Abgrenzungen zur Organisation des Spielbetriebs, zum Beispiel in Bezug auf Altersklassen, Spielplanerstellung, Spielausrüstung, Einsatz von Spielern, Spielabbrüchen usw. Solche verbands- und ligaspezifischen Ordnungen existieren parallel zum vorliegenden Regelwerk und können beim Bundesverband und den Landesverbänden angefordert werden.

Da sich die Übersetzung der Regeln am Original orientiert, wurden an verschiedenen Stellen Kommentare zum deutschen Spielbetrieb hinzugefügt. Diese Kommentare sind durchgängig mit einer grauen Farbe hinterlegt, da sie kein offizieller Bestandteil der US-Regeln – für den deutschen Spielbetrieb aber hilfreich – sind.

Im Jahr 2015 wurde das Regelwerk komplett neustrukturiert und es erfolgte eine Neunummerierung. Die korrespondierende Regel der alten Struktur ist hinter der neuen Regelnummer in geschwungenen Klammern aufgeführt.

Baseballneulingen sei das Kapitel „Begriffsdefinitionen" zum Einstieg empfohlen – und natürlich der Besuch von Baseballspielen. Lassen Sie sich vom Regelwerk nicht täuschen: Baseball ist ein leicht zu erlernender Sport – mit über 210 Millionen aktiven Spielerinnen und Spielern weltweit!

Baseballveteranen sollten mit dem Kapitel „Änderungen 2017 und 2018" starten: Dort findet sich ein Überblick über die Regeländerungen, die im US-Spielbetrieb 2016 und 2017 eingeführt wurden und im deutschen Spielbetrieb ab 2018 gelten.

Christian Posny & Sven Müncheberg

1.00 ZIELE DES SPIELS

1.01 {1.01} Baseball ist ein Spiel zwischen zwei Mannschaften von je neun Spielern mit einem verantwortlichen Manager, das auf einem umzäunten Spielfeld in Übereinstimmung mit diesen Regeln und unter Leitung von einem oder mehreren Schiedsrichtern gespielt wird.

1.02 {5.04} Das Ziel der Offensivmannschaft ist es, dass ihre Schlagmänner zu Läufern werden und dass ihre Läufer vorrücken.

1.03 {5.05} Das Ziel der Defensivmannschaft ist es, die Offensivspieler davon abzuhalten, zu Läufern zu werden und das Vorrücken der Läufer um die Bases zu verhindern.

1.04 {5.06} Wenn ein Schlagmann zum Läufer wird und alle Bases regelkonform und in der richtigen Reihenfolge berührt, erzielt er einen Punkt für seine Mannschaft.

1.05 {1.02} Das Ziel jeder Mannschaft ist es, das Spiel zu gewinnen, indem sie mehr Punkte erzielt als der Gegner.

1.06 {1.03} Der Gewinner des Spiels ist die Mannschaft, die am Ende eines regulären Spiels in Übereinstimmung mit diesen Spielregeln die meisten Punkte erzielt hat.

2.00 SPIELFELD

2.01　Aufbau des Spielfeldes

{1.04} Das Spielfeld muss entsprechend den nachstehenden Vorschriften angelegt werden – ergänzt durch die Abbildungen 1, 2 und 3 im Anhang.

{1.04} Das Innenfeld ist ein Quadrat von 27,43 m Seitenlänge. Das Außenfeld ist der Bereich zwischen den beiden Spielfeldlinien, die durch die Verlängerung zweier sich berührender Seiten des Quadrats entstehen, wie es in Abb. 1 im Anhang gezeigt wird. Die Entfernung von der Home Plate bis zum ersten Zaun, Zuschauerrang oder baulichen Hindernis in Fair Territory muss mindestens 76 m betragen; eine Entfernung von 98 m entlang den Spielfeldlinien und 122 m zur Mitte des Außenfeldes ist wünschenswert.

Das Innenfeld muss eben sein, sodass die Spielfeldlinien und die Home Plate auf einer Ebene liegen. Die Pitcher's Plate muss 25 cm höher als die Home Plate liegen. Das Gefälle von einem Punkt 15 cm vor der Pitcher's Plate auf einen Punkt 180 cm in Richtung auf die Home Plate zu muss 2,5 cm auf 30 cm betragen und gleichmäßig sein. Innenfeld und Außenfeld, einschließlich der begrenzenden Spielfeldlinien, bilden das Fair Territory; der restliche Bereich des Spielfeldes ist das Foul Territory.

Die Linie von der Home Plate über die Pitcher's Plate zum zweiten Base sollte nach Möglichkeit in Richtung Ost/Nordost zeigen.

Die Distanz von der Home Plate zum Backstop muss – so die Empfehlung – mindestens 18 m betragen; dies gilt auch für den Abstand des nächsten Zauns, der nächsten Zuschauertribüne oder jedes anderen Hindernisses im Foul Territory zu den Spielfeldlinien (siehe Abbildung in Anhang 1).

Wenn die Stelle festgelegt ist, an der die Home Plate liegen soll, werden mit einem geeichten Stahlmessband 38,80 m in die gewünschte Richtung abgemessen, um das zweite Base anzulegen. Von diesem Punkt werden 27,43 m in Richtung auf das erste Base abgemessen; genauso werden von der Home Plate 27,43 m in Richtung auf das erste Base abgemessen.

Der Schnittpunkt der Kreisbögen bestimmt die Position des ersten Base.

Ebenso werden von der Home Plate bzw. vom zweiten Base 27,43 m zur anderen Seite gemessen, um das dritte Base festzulegen. Die Entfernung zwischen dem ersten und dem dritten Base beträgt 38,80 m. Alle Messungen von der Home Plate werden von dem Punkt aus vorgenommen, an dem sich die Spielfeldlinien vom ersten und dritten Base schneiden. Die Catcher's Box, die Schlagräume, die Coaches Boxes, die 1-m-Spielfeldlinie zum ersten Base und die Felder für die nächsten Schlagmänner werden angelegt, wie in den Abbildungen in Anhang 1 und 2 beschrieben.

Die Spielfeldlinien und alle anderen Spielfeldmarkierungen, die in den Abbildungen durch dicke Linien angedeutet sind, müssen auf dem Spielfeld durch deutlich sichtbare weiße Markierungslinien eingezeichnet werden. Für diese Markierung kann Farbe, natürliche Kreide (ungiftig und nicht ätzend) oder ein anderes weißes Material verwendet werden.

Die durch Grasflächen vorgegebenen Linien und Abmessungen in den Abbildungen entsprechen den Gegebenheiten auf vielen Baseballfeldern, sie sind aber nicht verpflichtend. Jeder Verein muss selbst die Größe und Form der Gras- und Ascheflächen auf seinem Spielfeld bestimmen.

Bemerkung:
(a) Alle Spielfelder, die von professionellen Vereinen nach dem 1. Juni 1958 erbaut wurden, müssen als Mindestdistanz 99 m von der Home Plate bis zum ersten Zaun, Zuschauerrang oder baulichen Hindernis entlang der Spielfeldlinien im linken Außenfeld als auch im rechten Außenfeld aufweisen; und als Mindestdistanz 122 Meter von der Home Plate bis zum Zaun in der Mitte des Außenfeldes.

(b) Kein bestehendes Spielfeld darf nach dem 1. Juni 1958 so verändert werden, dass eine Verkürzung der in (a) festgelegten Mindestdistanzen die Folge wäre.

2.02   {1.05} Home Base

Das Home Base wird durch eine fünfeckige weiße Gummiplatte gekennzeichnet. Diese Platte wird aus einem Quadrat mit 43,2 cm Seitenlänge hergestellt, indem zwei Ecken entfernt werden, sodass eine Kante 43,2 cm lang ist, die beiden angrenzenden Kanten je 21,6 cm und die beiden restlichen Kanten je 30,5 cm. Diese Home Plate wird so im Boden, eben zur Bodenoberfläche, befestigt, dass der gemeinsame Endpunkt dieser beiden Kanten mit dem Schnittpunkt der Spielfeldlinien von der Home Plate zum ersten und dritten Base zusammenfällt. Dabei zeigt die 43,2 cm lange Seite zum Pitcher's Plate und die beiden 30,5 cm langen Seiten liegen auf den Spielfeldlinien zum ersten bzw. dritten Base. Die oberen Kanten der Home Plate müssen abgeschrägt sein (siehe Abbildung 2 im Anhang).

2.03   {1.06} Bases

Das erste, zweite und dritte Base müssen durch weiße Kissen aus einem segeltuchähnlichen Stoff oder Gummi markiert werden, und diese Kissen müssen fest und sicher mit dem Boden verbunden sein (siehe Abb. 2 im Anhang). Dabei liegt das erste und das dritte Base vollständig im Innenfeld und das zweite Base liegt mit seiner Mitte auf dem Punkt, an dem das zweite Base festgelegt wurde. Die Bases müssen eine Seitenlänge von 38 cm aufweisen und dürfen weder dünner als 7,5 cm noch dicker als 13 cm sein, und müssen mit einem weichen Material gefüllt sein.

2.04   {1.07} Pitcher's Plate

Die Pitcher's Plate besteht aus einer rechteckigen weißen Gummiplatte mit Seitenlängen von 61 cm und 15 cm. Es wird gemäß den Abb. 1 und 2 im am Boden befestigt, sodass der Abstand zwischen der zum Home Base zeigenden Kante der Pitcher's Plate und dem hinteren Punkt der Home Plate 18,44 m beträgt.

2.05   {1.08} Mannschaftsbänke

Die Heimmannschaft muss für beide Mannschaften Mannschaftsbänke zur Verfügung stellen. Diese müssen mindestens 7,62 m von den Spielfeldlinien entfernt aufgestellt werden. Sie müssen überdacht und hinten sowie an den Seiten geschlossen sein.

3.00 AUSRÜSTUNG UND BEKLEIDUNG

3.01 {1.09} Spielball

Der Ball ist kugelförmig und besteht aus dünnem Garn, das um einen kleinen Kern aus Kork, Gummi oder Ähnlichem gewickelt ist, und das von zwei fest zusammengenähten Lederstreifen umgeben ist. Er muss ein Gewicht von nicht weniger als 141,7 g und nicht mehr als 148,8 g haben. Der Umfang beträgt mindestens 22,9 cm und höchstens 23,5 cm.

{3.02} Kein Spieler darf den Ball absichtlich verfärben oder beschädigen, indem er ihn zum Beispiel mit Erde, Magnesia, Paraffin, Lakritz, Sandpapier, Schleifpapier oder anderen fremden Substanzen ein- oder abreibt.

STRAFE: Der Schiedsrichter muss nach dem Ball verlangen und den Spieler aus dem Spiel entfernen, der die Regel verletzt hat. Darüber hinaus wird dieser Spieler automatisch für 10 Spiele gesperrt. Die Regeln 6.02 (c)(2) bis (6) zeigen die Strafen auf, die verhängt werden, wenn ein Pitcher den Ball unzulässig verändert {8.02 (a)(2) bis 8.02 (a)(6)}.
Kommentar zu Regel 3.01 {5.02}: Sollten sich Teile eines Balles während eines Spiels ablösen, bleibt der Ball im Spiel, bis der Spielzug beendet ist.

Kommentar für den deutschen Spielbetrieb: Die Bundesspielordnung definiert die für den Spielbetrieb zugelassenen Bälle (Hersteller, Fabrikat).

3.02 {1.10} Schläger

(a) Die Schläger müssen jeweils aus einem glatten, runden Stück bestehen, wobei die dickste Stelle nicht dicker als 6,63 cm im Durchmesser sein und die Länge 106,7 cm nicht überschreiten darf. Jeder Schläger muss aus einem massiven Stück Holz hergestellt sein.

Hinweis: In einem professionellen Ligaspiel dürfen keine Schläger aus Schichtpressstoff (Laminat) oder experimentelle Schlägertypen verwendet werden, es sei denn, der Hersteller hat eine gesicherte Erlaubnis des Regelkomitees hinsichtlich Design und Herstellungsmethode erhalten.

(b) Cupped Bats: Eine Einbuchtung bis zu einer Tiefe von 3,2 cm am Ende des Schlägers ist zulässig. Der Durchmesser der Einbuchtung muss mindestens 2,5 cm und darf höchstens 5 cm betragen. Die Einbuchtung muss rund sein und darf nicht mit fremden Substanzen beschichtet werden.

(c) Der Schlägergriff darf bis zu einer Länge von 46 cm (vom Schlägerende gemessen) mit einem beliebigen Material behandelt oder überzogen sein. Erstreckt sich dieses Material bzw. diese Substanz mehr als 46 cm vom Griffende, so darf dieser Schläger im Spiel nicht verwendet werden und muss aussortiert werden.

Hinweis: Bemerkt ein Schiedsrichter eine Abweichung im Sinne von Absatz (c), während oder nachdem ein solcher Schläger im Spiel verwendet wurde, so stellt dies keinen Grund dar, den Schlagmann zum Aus zu erklären oder einen Platzverweis auszusprechen.

Kommentar zu Regel 3.02 (c) {1.10 (c)}: Wenn Holzteer (Pine Tar) über die 46-cm-Markierung hinausgeht, muss der Schiedsrichter den Schlagmann anweisen, einen anderen Schläger zu verwenden. Der Schiedsrichter kann hier aus eigener Initiative oder nach einem Hinweis durch die gegnerische Mannschaft handeln. Der Schlagmann darf diesen Schläger später im Spiel nur dann wieder verwenden, wenn die Substanz oberhalb der Markierung entfernt wurde. Werden vor der Verwendung eines Schlägers keine Einwände erhoben, führt ein Verstoß gegen Regel 3.02 (c) {1.10 (c)} in keinem Fall dazu, dass eine Spielentwicklung rückgängig gemacht wird, und es ist auch kein Protest zulässig.

(d) Schläger mit einem farbigen Anstrich dürfen nur verwendet werden, wenn sie vom Regelkomitee zugelassen wurden.

Kommentar für den deutschen Spielbetrieb: Bestimmungen hinsichtlich der Schläger (Material, Machart, Hersteller) sind in der Bundesspielordnung bzw. in den Durchführungsordnungen der Landesverbände jeweils in Abhängigkeit zur Liga definiert. In Ligen, in denen ausschließlich Holzschläger zugelassen sind, führt die Bundesspielordnung eine Liste der zugelassenen Hersteller und Modelle auf.

3.03 {1.11} Bekleidung

(a) {1.11 (a)(1)} Alle Spieler einer Mannschaft müssen in Schnitt und Farbgebung einheitliche Spielkleidung tragen, die mit einer für jeden Spieler unterschiedlichen Rückennummer versehen sein muss, die nicht kleiner als 15 cm sein darf.

(b) {1.11 (a)(2)} Jeder sichtbare Teil eines Unterhemdes muss einfarbig und vom gleichen Farbton sein und bei allen Spielern einer Mannschaft die gleiche Farbe haben. Jeder Spieler, mit Ausnahme des Pitchers, darf am Ärmel eines solchen Unterhemdes individuelle Buchstaben, Zahlen oder Abzeichen tragen.

(c) {1.11 (a)(3)} Es darf kein Spieler in einem Spiel eingesetzt werden, dessen Spielkleidung nicht in allen oben genannten Punkten mit der seiner Mitspieler übereinstimmt.

(d) {1.11 (b)(1)-(2)} Eine Liga kann vorschreiben, dass die Spielkleidung jeder Mannschaft unverwechselbar sein muss, oder dass jede Mannschaft zwei unterschiedliche Spielbekleidungen besitzen muss: weiß für Heimspiele und eine andere Farbe für Auswärtsspiele.

(e) {1.11 (c)(1)-(2)} Die Ärmellänge der einzelnen Spieler darf sich unterscheiden, aber die Ärmel eines einzelnen Spielers müssen ungefähr die gleiche Länge haben. Kein Spieler darf abgerissene, ausgefranste oder aufgeschnittene Ärmel tragen.

(f) {1.11 (d)} Es ist untersagt, Klebeband oder andere Materialien an der Bekleidung anzubringen, wenn diese von einer anderen Farbe als die Spielkleidung sind.

(g) {1.11 (e)} Auf der Spielkleidung darf sich kein Muster befinden, das die Gestalt eines Baseballs darstellt oder erkennen lässt.

(h) {1.11 (f)} Glasknöpfe und glänzendes Metall dürfen sich nicht an der Spielkleidung befinden.

(i) {1.11 (g)} Kein Spieler darf an seinen Schuhen im Zehen- und Fersenbereich etwas anderes als die dafür vorgesehenen Platten anbringen. Zugespitzte Nägel, wie bei Lauf- oder Golfschuhen, sind verboten.

(j) {1.11 (h)} Kein Teil der Spielkleidung darf Aufnäher oder andere Designs aufweisen, die einem kommerziellen, werblichen Zweck dienen.

(k) {1.11 (i)} Die Spielkleidung kann auf dem Rücken der Hemden mit dem Nachnamen des jeweiligen Spielers versehen werden. Jede andere Aufschrift als der Nachname des Spielers bedarf der Zustimmung durch den jeweiligen Verband. Wenn Namen auf dem Rücken angebracht werden, muss dies einheitlich bei allen Spielern einer Mannschaft der Fall sein.

Kommentar für den deutschen Spielbetrieb: Werbung auf Spielerbekleidung bzw. Spielerausrüstung und erlaubten Stollenschuhen ist in einem festgelegten Rahmen erlaubt. Detaillierte Bestimmungen finden sich in der Bundesspielordnung.

3.04 {1.12} Fanghandschuh des Catchers

Der Catcher darf einen Lederfanghandschuh ohne von der Fangseite aus sichtbar getrennt ausgeführte Fingersektionen tragen, der einen Umfang von nicht mehr als 96,6 cm hat und von seiner Unterkante bis zur Oberkante nicht mehr als 39,4 cm hoch ist. In diesen Maßen sind alle Verschnürungen und Verzierungen, die an der Außenkante des Fanghandschuhs angebracht sind, enthalten.

Der Raum zwischen der Daumensektion und der Fingersektion des Handschuhs darf nicht breiter als 15,3 cm an der Oberkante und 10,2 cm an der tiefsten Stelle zwischen Daumen und Fingersektion sein. Die dort angebrachte Fangtasche darf an ihrer Oberkante nicht breiter als 17,8 cm sein und an ihrer längsten Stelle nicht länger als 15,3 cm. Die Fangtasche darf entweder aus (Leder-)Schnüren oder aus (Leder-)Schnüren in Lederkanälen bestehen; sie kann auch aus einem Mittelstück aus Leder bestehen (auch als Fortsatz des Handflächenteils), das mit dem Handschuh durch (Leder-)Schnüre verbunden und so konstruiert ist, dass keins der oben angegebenen Maße überschritten wird.

3.05 {1.13} Fanghandschuh des First Basemans

Der First Baseman darf einen Lederfanghandschuh mit oder ohne einzeln gearbeitete Fingersektionen tragen, der nicht mehr als 30,5 cm von der Unterkante zur Oberkante und nicht mehr als 20,4 cm quer über die Handfläche, gemessen vom tiefsten Punkt zwischen Daumen und Zeigefinger zur äußeren Kante des Handschuhs, messen darf. Der Raum zwischen der Daumensektion und der Fingersektion des Handschuhs darf an der Oberkante des Handschuhs nicht breiter als 10,2 cm und an der untersten Stelle zwischen Daumen und Zeigefinger nicht breiter als 8,9 cm sein. Der Fanghandschuh muss so konstruiert sein, dass dieser Raum nicht vergrößert, ausgeweitet oder vertieft werden kann, durch welchen Vorgang oder mit welchem Material auch immer.

Die Fangtasche des Handschuhs, die dort angebracht ist, darf an ihrer längsten Stelle nicht mehr als 12,7 cm von ihrer Oberkante zum tiefsten Punkt zwischen Daumen und Zeigefinger messen. Diese Fangtasche darf entweder aus (Leder-)Schnüren oder aus (Leder-)Schnüren in Lederkanälen bestehen, sie kann auch aus einem Mittelstück aus Leder bestehen (auch als Fortsatz des Handflächenteils), das mit dem restlichen Handschuh durch (Leder-)Schnüre verbunden und so konstruiert ist, dass es keins der oben angegebenen Maße überschreiten kann. Die Fangtasche darf nicht aus gedrehten oder geflochtenen (Leder-)Schnüren bestehen oder vertieft sein, sodass sich eine netzartige Fangtasche ergibt. Der Handschuh darf jedes Gewicht haben.

3.06 {1.14} Fanghandschuhe der Feldspieler

Jeder Feldspieler, außer dem Catcher, darf einen ledernen Fanghandschuh mit einzeln gearbeiteten Fingersektionen tragen und benutzen. Die Maße, die die Größe des Fanghandschuhs bestimmen, werden an der Vorderseite (der Fangseite) des Fanghandschuhs abgemessen. Das Messband, mit dem ein solches Maß abgemessen wird, muss beim Messvorgang auf der gesamten Messstrecke Kontakt mit der Oberfläche des zu messenden Teils haben und all dessen Konturen folgen.

Der Fanghandschuh darf von der Spitze jedes der vier Finger durch die Handfläche zur Unterkante des Handschuhs nicht mehr als 33 cm messen; er darf von der Innennaht am Ansatz des Zeigefingers bis zur Außenkante des Handschuhs am kleinen Finger nicht breiter als 19,7 cm sein. Der Raum zwischen dem Daumen und dem Zeigefinger darf durch eine lederne Fangtasche ausgefüllt werden.

Diese Fangtasche darf aus zwei Lagen gewöhnlichen Leders bestehen, die den Raum zwischen Daumen und Zeigefinger vollständig ausfüllen; sie darf auch aus einer Anordnung von Lederkanälen oder einer Anordnung von Lederstücken oder dünnen, miteinander verbundenen Lederschnüren bestehen. Die Fangtasche darf nicht aus gedrehten oder geflochtenen (Leder-)Schnüren bestehen, die eine netzartige Fangtasche formen.

Wenn die Fangtasche den gesamten Raum zwischen Daumen und Zeigefinger ausfüllt, kann die Fangtasche flexibel konstruiert sein. Ist die Fangtasche aus mehreren Teilen konstruiert, so müssen diese fest miteinander verbunden sein. Die Teile dürfen nicht so konstruiert sein, dass durch Krümmung der Seiten der einzelnen Teile eine Einbuchtung entstehen kann.

Die Fangtasche muss so konstruiert sein, dass die Größe des Raums zwischen Daumen und Zeigefinger gleich bleibt. Dieser Raum darf an seiner Oberkante nicht breiter als 11,5 cm sein; er darf von seiner Oberkante zum tiefsten Punkt zwischen Daumen und Zeigefinger nicht länger als 14,6 cm sein und muss an der untersten Stelle 8,9 cm breit sein. Die Öffnung zwischen Daumen und Zeigefinger darf an keiner Stelle breiter als 11,5 cm sein.

Die Fangtasche muss an jeder Seite sowie oben und unten fest und sicher mit dem restlichen Handschuh verbunden sein. Diese Befestigung muss mit Lederschnüren durchgeführt werden, die, wenn sie sich dehnen oder lösen, wieder in ihre Ausgangsstellung gebracht werden müssen. Der Fanghandschuh darf jedes Gewicht haben. Die Abmessungen werden mit Abb. 4 im Anhang verdeutlicht.

3.07 {1.15} Fanghandschuh des Pitchers

(a) Der Fanghandschuh des Pitchers darf nicht (mit Ausnahme der Schnüre) weiß, grau oder – nach Ansicht eines Schiedsrichters – irgendeine ablenkende Wirkung besitzen. Unabhängig von der Position darf kein Feldspieler einen Fanghandschuh benutzen, dessen Farbe heller ist, als in der aktuellen Serie 14 der PANTONE®-Skala.

(b) Kein Pitcher darf an seinem Fanghandschuh Materialien anbringen, die eine andere Farbe als dieser Handschuh haben.

(c) Der Hauptschiedsrichter wird veranlassen, dass jeder Fanghandschuh, der die Regel 3.07 (a) oder (b) {1.15 (a) oder (b)} verletzt, aus dem Spiel entfernt wird. Der Hauptschiedsrichter handelt aus eigener Initiative, auf Anraten eines anderen Schiedsrichters oder infolge einer Beschwerde des Managers der anderen Mannschaft, die der Hauptschiedsrichter als berechtigt ansieht.

3.08 {1.16} Schutzhelme

Für den Spielbetrieb gelten die folgenden Regeln in Bezug auf Schutzhelme:

(a) Jeder Schlagmann und jeder Läufer muss einen Schutzhelm tragen.

(b) Jeder Spieler der Minor Leagues muss in seiner Rolle als Schlagmann einen Schutzhelm mit beidseitigem Ohrenschutz tragen.

(c) Jeder Spieler der Major League muss einen Schutzhelm mit mindestens einem einseitigen Ohrenschutz tragen – freiwillig auch mit beidseitigem Ohrenschutz.

(d) Jeder Catcher muss einen Schutzhelm und eine Schutzmaske tragen, wenn der Pitcher zu ihm Pitches ausführt.

(e) Jeder Base Coach muss einen Schutzhelm tragen, während er seine Aufgaben auf dem Spielfeld wahrnimmt.

(f) Jeder Bat Boy/jedes Bat Girl muss während der Ausübung seiner/ihrer Aufgaben einen Schutzhelm mit beidseitigem Ohrenschutz tragen.

Kommentar zu Regel 3.08 {1.16}: Beobachtet ein Schiedsrichter einen Verstoß gegen diese Regelungen, so muss er Anweisung erteilen, diesen Missstand zu beheben. Sollte der Verstoß nach Meinung des Schiedsrichters nicht in angemessener Zeit korrigiert worden sein, so muss der Schiedsrichter gegen denjenigen, der den Verstoß begeht, einen Platzverweis aussprechen. Eventuell werden weitergehende disziplinarische Maßnahmen empfohlen.

Kommentar für den deutschen Spielbetrieb: Die Bundesspielordnung konkretisiert die Verpflichtung zum Tragen von Schutzhelmen und Schutzausrüstung.

3.09   {1.17} Unzulässige Werbung

Die gesamte Spielausrüstung, wie zum Beispiel Bases, Pitcher's Plate, Bälle, Schutzhelme, Schläger, Spielkleidung, Fanghandschuhe des Catchers, First Baseman sowie der Innen- und Außenfeldspieler, darf keine unangemessenen Vermarktungshinweise (Werbung) aufweisen. Darstellungen eines Herstellerlogos oder Markennamens auf der Spielausrüstung dürfen hinsichtlich Größe und Inhalt nicht gegen den guten Geschmack verstoßen und müssen in einem angemessenen Verhältnis zur Größe des Produkts stehen. Die Vorkehrungen dieser Regel 3.09 gelten ausschließlich für professionelle Spielbetriebe.

Hinweis: Hersteller, die Neuerungen an der Baseballausrüstung planen, sollten diese vor der Herstellung dem zuständigen Komitee zur Genehmigung vorlegen.

Kommentar für den deutschen Spielbetrieb: Werbung auf Spielerbekleidung bzw. Spielerausrüstung ist in einem festgelegten Rahmen erlaubt. Detaillierte Bestimmungen finden sich in der Bundesspielordnung.

3.10   {3.14} Ausrüstung auf dem Spielfeld

(a) Die Offensivmannschaft muss alle Fanghandschuhe und andere Ausrüstungsstücke vom Spielfeld entfernen und zur Mannschaftsbank bringen, wenn ihre Spieler zum Schlagdurchgang kommen. Ausrüstungsstücke dürfen weder im Fair Territory noch im Foul Territory liegen gelassen werden.

(b) Jedwedes Anbringen von Markierungen auf dem Spielfeld, die auf die Erstellung eines Bezugssystems ausgelegt sind, ist untersagt.

4.00 SPIELVORBEREITUNG

4.01 {3.01} Aufgaben des Schiedsrichters

Bevor das Spiel beginnt, muss der Schiedsrichter –

(a) die strikte Einhaltung aller Regeln einfordern – sowohl im Hinblick auf den Spielverlauf als auch im Hinblick auf die Ausrüstungsgegenstände der Spieler;

(b) sich vergewissern, dass alle Spielfeldlinien (dick markierte Linien gemäß den Abb. 1 und 2 im Anhang) mit Kalk, Kreide oder einem anderen weißen Material markiert sind, das sich deutlich vom Boden bzw. Gras abhebt;

Kommentar für den deutschen Spielbetrieb: Die vorgeschriebenen Markierungen werden durch die Bundesspielordnung konkretisiert.

(c) von der Heimmannschaft einen Vorrat an regelkonformen Spielbällen erhalten. Anzahl und Fabrikat werden vom jeweiligen Verband für den Heimverein vorgegeben. Der Schiedsrichter muss die Spielbälle prüfen und sicherstellen, dass es sich um zugelassene Spielbälle handelt und dass diese zur Entfernung des Glanzes ordentlich abgerieben wurden. Der Schiedsrichter allein entscheidet über die Verwendbarkeit der Bälle im Spiel;

Kommentar für den deutschen Spielbetrieb: Anzahl und Fabrikat werden verbindlich durch die Bundesspielordnung bestimmt.

(d) sich vergewissern, dass mindestens 12 den Regeln entsprechende Ersatzbälle vorhanden sind, die bei Bedarf sofort verfügbar sind;

(e) in Besitz von mindestens zwei Ersatzbällen sein. Er muss weitere Bälle verlangen, wenn während des Spiels mehr Bälle benötigt werden. Diese Ersatzbälle werden ins Spiel gebracht, wenn
   (1) ein Ball aus dem Spielfeld oder in den Zuschauerbereich geschlagen wurde;
   (2) ein Ball verfärbt oder unbrauchbar wurde;
   (3) der Pitcher um einen anderen Ball bittet.

Kommentar zu Regel 4.01 (e) {3.01 (e)}: Der Schiedsrichter darf dem Pitcher keinen Ersatzball geben, solange Spielzüge noch laufen und der vorher benutzte Ball gemäß den Regeln noch spielbar ist. Wenn ein geworfener oder geschlagener Ball das Spielfeld verlässt, darf das Spiel mit einem Ersatzball erst dann wieder aufgenommen werden, wenn alle Läufer das Base erreicht haben, auf das sie ein Anrecht haben. Wurde ein Ball bei einem Home Run aus dem Spielfeld geschlagen, darf der Schiedsrichter dem Pitcher oder Catcher nicht eher einen neuen Ball geben, als der Schlagmann, der den Home Run geschlagen hat, die Home Plate überquert hat.

(f) sicherstellen, dass vor jedem Spiel ein offizieller Magnesiabeutel auf dem Boden hinter die Pitcher's Plate gelegt wurde.

(g) {4.14} Der Hauptschiedsrichter kann veranlassen, dass die Flutlichtanlage eingeschaltet wird, wenn er der Ansicht ist, dass weiteres Spiel bei Tageslicht gefährlich wird.

4.02 {2.00} Manager

(a) Der Verein gibt dem Verband oder dem Hauptschiedsrichter spätestens 30 Minuten vor dem offiziellen Spielbeginn den Namen des verantwortlichen Managers bekannt.

(b) Der Manager kann den Hauptschiedsrichter darüber informieren, dass er spezielle, hier in den Regeln beschriebene Aufgaben an einen Spieler oder Coach delegiert hat, sodass sämtliche Handlungen dieser Personen offiziellen Charakter erhalten. Der Manager ist immer für das Verhalten seiner Mannschaft, für die Beachtung der Regeln und für den Respekt den Schiedsrichtern gegenüber verantwortlich.

(c) Wenn ein Manager das Spielfeld verlässt, muss er einen Spieler oder Coach als Vertreter ernennen. Der Vertreter übernimmt die Rechte und Pflichten des Managers. Wenn der Manager es vergisst oder sich weigert, einen Vertreter zu ernennen, bevor er das Spielfeld verlässt, ernennt der Hauptschiedsrichter ein Mitglied dieser Mannschaft zum stellvertretenden Manager.

4.03 {4.01} Austausch der Schlagreihenfolgen

Solange sie nicht von der Heimmannschaft informiert wurden, dass das Spiel verlegt wurde oder später als geplant beginnt, begeben sich die

Schiedsrichter fünf Minuten vor dem angesetzten Spielbeginn zur Home Plate. Die Manager beider Mannschaften begeben sich dann ebenfalls zur Home Plate. In nachstehender Reihenfolge

(a) muss zuerst der Manager der Heimmannschaft oder dessen benannter Vertreter seine Schlagreihenfolge in doppelter Ausfertigung an den Hauptschiedsrichter übergeben;

(b) dann muss der Manager der Gastmannschaft oder dessen benannter Vertreter seine Schlagreihenfolge in doppelter Ausfertigung an den Hauptschiedsrichter übergeben.

(c) Als eine Form der Höflichkeit sollte jede Schlagreihenfolge, die dem Hauptschiedsrichter übergeben wird, auch die Feldpositionen der in der Schlagreihenfolge genannten Spieler enthalten. Sofern ein designierter Schlagmann zum Einsatz kommt, muss die Schlagreihenfolge den Spieler, der die Position des designierten Schlagmanns einnimmt, entsprechend ausweisen. Siehe Regel 5.11 (a) {6.10 (b)}. Die Höflichkeit gebietet es außerdem, auch die Ersatzspieler aufzuführen. Wird es versäumt, einen Ersatzspieler aufzuführen, hat dies allerdings nicht zur Folge, dass ein solcher Spieler nicht eingewechselt werden dürfte.

Kommentar für den deutschen Spielbetrieb: Die Bundesspielordnung regelt, welche Spieler bzw. Ersatzspieler und welche Informationen auf den Spieldokumenten (Schlagreihenfolge) zu Spielbeginn aufgeführt werden müssen. Die Bundesspielordnung regelt außerdem, ob Spieler, die nicht zu Spielbeginn eingetragen wurden, nachgetragen werden können.

(d) Der Hauptschiedsrichter überprüft, ob die Exemplare der jeweiligen Schlagreihenfolgen miteinander übereinstimmen und gibt dann ein Exemplar dieser Schlagreihenfolgen an den Manager der jeweils anderen Mannschaft. Das Exemplar der Schlagreihenfolge, das der Schiedsrichter behält, stellt die offizielle Schlagreihenfolge dar. Danach dürfen durch keinen der beiden Manager Auswechslungen vorgenommen werden, die nicht in Übereinstimmung mit diesen Regeln stehen.

(e) Sobald der Hauptschiedsrichter die Schlagreihenfolge der Heimmannschaft erhalten hat, hat er ebenfalls die Verantwortung über das Spielfeld übernommen und kann von diesem Moment an allein entscheiden, ob und wann ein Spiel wegen des Zustandes des Spielfeldes oder der Wetterbedingungen abgebrochen, unterbrochen oder wieder aufgenommen werden soll. Der Hauptschiedsrichter darf aber kein Spiel abbrechen, bevor er es nicht zuvor für mindestens 30 Minuten unterbrochen hat. Der Hauptschiedsrichter kann eine Unterbrechung verlängern, solange er noch eine Chance sieht, das Spiel fortsetzen zu können.

Kommentar zu Regel 4.03 {4.01}: Bemerkt der Hauptschiedsrichter offensichtliche Fehler in einer Schlagreihenfolge, ehe er „Play" ruft, um das Spiel zu beginnen, müssen diese Fehler vom Manager der betreffenden Mannschaft korrigiert werden, bevor das Spiel beginnt. Zu solchen Fehlern gehören u. a., wenn nur acht Spieler in der Schlagreihenfolge aufgeführt sind oder zwei Spieler mit dem gleichen Nachnamen nicht durch ihren Vornamen eindeutig bestimmt werden. Durch solche Fehler sollte eine Mannschaft später im Spiel keine Nachteile erleiden müssen.

Der Hauptschiedsrichter muss immer versuchen, das Spiel vollständig spielen zu lassen. Er alleine hat das Weisungsrecht, das Spiel nach einer oder mehreren Unterbrechungen von je 30 Minuten fortführen zu lassen. Er darf ein Spiel nur dann abbrechen, wenn es augenscheinlich keine Möglichkeit gibt, das Spiel vollständig spielen zu lassen.

Die Ligen der Major League haben für sich bestimmt, dass Regel 4.03 (e) {4.01 (e)} keine Anwendung findet bei Spielen im Rahmen von Wild Cards, Division Series, League Championship Series oder World Series sowie bei allen Spielen der Major-League-Meisterschaft, die gespielt werden, um einen Tabellengleichstand aufzulösen.

Kommentar für den deutschen Spielbetrieb: Die zeitlichen Fristen und Bedingungen, die erfüllt sein müssen, bevor ein Hauptschiedsrichter ein Spiel aufgrund schlechten Wetters abbrechen darf, sind in der Bundesspielordnung definiert (Schlecht-Wetter-Regelung).

4.04 {3.10} Wetter und Zustand des Spielfeldes

(a) Der Heimverein entscheidet allein darüber, ob ein Spiel wegen ungeeigneter Wetterbedingungen oder wegen Unbespielbarkeit des Platzes nicht beginnen kann, mit Ausnahme des zweiten Spiels eines konventionellen oder geteilten Doppelspieltages.

AUSNAHME: Jeder Verband kann entscheiden, die Anwendung dieser Regel dauerhaft oder in den letzten Wochen einer Meisterschaftssaison auszusetzen, um sicherzustellen, dass die Meisterschaft ordnungsgemäß am Saisonende entschieden wird. Wenn eine Verschiebung oder Absage eines Spiels zwischen zwei beliebigen Mannschaften am Ende einer Saison die abschließende Tabellenposition irgendeiner Mannschaft beeinflussen könnte, kann der Verband das Recht zu der in dieser Regel beschriebenen Entscheidung auf sich selbst übertragen, wenn ihn irgendeine Mannschaft der betreffenden Liga dazu auffordert.

(b) Der Hauptschiedsrichter des ersten Spiels entscheidet allein darüber, ob das zweite Spiel eines konventionellen oder geteilten Doppelspieltages wegen ungeeigneter Wetterbedingungen oder wegen Unbespielbarkeit des Platzes nicht beginnen kann.

(c) Ein verschobenes Spiel wird wie ein „No Game" behandelt – es wird also nicht gewertet. Es gelten dann die gleichen Regelungen wie bei den Spielen, die abgebrochen wurden, bevor sie zu einem regulären Spiel (Regulation Game) wurden – analog zu Regel 7.01 (e) {4.10 (e)}

Kommentar für den deutschen Spielbetrieb: Weitere Regelungen zu Absagen vor Spielbeginn sind in der Bundesspielordnung definiert (Schlecht-Wetter-Regelung).

4.05 {3.13} Ground Rules: Individuelle Regeln eines Spielfeldes

Der Manager der Heimmannschaft gibt vor dem Spiel dem Hauptschiedsrichter und dem Manager der Gastmannschaft zusätzliche Regelungen bekannt, die sich auf individuelle Besonderheiten des jeweiligen

Spielfeldes beziehen. Akzeptiert der Manager der Gastmannschaft diese Regelungen, werden sie für dieses Spiel Bestandteil der Spielregeln. Nimmt der Manager der Gastmannschaft diese Regelungen nicht an, legt der Hauptschiedsrichter alle solche Regelungen fest, von denen er glaubt, dass sie notwendig sind. Keine solche Regelung darf im Widerspruch zu den offiziellen Spielregeln stehen.

4.06 {3.09} Verbot der Verbrüderung

Spieler in Spielkleidung dürfen sich nicht unter die Zuschauer mischen oder sie ansprechen. Sie dürfen sich auch nicht vor, während oder nach dem Spiel auf die Zuschauerplätze begeben. Kein Manager, Coach oder Spieler darf vor oder während des Spiels Zuschauer ansprechen. Die Spieler gegnerischer Mannschaften dürfen sich nicht, während sie Spielerkleidung tragen, verbrüdern – das heißt nicht zu kumpelhaft miteinander umgehen.

4.07 Sicherheit

(a) {3.15} Während eines Spiels dürfen sich ausschließlich Spieler und Coaches in Spielkleidung, die Manager, Fotografen mit Erlaubnis des Heimvereins, Schiedsrichter, Polizisten in Uniform, Sicherheitspersonal sowie Angestellte des Heimvereins auf dem Spielfeld aufhalten.

(b) {3.18} Die Heimmannschaft hat dafür zu sorgen, dass alle Maßnahmen getroffen sind, um die ordentliche Durchführung eines Spiels zu ermöglichen – gegebenenfalls auch mit Schutz durch die Polizei. Sollten Personen das Spielfeld betreten oder sollten Personen die Durchführung des Spiels behindern, dann hat die Gastmannschaft das Recht, die Spielfortsetzung zu verweigern, solange das Spielfeld nicht geräumt ist.

STRAFE: Kann das Spielfeld innerhalb einer angemessenen Zeit, die in keinem Fall kürzer als 15 Minuten sein darf (gerechnet vom Zeitpunkt der Weigerung durch die Gastmannschaft), nicht geräumt werden, kann der Hauptschiedsrichter das Spiel zum Vorteil der Gastmannschaft abbrechen (Forfeit).

4.08 {4.13} Doppelspieltage

(a) (1) Am gleichen Spieltag dürfen maximal zwei Spiele zwischen zwei Mannschaften gespielt werden (Double-Header). Diese

Regel wird durch das Beenden eines aufgeschobenen Spiels (Suspended Game) nicht verletzt – mit Ausnahme von Spielen in den Minor Leagues, siehe Kommentar zu Regel 7.02 (b).

(2) Werden zwei Spiele an einem Tag gespielt, wenn ursprünglich nur eine Begegnung angesetzt wurde, so ist das erste Spiel das, das an diesem Tag ursprünglich angesetzt wurde.

(b) Nachdem das erste Spiel eines konventionellen oder geteilten Doppelspieltages begonnen wurde, muss erst dieses Spiel beendet werden, bevor das zweite Spiel des Doppelspieltages begonnen werden darf.

(c) Das zweite Spiel eines Doppelspieltages beginnt 20 Minuten nach dem Ende des ersten Spiels, wenn nicht am Ende des ersten Spiels den Managern beider Mannschaften eine längere Pause (von nicht mehr als 30 Minuten) durch den Hauptschiedsrichter angekündigt wurde.

AUSNAHME: Hat der Verband der Bitte der Heimmannschaft Folge geleistet, die Pause zwischen den beiden Spielen zu verlängern, kündigt der Hauptschiedsrichter dies den Managern der beiden Mannschaften an. Der Hauptschiedsrichter ist verantwortlich für die Einhaltung der Pausenzeit.

(d) Der Schiedsrichter hat die Aufgabe, alle Möglichkeiten auszuschöpfen, damit das zweite Spiel eines Doppelspieltages tatsächlich beginnt und vollständig gespielt wird.

(e) Wird der Beginn eines Doppelspieltages aus irgendeinem Grunde verzögert, ist ein dennoch begonnenes Spiel als das erste Spiel des Doppelspieltages anzusehen.

(f) Ist ein Spiel, das nachgeholt werden muss, als Teil eines Doppelspieltages angesetzt, wird dieses Spiel als zweites gespielt. Das erste Spiel ist das ursprünglich für diesen Tag angesetzte Spiel.

(g) {3.11} Zwischen den Spielen an einem Doppelspieltag oder wenn ein Spiel wegen Unbespielbarkeit des Platzes unterbrochen wurde, ist der Hauptschiedsrichter ermächtigt, den Platzwarten und deren Assistenten, Anweisungen zu erteilen, um das Spielfeld in einen bespielbaren Zustand zu versetzen.

STRAFE: Wird der Aufforderung nicht Folge geleistet, kann der Schiedsrichter eine Aberkennung (Forfeit) aussprechen. In einem solchen Fall gewinnt die Gastmannschaft das Spiel.

5.00 SPIELABLAUF

5.01 Spielbeginn: „Play Ball"

(a) {4.02 und 5.01} Zu der für den Spielbeginn bestimmten Uhrzeit müssen die Spieler der Heimmannschaft ihre Positionen auf dem Spielfeld einnehmen, der erste Schlagmann der Gastmannschaft muss seine Position im Schlagraum einnehmen, der Hauptschiedsrichter muss „Play" rufen, und das Spiel beginnt.

(b) {5.02} Nachdem der Schiedsrichter „Play" gerufen hat, ist der Ball freigegeben. Er bleibt spielbar, bis er gemäß den Spielregeln oder durch den Ruf „Time" des Schiedsrichters, der damit das Spiel unterbricht, nicht mehr spielbar ist.

(c) {5.03} Der Pitcher führt mit dem Ball einen Pitch zum Schlagmann aus, der die Wahl hat, nach dem Ball zu schlagen oder nicht nach dem Ball zu schlagen.

5.02 {4.03} Feldpositionen

Wenn der Ball am Anfang oder während des Spiels wieder freigegeben und spielbar wird, sofern das Spiel zuvor unterbrochen und der Ball nicht spielbar war, müssen sich alle Feldspieler – außer dem Catcher – im Fair Territory befinden.

(a) Der Catcher muss sich direkt hinter der Home Plate befinden. Er darf diese Position jederzeit verlassen, um einen Pitch zu fangen oder einen Spielzug auszuführen; wenn jedoch dem Schlagmann ein absichtliches Base on Balls gegeben wird, muss der Catcher mit beiden Füßen innerhalb der Catcher's Box stehen, bis der Ball die Hand des Pitchers verlässt.

STRAFE: Balk.

(b) Der Pitcher muss eine den Regeln entsprechende Position einnehmen, während er dabei ist, einen Pitch zum Schlagmann auszuführen.

(c) Außer dem Catcher und dem Pitcher dürfen sich alle übrigen Feldspieler beliebig im Fair Territory aufstellen.

5.03 {4.05} Base Coaches

(a) Die Mannschaft, die gerade das Schlagrecht hat (Offensivmannschaft), muss jeweils einen Base Coach in den Coaches Boxes am ersten und am dritten Base postieren.

(b) Es dürfen nur zwei Base Coaches auf dem Spielfeld sein und sie müssen die Spielbekleidung ihrer Mannschaft tragen.

(c) Bases Coaches müssen gemäß dieser Regel in den Coaches Boxes verbleiben. Eine Ausnahme besteht dann, wenn es zu einem Spielzug an der Base eines Base Coaches kommt und der Base Coach die Coaches Box verlässt, um seinem Spieler ein Zeichen zum Slide, Vorrücken oder Zurückkehren zu geben – vorausgesetzt der Base Coach begeht dabei keinerlei Behinderung des Spielzuges. Abgesehen von der Übergabe von Ausrüstungsgegenständen dürfen Base Coaches die Läufer nicht berühren – insbesondere dann nicht, wenn Zeichen gegeben werden.

STRAFE: Sollte ein Base Coach die Begrenzung der Coaches Box in Richtung Home Plate oder Foul Line überschreiten bevor ein geschlagener Ball ihn passiert hat, und vorausgesetzt der gegnerische Manager beschwert sich darüber, so muss der Schiedsrichter die Einhaltung dieser Regel strikt durchsetzen. Der Schiedsrichter muss den Base Coach verwarnen und ihn zum Zurückkehren in die Coaches Box auffordern. Kehrt der Base Coach nicht zurück in die Coaches Box, so wird er mit einem Platzverweis belegt. Zusätzlich kann der Ligapräsident Strafen gegen Base Coaches aussprechen, die diese Regel verletzen.

5.04 {6.00} Schlagen

(a) {6.01} Schlagreihenfolge
   (1) {6.01 (a)} Jeder Spieler der Offensivmannschaft muss seinen Schlagdurchgang ausführen, wenn sein Name gemäß der Schlagreihenfolge an der Reihe ist.
   (2) {4.04} Die Schlagreihenfolge muss während des gesamten Spieles eingehalten werden. Wenn ein Spieler für einen anderen ausgewechselt wird, übernimmt der eingewechselte Spieler die Position des ausgewechselten in der Schlagreihenfolge.

(3) {6.01 (b)} Der erste Schlagmann in jedem Spielabschnitt nach dem ersten Spielabschnitt ist der Spieler, dessen Name in der Schlagreihenfolge nach dem Spieler aufgeführt ist, der im vorherigen Spielabschnitt als letzter Spieler seinen Schlagdurchgang regelkonform beendet hat.

(b) {6.02} Schlagraum
(1) Der Schlagmann, der an der Reihe ist, muss seine Position im Schlagraum sofort einnehmen.
(2) Der Schlagmann darf den Schlagraum nicht verlassen, nachdem der Pitcher die Set-Position eingenommen hat oder mit der Wurfbewegung aus der Windup-Position begonnen hat.

STRAFE: Sollte der Pitcher einen Pitch durchführen, trifft der Schiedsrichter eine dem Pitch entsprechende Entscheidung auf „Ball" oder „Strike".

Kommentar zu Regel 5.04 (b)(2) {6.02 (b)}: Der Schlagmann verlässt den Schlagraum auf eigenes Risiko, einen Strike zu erhalten, solange er nicht den Schiedsrichter um ein „Time" bittet. Der Schlagmann hat nicht das Recht, den Schlagraum nach eigenem Belieben zu verlassen und wieder zu betreten.

Hat ein Schlagmann seine Position im Schlagraum eingenommen, wird ihm nicht gestattet, den Schlagraum wieder zu verlassen, um seinen Schläger oder seine Hände mit einer erlaubten Substanz zu behandeln; es sei denn, das Spiel wird aus einem anderen Grund unterbrochen oder die Wetterbedingungen gestatten nach Ansicht des Schiedsrichters eine Ausnahme.

Die Schiedsrichter werden kein „Time" auf Bitten des Schlagmanns oder eines seiner Teamkollegen gewähren, wenn der Pitcher sich bereits in der Set-Position befindet oder mit der Windup-Bewegung begonnen hat. Dies gilt auch für die Fälle, in denen ein Schlagmann mit den Worten „Sand im Auge", „beschlagene Brille" oder „konnte meine Zeichen nicht erkennen" argumentiert.

Grundsätzlich kann ein Schiedsrichter dem Wunsch eines Schlagmanns nach einem „Time" nachkommen, auch wenn dieser sich bereits im Schlagraum befindet. Der Schiedsrichter sollte aber das grundlose Verlassen und

Betreten des Schlagraums unterbinden, um den Schlagmännern zu zeigen, dass sie im Schlagraum bleiben müssen, bis der Pitch erfolgt ist. Siehe hierzu auch 5.04 (b)(4) {6.02 (d)}.

Verzögert der Pitcher den Beginn seines Pitchs, während der Schlagmann schon im Schlagraum steht, und der Schiedsrichter ist der Ansicht, dass diese Verzögerung nicht gerechtfertigt ist, kann er dem Schlagmann gestatten, den Schlagraum kurzzeitig zu verlassen.

In einem Fall mit Läufer auf Base und einem Pitcher, der die Set-Position eingenommen oder bereits mit der Windup-Bewegung begonnen hat aber seinen Pitch nicht vollständig durchführt, weil der Schlagmann unabsichtlich die Unterbrechung der Wurfbewegung des Pitchers verursacht hat, entscheidet der Schiedsrichter nicht auf Balk. Sowohl der Schlagmann als auch der Pitcher haben eine Regel verletzt. Daher wird in dieser Situation das Spiel unterbrochen („Time") und sowohl Pitcher als auch Schlagmann beginnen noch einmal von vorn.

Die folgenden zwei Absätze ergänzen die Kommentierung zu Regel 5.04 (b) (2) {6.02 (b)} für die Anwendung im Spielbetrieb der Major League:

> *Verzögert der Pitcher den Beginn seines Pitchs, während der Schlagmann schon im Schlagraum ist, und der Schiedsrichter ist der Ansicht, dass diese Verzögerung nicht gerechtfertigt ist, kann er dem Schlagmann gestatten, den Schlagraum kurzfristig zu verlassen.*
>
> *In dem Fall, dass der Pitcher die Set-Position eingenommen oder bereits mit der Windup-Bewegung begonnen hat, seinen Pitch aber nicht beendet, weil der Schlagmann den Schlagraum verlassen hat, entscheidet der Schiedsrichter nicht auf Balk. Sowohl der Schlagmann als auch der Pitcher haben eine Regel verletzt. Daher wird in dieser Situation das Spiel unterbrochen („Time") und sowohl Pitcher als auch Schlagmann beginnen noch einmal von vorn.*
>
> *In dem Fall, dass der Pitcher die Set-Position eingenommen oder bereits mit der Windup-Bewegung begonnen hat, seinen Pitch aber nicht beendet, weil der Schlagmann den Schlagraum ver-*

lassen hat, entscheidet der Schiedsrichter – mit Läufern auf Base – nicht auf Balk. Die Aktion des Schlagmannes muss als Verstoß gegen die Schlagraum-Regel gewertet werden und muss mit den Strafen belegt werden, die in Regel 5.04 (b)(4)(A) {6.02 (d)(1)} beschrieben sind.

Kommentar für den deutschen Spielbetrieb zur Kommentierung von Regel 5.04 (b) {6.02 (b)}: Die Bundesspielordnung bestimmt, ob und wie die Regelungen der Minor League zur Schlagraum-Regel 5.04 (b)(4)(A) anzuwenden sind.

(3) Falls der Schlagmann seine Position im Schlagraum nicht einnimmt oder sich weigert, wird der Schiedsrichter auf einen „Strike" gegen den Schlagmann entscheiden. Das Spiel ist unterbrochen, der Ball nicht spielbar und die Läufer dürfen nicht vorrücken. Nach einer solchen Maßnahme darf der Schlagmann seine reguläre Position im Schlagraum einnehmen und die Zählung von „Balls" und „Strikes" wird fortgeführt. Nimmt der Schlagmann mit zwei „Strikes" in der Zählung seine Position im Schlagraum nicht ein, wird er zum Aus erklärt.

Kommentar zu Regel 5.04 (b)(3) {6.02 (c)}: Nachdem der Schiedsrichter gemäß Regel 5.04 (b)(3) {6.02 (c)} einen „Strike" gegen den Schlagmann verhängt hat, muss der Schiedsrichter dem Schlagmann eine angemessene Möglichkeit geben, seine Position im Schlagraum einzunehmen, bevor der Schiedsrichter einen weiteren „Strike" gemäß Regel 5.04 (b)(3) {6.02 (c)} verhängen kann.

(4) {6.02 (d)} Schlagraum-Regel
  (A) Solange der Schlagmann am Schlag ist, muss er mit mindestens einem Fuß im Schlagraum bleiben. In den nachfolgenden Ausnahmen darf der Schlagmann den Schlagraum – aber nicht den Aschekreis um die Home Plate – verlassen:
    (i) Der Schlagmann schwingt nach einem Pitch.
    (ii) Nach einem abgebrochenen Schwung wird ein Einspruch (Appeal) bei einem Feldschiedsrichter eingelegt;
    (iii) Der Schlagmann wird durch den Pitch zum Verlassen des Schlagraumes gezwungen.

(iv) Ein Mitglied einer Mannschaft bittet um „Time" und dieser Bitte wird entsprochen.
(v) Ein Spieler der Defensivmannschaft versucht einen Spielzug an irgendeinem Base.
(vi) Der Schlagmann täuscht einen Bunt an.
(vii) Es kommt zu einem Wild Pitch oder einem Passed Ball.
(viii) Der Pitcher verlässt den Aschekreis des Werferhügels, nachdem er den Ball erhalten hat; oder
(ix) der Catcher verlässt die Catcher's Box, um seinen Mitspielern im Feld Zeichen zu geben.

Verlässt der Schlagmann absichtlich den Schlagraum und verzögert dadurch das Spiel, und wenn keine der Ausnahmen unter 5.04 (b)(4)(A)(i) bis (ix) {6.02 (d)(1) (i) bis 6.02 (d)(1) ix)} zutrifft, wird der Schiedsrichter den Schlagmann für dessen ersten Verstoß in diesem Spiel verwarnen. Bei einem zweiten und jeden weiteren Verstoß gegen diese Regel im gleichen Spiel, kann der Verband eine entsprechende Strafe aussprechen. In Spielen der Minor Leagues spricht der Schiedsrichter beim zweiten und jeden weiteren Verstoß gegen diese Regel im gleichen Spiel muss der Schiedsrichter einen Strike gegen den Schlagmann aussprechen, ohne dass der Pitcher einen Pitch ausführen muss. In diesem Fall ist das Spiel unterbrochen („Time") und kein Läufer darf vorrücken.

(B) Der Schlagmann darf den Schlagraum und den die Home Plate umgebenden Aschekreis verlassen, wenn eine Spielunterbrechung mit „Time" gegeben wurde, weil –
(i) eine mögliche oder tatsächliche Verletzung vorliegt.
(ii) eine Auswechslung vorgenommen werden soll; oder
(iii) eine Besprechung einer der beiden Mannschaften erfolgt.

Kommentar zu Regel 5.04 (b)(4)(B) {6.02 (d)}: Die Schiedsrichter müssen den jeweils nachfolgenden Schlagmann dazu anhalten, seine Position im Schlagraum zügig einzunehmen, sobald der vorherige Schlagmann ein Base erreicht hat oder zum Aus wurde.

Kommentar für den deutschen Spielbetrieb zu 5.04 (b)(4) {6.02 (d)}: Die Bundesspielordnung bestimmt die zu verhängende Strafe bei Verstoß gegen diese Regel.

        (5) {6.03} Der Schlagmann muss eine Position im Schlagraum einnehmen, bei der beide Füße innerhalb des Schlagraums sind.
        REGELANWENDUNG: Die Linien, mit denen der Schlagraum markiert sind, gehören zum Schlagraum.

(c)   {6.04} Ende eines Schlagdurchgangs

      Ein Schlagmann hat seinen Schlagdurchgang regelkonform beendet, wenn er zum Aus erklärt wurde oder zum Läufer wird.

5.05   {6.09} Schlagmann wird zum Läufer

(a)   Der Schlagmann wird zum Läufer:
    (1) Der Schlagmann schlägt einen Fair Ball.

Kommentar zu Regel 5.05 (a)(1) {2.00 Ball}: Wenn der Schlagmann nach einem Pitch, der zuvor den Boden berührt, schlägt und diesen trifft, dann sind alle nachfolgenden Aktionen gültig, so, als ob er den Ball im Flug getroffen hätte.

    (2) Der Schiedsrichter entscheidet auf einen dritten Strike, der aber nicht regelkonform gefangen wird – und zwar unter der Voraussetzung, dass (1) das erste Base nicht besetzt ist, oder (2) das erste Base bei zwei Aus besetzt ist.

Kommentar zu Regel 5.05 (a)(2) {6.09 (b)}: Realisiert ein Schlagmann nicht, dass ein dritter Strike nicht gefangen wurde, und läuft dieser Schlagmann auch nicht zum First Base, dann wird dieser Schlagmann zum Aus erklärt, sobald er den Aschekreis um die Home Plate verlässt.

    (3) Wenn der vom Pitcher zum Schlagmann geworfene Ball den Boden berührt und danach durch die Strike Zone springt, ist dies ein „Ball". Wenn der Schlagmann durch solch einen Pitch berührt wird, wird ihm das erste Base zugesprochen. Wenn der Schlagmann nach einem solchen Pitch schlägt, nachdem er schon zwei Strikes hatte, gilt der Pitch in Bezug auf die Regeln 5.05 (b) und 5.09 (a)(3) {6.05 (c) und 6.09 (b)} als nicht regelkonform gefangen.

(4) Der Schlagmann schlägt einen Fair Ball, der im Fair Territory einen Schiedsrichter oder Läufer berührt, nachdem der Ball vorher an einem Feldspieler (mit Ausnahme des Pitchers) vorbeigegangen ist oder der Ball vorher von einem Feldspieler (einschließlich des Pitchers) berührt wurde.

(5) Der Schlagmann schlägt einen Fair Ball, der über Fair Territory über eine Absperrung oder in eine Zuschauertribüne fliegt, die sich in einer Entfernung von 76 m oder mehr von der Home Plate befindet, ohne dass der Ball vorher den Boden berührt hat. Ein solcher Schlag berechtigt den Schlagmann zu einem Home Run – vorausgesetzt, er berührt dabei alle Bases regelkonform. Verlässt ein solcher Ball das Spielfeld an einem Punkt näher als 76 m von der Home Plate, ist der Schlagmann lediglich berechtigt, bis zum zweiten Base vorzurücken.

(6) Der Schlagmann schlägt einen Fair Ball, welcher – nachdem er den Boden berührt hat – in eine Zuschauertribüne springt oder durch, über bzw. unter eine Absperrung, eine Anzeigetafel, eine Anpflanzung oder eine Hecke geht oder in einem dieser Gegenstände stecken bleibt. In diesem Fall dürfen der Schlagmann und alle Läufer zwei Bases vorrücken.

(7) Der Schlagmann schlägt einen Fair Ball, welcher – bevor oder nachdem er den Boden berührt hat – durch, über oder unter eine Absperrung, eine Anzeigetafel, eine Anpflanzung oder eine Hecke oder eine Öffnung geht oder in einem Zaun oder einer Anzeigetafel stecken bleibt. In diesem Fall dürfen der Schlagmann und alle Läufer zwei Bases vorrücken.

(8) Der Schlagmann schlägt einen Fair Ball, der Bodenkontakt hatte und von einem Feldspieler über Fair oder Foul Territory in eine Tribüne oder über, unter bzw. durch einen Zaun abgelenkt wird. In diesem Fall dürfen der Schlagmann und alle Läufer zwei Bases vorrücken.

(9) Der Schlagmann schlägt einen Fair Ball, der im Flug von einem Feldspieler in eine Tribüne oder über einen Zaun hinein in Foul Territory abgelenkt wird, bevor der Ball den Boden berührt. In diesem Fall ist der Schlagmann berechtigt, bis zum zweiten Base vorzurücken. Wird der Ball jedoch von einem Feldspieler über Fair Territory in eine Tribüne oder über eine Absperrung abgelenkt, bevor der Ball den Boden

berührt, ist der Schlagmann zu einem Home Run berechtigt. Verlässt ein solcher Ball jedoch das Spielfeld an einer Stelle weniger als 76 m von der Home Plate entfernt, darf der Schlagmann nur bis zum zweiten Base vorrücken.

(b) {6.08} Der Schlagmann wird zum Läufer und darf zum ersten Base vorrücken, ohne zum Aus werden zu können (vorausgesetzt, er rückt wirklich bis zum ersten Base vor und berührt es), wenn –

(1) vom Schiedsrichter auf vier „Balls" entschieden wurde.

Kommentar zu Regel 5.05 (b)(1) {6.08 (a)}: Erhält ein Schlagmann das erste Base wegen eines Bases on Balls oder durch den Schiedsrichter aufgrund des Zeichens eines Managers zugesprochen, muss der Schlagmann zum ersten Base vorrücken und es berühren, bevor andere Läufer zum Vorrücken gezwungen werden. Dies gilt, wenn alle Bases besetzt sind und wenn ein Einwechselspieler als Läufer ins Spiel kommt.

Rückt ein Läufer vor und denkt, dass an ihm ein Spielzug gemacht werden soll und rutscht über das Base hinaus, bevor oder nachdem er es berührt hat, kann er durch einen Feldspieler zum Aus gespielt werden, indem dieser ihn mit dem Ball berührt. Berührt er das Base nicht, bis zu dem er vorrücken darf, und versucht, weiter vorzurücken, kann er zum Aus gespielt werden, indem er mit dem Ball berührt wird oder indem ein Feldspieler in Ballbesitz das Base berührt, das der Läufer ausgelassen hat.

(2) er von einem Pitch getroffen wird und er dabei keinen Schlagversuch unternommen hat. Ausnahmen: (A) Der Schlagmann wird vom Pitch berührt, während der Ball in der Strike Zone ist, oder (B) der Schlagmann unternimmt keinen Versuch, dem Ball auszuweichen.

Ist der Ball in der Strike Zone, wenn er den Schlagmann berührt, erkennt der Schiedsrichter auf Strike, gleichgültig, ob der Schlagmann versuchte, dem Ball auszuweichen oder nicht. Ist der Ball außerhalb der Strike Zone, wenn der Schlagmann getroffen wird, und der Schlagmann macht keinen Versuch, dem Ball auszuweichen, erkennt der Schiedsrichter auf „Ball".

REGELANWENDUNG: Wenn der Schlagmann von einem Pitch getroffen wird, er aber trotzdem nicht zum ersten Base vorrücken darf, ist das Spiel unterbrochen, der Ball ist nicht spielbar und kein Läufer darf vorrücken.

(3) er vom Catcher oder einem anderen Feldspieler behindert wird. Folgt direkt auf die Behinderung ein Spielzug, kann der Manager der Offensivmannschaft den Schiedsrichter an der Home Plate informieren, dass der Spielzug gültig sein und die Behinderung ignoriert werden soll. Er muss dies unmittelbar nach Beendigung des Spielzugs tun. Erreicht jedoch der Schlagmann das erste Base durch einen Base Hit, einen Error, ein Base on Balls oder auf irgendeine andere Weise und alle Läufer rücken zumindest jeweils ein Base vor, dann läuft das Spiel weiter, als wäre die Behinderung nicht geschehen.

Kommentar zu Regel 5.05 (b)(3) {6.08 (c)}: Behindert der Catcher den Schlagmann, während ein Spielzug läuft, dann unterbricht der Schiedsrichter das Spiel nicht, da der Manager den entstandenen Spielzug annehmen könnte. Berührt der laufende Schlagmann das erste Base nicht, oder ein Läufer berührt sein nächstes Base nicht, so wird trotzdem davon ausgegangen, als hätte er dieses Base erreicht – so wie es in Regel 5.06 (b)(3)(D) {7.04 (d)} geschildert wird.

Beispiele für Spielzüge, die ein Manager annehmen könnte:

1. *Läufer auf dem dritten Base, ein Aus. Der Schlagmann schlägt einen Flugball ins Außenfeld, durch den der Läufer einen Punkt erzielt. Der Schlagmann wurde jedoch vom Catcher behindert. Der Manager der Offensivmannschaft kann nun wählen, ob der Punkt zählt und der Schlagmann als Aus gilt, oder ob dem Schlagmann das erste Base zugesprochen werden soll und der Läufer auf dem dritten Base verbleibt.*

2. *Läufer auf dem zweiten Base. Der Catcher behindert den Schlagmann bei einem Bunt, durch den der Läufer sicher das dritte Base erreicht. Der Manager kann wählen, ob er lieber einen Läufer auf dem dritten Base und dafür ein Aus haben, oder ob er lieber je einen Läufer auf dem ersten und zweiten Base haben möchte.*

Sollte ein Läufer vom dritten Base einen Steal oder ein Squeeze Play versuchen, muss die zusätzliche Bestrafung gemäß Regel 6.01 (g) {7.07} beachtet werden.

Behindert der Catcher einen Schlagmann, bevor der Pitcher mit seiner Pitch-Bewegung begonnen hat, wird dies nicht als Behinderung gemäß Regel 5.05 (b)(3) {6.08 (c)} angesehen. Der Schiedsrichter ruft „Time" und sowohl Pitcher als auch der Schlagmann beginnen noch einmal aufs Neue.

(4) ein geschlagener Fair Ball über Fair Territory einen Schiedsrichter oder einen Läufer berührt, bevor dieser Ball von einem Feldspieler berührt wurde. Berührt ein Fair Ball einen Schiedsrichter, nachdem der Ball an einem Feldspieler (mit Ausnahme des Pitchers) vorbeigegangen ist oder nachdem er einen Feldspieler (einschließlich des Pitchers) berührt hat, bleibt der Ball im Spiel und ist spielbar.

5.06 {7.00} Ablaufen der Bases
(a) {7.01} Besetzen eines Base
(1) Ein Läufer erwirbt das Recht auf ein unbesetztes Base, wenn er es berührt, bevor er zum Aus wird. Er behält das Recht auf dieses Base, bis er zum Aus wird oder bis er gezwungen ist, dieses Base für einen anderen Läufer freizumachen – wenn dieser andere Läufer nach diesen Regeln ein Recht auf das Base erwirbt.

Kommentar zu Regel 5.06 (a)/5.06 (c) {7.01}: Hat ein Läufer regelkonform das Recht auf ein Base erworben und der Pitcher nimmt danach seine Wurfposition ein, darf der Läufer nicht mehr zu einem Base zurückkehren, das er vorher besetzt hatte.

(2) {7.03 (a)} Zwei Läufer dürfen nicht gleichzeitig ein Base besetzen. Berühren dennoch zwei Läufer dasselbe Base, während der Ball spielbar ist, wird der nachfolgende Läufer zum Aus erklärt, wenn dieser mit dem Ball berührt wird, und der vordere Runner erhält das Recht auf das Base – sofern nicht Regel 5.06 (d) {7.03 (b)} Anwendung findet.

(b) Vorrücken auf den Bases
(1) {7.02} Rückt ein Läufer vor, muss er das erste, zweite und dritte Base und danach Home Base in dieser Reihenfolge

berühren. Ist er gezwungen, zu einem Base zurückzukehren, muss er alle Bases in umgekehrter Reihenfolge berühren, es sei denn, der Ball ist nach Regel 5.06 (g) {5.09} nicht spielbar. In diesem Fall kann der Läufer direkt zu dem betreffenden Base zurückkehren.

(2) {7.03 (b)} Wird ein Läufer zum Vorrücken gezwungen, weil der Schlagmann zum Läufer wurde, und besetzen dann zwei Läufer ein Base, von denen der nachfolgende Läufer zum Vorrücken gezwungen wurde, erhält der nachfolgende Läufer das Recht auf das Base. In dieser Situation wird der vordere Läufer zum Aus, wenn dieser mit dem Ball berührt wird oder wenn ein Feldspieler in Ballbesitz das Base berührt, zu welchem dieser vordere Läufer vorrücken muss.

(3) {7.04} Jeder Läufer – mit Ausnahme des Schlagmanns – darf ein Base vorrücken, ohne Risiko, zum Aus zu werden, wenn –

(A) auf „Balk" entschieden wurde;

(B) dem Schlagmann ein Base zugesprochen wird, und der Läufer dadurch gezwungen wird, sein Base freizumachen. Trifft ein geschlagener Ball einen anderen Läufer oder einen Schiedsrichter im Fair Territory, bevor der Ball einen Feldspieler passiert oder berührt hat, darf der Läufer ebenfalls vorrücken, wenn er dazu gezwungen ist;

Kommentar zu Regel 5.06 (b)(3)B) {7.04 (b)}: Ein Läufer, der gezwungen wird, kampflos (ohne Risiko) ein Base vorzurücken, kann auf eigene Gefahr versuchen, noch weiter vorzurücken. Wird ein Läufer in solch einem Fall zum dritten Aus, bevor ein vor ihm laufender Läufer, der auch zum Vorrücken gezwungen ist, die Home Plate berührt, zählt dieser Punkt dennoch.

BEISPIEL: Zwei Aus, alle Bases besetzt. Der Schlagmann erhält ein Base on Balls. Der Läufer vom zweiten Base ist übereifrig und überläuft das dritte Base – und wird durch einen Wurf des Catchers zum dritten Aus. Trotzdem zählt der Punkt, den der Läufer vom dritten Base erzielen wird, da der Läufer vom dritten Base durch das Base on Balls zum Vorrücken bis zur Home Plate gezwungen wurde. Alles, was die Läufer in dieser Situation hätten tun müssen, ist, bis zum nächsten Base vorzurücken und es zu berühren.

(C) ein Feldspieler, nachdem er einen geschlagenen Ball regelkonform aus der Luft gefangen hat, mit einem Fuß irgendeinen nicht bespielbaren Bereich betritt oder in einen solchen Bereich stürzt;

Kommentar zu Regel 5.06 (b)(3)(C) {7.04 (c)}: Betritt oder stürzt ein Feldspieler, nachdem er einen geschlagenen Ball regelkonform aus der Luft gefangen hat, in irgendeinen nicht bespielbaren Bereich, während er den Ball immer noch in seinem Besitz hat, dann ist das Spiel unterbrochen, der Ball nicht spielbar und alle anderen Läufer rücken ein Base vor, ohne dass die Läufer zum Aus werden können. Die Zuweisung von Bases orientiert sich für jeden Läufer an dem Base, welches der einzelne Läufer zuletzt regelkonform berührt hat - und zwar zu dem Zeitpunkt, zu dem der Feldspieler den nicht bespielbaren Bereich betreten hat.

(D) er versucht, ein Base zu stehlen, währenddessen der Schlagmann durch den Catcher oder einen anderen Feldspieler behindert wird;

HINWEIS: Wird einem Läufer gemäß einer Regel ein Base kampflos zugesprochen, wobei der Ball aber spielbar bleibt, oder der Ball wird gemäß dieser Regel wieder spielbar, nachdem der Läufer das Base erreicht hat, das ihm zugesprochen wurde – aber der Läufer berührt dieses Base nicht, bevor er versucht, zum nächsten Base vorzurücken –, hat er das Recht verwirkt, nicht zum Aus werden zu können. Er kann zum Aus gespielt werden, indem er entweder mit dem Ball berührt wird, oder wenn das Base, das er nicht berührt hat, von einem Spieler in Ballbesitz berührt wird.

(E) ein Feldspieler absichtlich einen als Pitch geworfenen Ball mit seiner Mütze, der Maske oder irgendeinem anderen – vom eigentlichen Ort entfernten – Teil seiner Spielerbekleidung berührt. Der Ball bleibt spielbar und der Zuspruch von Bases erfolgt auf Grundlage des Zeitpunkts, zu dem der Ball berührt wurde.

(4) {7.05} Jeder Läufer – einschließlich des laufenden Schlagmanns – darf vorrücken, ohne Risiko zum Aus zu werden:

(A) bis Home Base und nach Berühren aller Bases einen Punkt erzielen, wenn der Schlagmann einen Fair Ball im Flug aus dem Spielfeld hinausschlägt; oder wenn ein Ball, von dem der Schiedsrichter meint, dass er das Spielfeld im Flug verlassen hätte, von einem Feldspieler abgelenkt wurde, weil dieser seinen Handschuh, seine Mütze oder irgendeinen Teil seiner Spielkleidung gegen den Ball geworfen hat;

(B) drei Bases, wenn ein Feldspieler einen Fair Ball absichtlich mit seiner Mütze, Maske oder irgendeinem Teil seiner Spielkleidung berührt, den er von der eigentlichen Stelle entfernt hat. Der Ball bleibt spielbar und der Schlagmann kann auf eigene Gefahr versuchen, bis zum Home Base vorzurücken;

(C) drei Bases, wenn ein Feldspieler absichtlich seinen Handschuh nach einem Fair Ball wirft und diesen damit berührt. Der Ball bleibt spielbar und der Schlagmann kann auf eigene Gefahr versuchen, bis zur Home Plate vorzurücken;

(D) zwei Bases, wenn ein Feldspieler einen geworfenen Ball absichtlich mit seiner Mütze, Maske oder einem anderen Teil seiner Spielkleidung berührt, den er von der eigentlichen Stelle entfernt hat. Der Ball bleibt spielbar;

(E) zwei Bases, wenn ein Feldspieler absichtlich seinen Handschuh nach einem geworfenen Ball wirft und diesen damit berührt. Der Ball bleibt spielbar;

Kommentar zu den Regeln 5.06 (b)(4)(B) bis (E) {7.05 (b) bis (e)}: Bei der Anwendung der Punkte (B), (C), (D) und (E) muss der Schiedsrichter sicher sein, dass der geworfene Handschuh oder die Mütze oder die Maske den Ball berührt hat. Wurde der Ball nicht berührt, wird keine Strafe verhängt. Es wird keine Strafe gemäß den Punkten (C) und (E) verhängt, wenn einem Feldspieler der Handschuh durch die Kraft eines geschlagenen oder geworfenen Balls von der Hand gerissen wird, oder wenn dies durch die Anstrengung eines Feldspielers geschieht, einen Ball regelkonform fangen zu wollen.

(F) zwei Bases, wenn ein geschlagener Fair Ball in die Tribüne oder über, unter oder durch eine Absperrung außerhalb der Spielfeldlinien springt; oder wenn ein Fair Ball durch oder unter eine Absperrung, eine Anzeigetafel, eine Anpflanzung oder eine Hecke geht oder in einem dieser Objekte stecken bleibt;

(G) zwei Bases, wenn ein geworfener Ball – ohne Zuschauer auf dem Spielfeld – in eine Tribüne oder in den Bereich der Mannschaftsbänke geht (ob er danach ins

Feld zurückspringt oder nicht); oder über, unter oder durch eine Spielfeldbegrenzung geht; ebenso, wenn ein solcher Ball ein Netz über dem Backstop berührt oder in einem Drahtzaun, der die Zuschauer schützt, stecken bleibt. Der Ball ist nicht spielbar. Ist dieser Wurf der erste Spielzug, der durch einen Innenfeldspieler erfolgt, spricht der Schiedsrichter den Läufern die zwei Bases von der Position aus zu, die sie innehatten, als der Pitch erfolgte. In allen anderen Fällen werden die Bases von der Position aus zugesprochen, die die Läufer zum Zeitpunkt des missratenen Wurfs innehatten;

REGELANWENDUNG: Sind alle Läufer bereits mindestens ein Base vorgerückt und der laufende Schlagmann hat bereits das erste Base erreicht, wenn ein Innenfeldspieler einen solchen missratenen Wurf als ersten Spielzug nach dem Pitch ausführt, werden die Bases von der Position aus zugesprochen, die die Läufer zum Zeitpunkt des Wurfs innehatten.

Kommentar zu Regel 5.06 (b)(4)(G) {7.05 (g)}: Unter gewissen Umständen ist es unmöglich, einem Läufer zwei Bases zuzusprechen.

BEISPIEL: Läufer auf dem ersten Base. Der Schlagmann schlägt einen Flugball ins rechte Außenfeld. Der Läufer wartet zwischen dem ersten und dem zweiten Base, der Schlagmann berührt das erste Base und schließt zum Läufer auf. Der Ball fällt unberührt zu Boden und der Außenfeldspieler wirft den Ball versehentlich über einen Zaun.

REGELANWENDUNG: Da kein Läufer weiter als bis zu dem Base vorrücken darf, das ihm – während der Ball nicht spielbar ist – zugesprochen wurde, darf der Läufer vom ersten Base bis zum dritten Base vorrücken. Der Schlagmann bleibt am zweiten Base.

Der Begriff „Zeitpunkt des Wurfs" bezeichnet genau den Zeitpunkt, zu dem der Ball die Hand des Feldspielers verlässt – und nicht etwa den Zeitpunkt, zu dem der Ball den Boden berührt, an einem Feldspieler vorbeigeht oder das Spielfeld verlässt.

Die Position des laufenden Schlagmanns zum Zeitpunkt des missratenen Wurfs ist entscheidend für die Zuweisung von Bases für die Läufer. Hat der laufende Schlagmann zum Zeitpunkt des Wurfs das erste Base noch nicht erreicht, werden alle Bases auf der Grundlage der Position der Läufer zugesprochen, die diese zum Zeitpunkt des Pitches innehatten. Die Entscheidung, ob der laufende Schlagmann zum Zeitpunkt des Wurfs das erste Base bereits erreicht hatte, ist eine Ermessensentscheidung.

Begeht ein Innenfeldspieler einen Überwurf, einen Wurf in den Zuschauerbereich oder in den Bereich einer Mannschaftsbank, wobei der Schlagmann aber nicht zum Läufer wurde (zum Beispiel, wenn der Catcher nach einem Passed Ball oder Wild Pitch den Ball wirft, um einen Läufer vom dritten Base auszuspielen – der Wurf aber versehentlich über den Zaun fliegt), werden die Bases von der Position der Läufer zum Zeitpunkt des Wurfs zugesprochen. Im Sinne der Regel 5.06 (b)(4)(G) {7.05 (g)} wird der Catcher als Innenfeldspieler angesehen.

BEISPIEL: Läufer auf dem ersten Base. Der Schlagmann schlägt den Ball zum Shortstop, der den Ball zu spät zum zweiten Base wirft, um den Läufer dort auszuspielen. Der Second Baseman wirft den Ball weiter zum ersten Base, nachdem der Schlagmann das erste Base schon berührt hat. Der Wurf ist aber missraten und verlässt den spielbaren Bereich. Entscheidung: Der Läufer, der jetzt auf dem zweiten Base steht, rückt zur Home Plate vor und erzielt einen Punkt. (In diesem Beispiel erhält der Schlagmann nur dann das dritte Base, wenn er zum Zeitpunkt des missglückten Wurfs schon das erste Base berührt hatte.)

(H) Ein Base, wenn ein Ball, der als Pitch zum Schlagmann geworfen oder der vom Pitcher aus seiner Position auf der Pitcher's Plate geworfen wurde, um zu versuchen, einen Läufer auszuspielen, in eine Tribüne, in einen Bereich der Mannschaftsbank oder über, unter oder durch einen Zaun, eine Absperrung oder den Backstop geht. Der Ball ist nicht spielbar;

REGELANWENDUNG: Wenn ein Wild Pitch oder ein Passed Ball am Catcher vorbeigeht oder der Ball von ihm abprallt und direkt in den Bereich einer Mannschaftsbank, in eine Tribüne, in die Zuschauer oder über den Backstop oder in einen anderen Bereich geht, in dem der Ball nicht spielbar ist, dann wird jedem Läufer genau ein Base zugesprochen. Ebenso wird ihnen ein Base zugesprochen, wenn der Pitcher von seiner Position auf der Pitcher's Plate direkt in die Tribüne oder in einen anderen Bereich wirft, in dem der Ball nicht spielbar ist.

Bleibt hingegen ein solcher Ball auf dem Spielfeld und wird erst danach in die Tribüne, in einen Bereich der Mannschaftsbank oder in einen anderen Bereich abgelenkt, in dem der Ball nicht spielbar ist, dann werden jedem Läufer zwei Bases vom Zeitpunkt des Pitches bzw. Wurfs zugesprochen.

(I) ein Base, wenn der Schlagmann aufgrund von vier Balls oder drei Strikes zum Läufer wird und der als Pitch geworfene Ball am Catcher vorbeigeht und in der Ausrüstung oder Maske des Schiedsrichters stecken bleibt.

Wird der Schlagmann aufgrund eines Wild Pitches zum Läufer, durch den die Läufer ein Base zugesprochen bekommen, darf der Schlagmann nur bis zum ersten Base vorrücken.

Kommentar zu Regel 5.06 (b)(4)(I) {7.05 (i)}: Wird einem Läufer ein Base zugesprochen, ohne Risiko zum Aus zu werden, muss er dennoch dieses Base und alle dazwischen liegenden Bases regelkonform berühren. Schlägt zum Beispiel der Schlagmann einen Ball, den ein Innenfeldspieler auf die Tribüne wirft, und er berührt das erste Base nicht, kann er durch einen Einspruch (Appeal) am ersten Base zum Aus werden, nachdem der Ball wieder spielbar ist, obwohl ihm das zweite Base zugesprochen wurde.

Ist ein Läufer gezwungen, zu einem Base zurückzukehren, weil ein Ball aus der Luft gefangen wurde, ist er verpflichtet, dieses Base wieder zu berühren, obwohl ihm aufgrund irgendeiner Regel ein oder mehrere Bases zugesprochen wurden. Er darf zu diesem Base zurückkehren, während der Ball nicht spielbar ist; daraufhin werden ihm das oder die Bases von diesem seinem ursprünglichen Base aus zugesprochen.

(c) {5.02 / 5.09} Spielunterbrechung (Dead Ball)
{5.09} Der Ball ist nicht spielbar und alle Läufer dürfen kampflos ein Base vorrücken (oder müssen zu ihrem Base zurückkehren), ohne Risiko zum Aus zu werden, wenn –

(1) ein als Pitch geworfener Ball einen Schlagmann oder dessen Kleidung berührt, während sich dieser in regelkonformer Schlagposition befindet. Nur Läufer, die durch dieses Vorrücken des Schlagmanns vorwärts gezwungen werden, rücken ebenfalls ein Base vor;

(2) der Schiedsrichter an der Home Plate den Catcher bei einem Wurf infolge eines Steals oder Pick Offs behindert. Kein Läufer darf vorrücken.

HINWEIS: Eine solche Behinderung wird ignoriert, wenn der Wurf des Catchers dazu führt, dass der Läufer trotzdem zum Aus wird;

{5.02} Während der Ball nicht spielbar ist, kann kein Spieler zum Aus werden, kein Läufer darf ein oder mehrere Bases vorrücken, und es können keine Punkte erzielt werden; es sei denn, dass ein oder mehrere Läufer aufgrund von Aktionen vorrücken dürfen, die geschehen sind, während der Ball noch spielbar war (wie zum Beispiel bei einem „Balk", einem Überwurf, einer Behinderung, einem Home Run oder einem anderen, aus dem Spielfeld geschlagenen Fair Ball).

Kommentar zu Regel 5.06 (c)(2) {5.09 (b)}: Es liegt auch eine Behinderung durch den Schiedsrichter vor, wenn er den Catcher dabei behindert, den Ball zum Pitcher zurückzuwerfen.

(3) ein „Balk" begangen wird. Die Läufer rücken vor (siehe Regel 6.02 (a) {8.05} Strafe);
(4) ein Ball regelwidrig geschlagen wurde. Die Läufer kehren zu ihrem Base zurück;
(5) ein geschlagener Foul Ball nicht gefangen wird. In diesem Fall kehren die Läufer zu ihrem Base zurück. Der Hauptschiedsrichter darf den Ball nicht eher wieder freigeben, bis alle Läufer ihr Base wieder berührt haben;
(6) ein geschlagener Fair Ball einen Läufer oder Schiedsrichter in Fair Territory trifft, bevor der Ball einen Innenfeldspieler einschließlich des Pitchers berührt hat, oder der Ball einen Schiedsrichter berührt, bevor er an einem Innenfeldspieler mit Ausnahme des Pitchers vorbeigeflogen oder vorbeigerollt ist. Die Läufer rücken nur dann vor, wenn sie dazu im Force Play gezwungen werden.

Wenn ein Fair Ball an einem Feldspieler vorbeigeht oder durch dessen Beine geht, wobei zugleich kein anderer Feldspieler die Möglichkeit hatte, diesen Ball zu spielen, und der Ball dann einen Läufer hinter diesem Feldspieler, an dem der Ball vorbeigeht, berührt – dann darf der

Schiedsrichter diesen Läufer nicht zum Aus erklären. Sollte ein Fair Ball von einem Feldspieler abprallen und einen Läufer berühren, ist der Ball spielbar und der Schiedsrichter darf den Läufer nicht zum Aus erklären;

Kommentar zu Regel 5.06 (c) {5.09 (f)}: Wenn ein Fair Ball einen Schiedsrichter im Fair Territory im Innenfeld berührt, nachdem der Ball am Pitcher vorbeigerollt, vorbeigeflogen oder vorbeigesprungen ist, ist der Ball nicht mehr spielbar. Berührt ein geschlagener Ball zuerst einen Innenfeldspieler, dann einen Läufer oder Schiedsrichter und wird anschließend von einem Innenfeldspieler gefangen, bevor der Ball zum ersten Mal den Boden berührt, wird der Ball nicht als aus der Luft gefangen gewertet, bleibt jedoch spielbar.

(7) ein als Pitch geworfener Ball in der Maske oder Ausrüstung des Catchers oder des Schiedsrichters stecken bleibt und nicht sofort ins Spiel zurückkehrt. Die Läufer rücken ein Base vor;

Kommentar zu Regel 5.06 (c)(7) {5.09 (g)}: Wenn ein Foul Tip den Schiedsrichter trifft und nach dem Abprallen von einem Feldspieler aus der Luft gefangen wird, ist der Ball nicht spielbar und der Schlagmann kann nicht zum Aus werden. Das Gleiche gilt, wenn ein Foul Tip in der Maske oder Ausrüstung des Schiedsrichters stecken bleibt.

Wenn ein dritter Strike (kein Foul Tip) am Catcher vorbeigeht und einen Schiedsrichter trifft, bleibt der Ball im Spiel und spielbar. Wird solch ein Ball aus der Luft gefangen, nachdem er vom Schiedsrichter abgeprallt ist, wird der Schlagmann dadurch nicht zum Aus; der Ball bleibt jedoch im Spiel und spielbar und der Schlagmann kann am ersten Base oder durch Berührung mit dem Ball zum Aus gespielt werden.

Bleibt ein als Pitch geworfener Ball in der Maske oder Ausrüstung des Schiedsrichters oder Catchers stecken und kehrt nicht sofort ins Spiel zurück, dürfen alle Läufer kampflos ein Base vorrücken, ohne Risiko zum Aus zu werden. Hat der Schlagmann durch diesen Pitch eine Zählung von vier „Balls" oder drei „Strikes", darf er zum ersten Base vorrücken. Bei einer Zählung von weniger als drei „Balls" rücken die Läufer ein Base vor.

(8) ein regelkonform als Pitch geworfener Ball einen Läufer berührt, der versucht, einen Punkt zu erzielen. Die Läufer rücken ein Base vor.

5.07 {8.00} Pitching

(a) {8.01} Erlaubte Pitch-Ausführung

Es gibt zwei regelkonforme Wurfpositionen, die der Pitcher zum Ausführen eines Pitchs einnehmen darf: die Windup-Position und die Set-Position. Beide Positionen können jederzeit genutzt werden.

Der Pitcher muss die Zeichen vom Catcher entgegennehmen, während er in Kontakt mit der Pitcher's Plate steht.

Kommentar zu Regel 5.07 (a) {8.01}: Der Pitcher darf die Pitcher's Plate verlassen, nachdem er die Zeichen des Catchers entgegengenommen hat. Er darf jedoch nicht wieder schnell die Pitcher's Plate betreten und einen Pitch ausführen. Dies kann vom Schiedsrichter als „schneller Pitch" (Quick Pitch) bewertet werden. Verlässt der Pitcher die Pitcher's Plate, muss er die Hände auseinandernehmen und seitlich zum Körper führen.Der Pitcher darf nicht nach jedem einzelnen Zeichen die Pitcher's Plate verlassen.

Der Pitcher darf mit keinem Fuß einen zweiten Schritt in Richtung Home Plate ausführen oder auf eine irgendeine Weise den Fuß seines Standbeins umsetzen, während er einen Pitch ausführt. Mit einem Läufer oder mehreren Läufern auf den Bases ist dies ein „Balk".

(1) Die Windup-Position

Der Pitcher steht dem Schlagmann zugewandt auf der Pitcher's Plate. Das Standbein des Pitchers muss in Kontakt mit der Pitcher's Plate sein. Der andere (freie) Fuß darf beliebig positioniert werden. Sobald der Pitcher in dieser Position eine Bewegung macht, die gewöhnlich mit seiner Pitch-Bewegung in Verbindung gebracht wird, ist der Pitcher gezwungen, ohne Unterbrechung und Abänderung einen Pitch zum Schlagmann auszuführen. Ausschließlich zum Zweck des Ausführens eines Pitchs ist es ihm erlaubt, mit seinem freien Fuß erst einen Schritt rückwärts und dann einen Schritt vorwärts zu machen. Ansonsten darf der Pitcher in dieser Position keinen Fuß heben, ohne einen Pitch auszuführen.

Wenn der Pitcher den Ball mit beiden Händen vor seinem Körper hält, der Fuß seines Standbeins in Kontakt mit der Pitcher's Plate und sein anderer Fuß frei positioniert ist, dann befindet sich der Pitcher in der Windup-Position.

Kommentar zu Regel 5.07 (a)(1) {8.01 (a)}: Der Pitcher darf seinen frei-

en Fuß an jeder Stelle positionieren: auf, vor, hinter oder seitlich von der Pitcher's Plate.

Aus der Windup-Position darf der Pitcher:

(A) einen Pitch zum Schlagmann durchführen; oder

(B) einen Schritt zu einem Base machen und dorthin werfen, um einen Läufer zum Aus zu spielen; oder

(C) die Pitcher's Plate verlassen. Tut er das, muss er seine Hände auseinandernehmen und seitlich zum Körper führen.

Verlässt der Pitcher die Pitcher's Plate, muss er dies zuerst mit dem Standbein und nicht mit dem anderen (freien) Fuß tun. Er darf nicht in die Set-Position übergehen oder eine Streckbewegung (Stretch) ausführen – tut er das, ist dies ein „Balk".

(2) Die Set-Position
Der Pitcher befindet sich dann in der Set-Position, wenn er dem Schlagmann seitlich zugewandt ist, der Fuß seines Standbeins Kontakt mit der Pitcher's Plate hat, sein anderer (freier) Fuß vor der Pitcher's Plate steht, er den Ball mit beiden Händen vor dem Körper hält und dabei zu einem vollständigen Bewegungsstillstand kommt. Aus dieser Set-Position darf er einen Pitch zum Schlagmann ausführen, zu einem Base werfen oder durch einen Schritt mit dem Standbein nach hinten die Pitcher's Plate verlassen. Bevor der Pitcher die Set-Position einnimmt, darf er eine vorbereitende Streckbewegung (Stretch) ausführen. Tut er dies, muss er danach die Set-Position einnehmen, bevor er einen Pitch zum Schlagmann ausführt.

Sobald der Pitcher die Set-Position eingenommen hat, verpflichtet ihn jede Bewegung, die gewöhnlich mit seiner Pitch-Bewegung in Verbindung gebracht wird, ohne Unterbrechung und Änderung einen Pitch zum Schlagmann auszuführen.

Bevor der Pitcher die Set-Position einnimmt, muss der Pitcher eine Hand an der Seite seines Körpers halten. Aus dieser Position muss er seine Set-Position in einer durchgehenden Bewegung – ohne Unterbrechung – einnehmen, so wie es in Regel 5.07 (a)(2) {8.01(b)} beschrieben wird.

Nachdem der Pitcher seine vorbereitende Bewegung (Stretch) durchgeführt hat, muss er (a) den Ball in beiden Händen vor dem Körper halten; und (b) zu einem vollständigen Bewegungsstillstand kommen. Dies muss durchgesetzt werden. Die Schiedsrichter sorgen für die strikte Befolgung der Regel. Pitcher versuchen stets, diese Regel zu brechen, um die Läufer nahe an den Bases zu halten. Kommt der Pitcher nicht zu einem vollständigen Bewegungsstillstand, wird der Schiedsrichter sofort auf „Balk" entscheiden.

Kommentar zu Regel 5.07 (a)(2) {8.01 (b)}: Ohne Läufer auf den Bases muss der Pitcher in der Set-Position nicht zum vollständigen Bewegungsstillstand kommen. Sollte aber der Pitcher – nach Meinung des Schiedsrichters – einen Pitch so ausführen, dass er offensichtlich versucht, den Schlagmann mit dem Pitch zu überraschen, dann ist dies als Quick Pitch zu werten – die Strafe dafür ist ein „Ball". Vergleiche hierzu: Kommentar zu Regel 6.02 (a)(5) {8.05 (e)}.

Mit einem oder mehreren Läufern auf den Bases wird dem Pitcher unterstellt, dass er Pitches aus der Set-Position ausführt, sofern sich der Fuß seines Standbeins in Kontakt mit der Pitcher's Plate befindet und parallel zu dieser ausgerichtet ist, während sein anderer Fuß vor der Pitcher's Plate positioniert ist. Möchte der Pitcher unter diesen Umständen aus der Windup-Position Pitches ausführen, muss er darüber den Schiedsrichter informieren, bevor ein Schlagdurchgang (At Bat) beginnt. In einem bereits begonnen Schlagdurchgang darf der Pitcher den Schiedsrichter nur dann darüber informieren, wenn (i) die Offensivmannschaft einen Wechsel vornimmt, oder (ii) unmittelbar nachdem ein oder mehrere Läufer auf den Bases vorgerückt sind und bevor er den nächsten Pitch ausführt.

(b) {8.03} Aufwärm-Pitches

Nimmt ein Pitcher zu Beginn eines Spielabschnitts oder wenn er einen anderen Pitcher ersetzt, seine Position ein, darf er bis zu acht vorbereitende Würfe zu seinem Catcher durchführen. Währenddessen ist das Spiel unterbrochen und der Ball nicht spielbar. Ein Verband kann die Anzahl der Vorbereitungswürfe auf weniger als acht Würfe beschränken. Diese Vorbereitungswürfe dürfen nicht mehr als eine Minute in Anspruch nehmen. Muss ein Pitcher wegen eines plötzlichen Notfalls eingewechselt werden, ohne dass er sich hätte aufwärmen können, muss ihm der

Hauptschiedsrichter zusätzlich eine gewisse Anzahl von Aufwärmwürfen gewähren, die er als notwendig erachtet.

> Kommentar für den deutschen Spielbetrieb: Die Zahl der Aufwärmwürfe wird durch die „Speed Up Rules" begrenzt. Sämtliche Bestimmungen der „Speed Up Rules" finden sich in der Bundesspielordnung.

(c) {8.04} Spielverzögerung durch Pitcher
Ist kein Base besetzt, muss der Pitcher jeden Pitch innerhalb von 12 Sekunden durchführen, nachdem er den Ball erhalten hat. Verzögert der Pitcher das Spiel, indem er diese Regel verletzt, entscheidet der Schiedsrichter auf „Ball".
Die Zeitmessung der 12 Sekunden startet, sobald der Pitcher sich in Ballbesitz befindet und der Schlagmann sich dem Pitcher zugewandt im Schlagraum befindet. Verlässt der Ball die Hand des Pitchers, endet die Zeitmessung.
Die Absicht dieser Regel ist es, unnötige Verzögerungen zu vermeiden. Der Schiedsrichter muss darauf bestehen, dass der Catcher den Ball sofort zum Pitcher zurückwirft und dass der Pitcher seine Position auf der Pitcher's Plate umgehend wieder einnimmt. Offensichtliche Verzögerungsversuche des Pitchers sollten vom Schiedsrichter umgehend bestraft werden.

(d) {8.01(c)} Würfe zu den Bases
Zwischen den vorbereitenden Bewegungen und dem Zeitpunkt, ab dem die natürliche Bewegung den Pitcher dazu verpflichtet, einen Pitch zum Schlagmann auszuführen, darf der Pitcher zu jedem Base einen Wurf ausführen – vorausgesetzt, er macht vor dem Wurf einen Schritt in die Richtung des Base.

Kommentar zu Regel 5.07 (d) {8.01 (c)}: Der Pitcher muss den Schritt vor dem Wurf durchführen. Ein Wurf aus dem Handgelenk, dem ein Schritt in Richtung des Base folgt, ist ein „Balk".

(e) {8.01(e)} Auswirkung beim Entfernen des Standfußes von der Pitcher's Plate
Verlässt der Pitcher die Pitcher's Plate, indem er mit dem Fuß des Standbeins einen Schritt nach hinten macht, wird er zum Innenfeldspieler. Begeht er aus dieser Position einen Überwurf, wird dieser Wurf genauso behandelt, wie der Wurf eines jedes anderen Innenfeldspielers.

Kommentar zu Regel 5.07 (e) {8.01 (e)}: Ist der Pitcher nicht in Kontakt mit der Pitcher's Plate, darf er zu jedem Base werfen. Macht er einen ungenauen Wurf, ist dies der Wurf eines Feldspielers. Solch ein Wurf unterliegt den Regeln, die sich auf die Würfe von Feldspielern beziehen.

(f) {8.01(f)} Beidhändige Pitcher
Der Pitcher muss dem Hauptschiedsrichter, dem Schlagmann und den Läufern zeigen, mit welcher Hand er beabsichtigt, einen Pitch auszuführen. Dies kann dadurch geschehen, dass er den Fanghandschuh an der anderen Hand trägt, während er die Pitcher's Plate betritt. Der Pitcher darf dann die Wurfhand nicht wechseln, bis der Schlagmann zum Aus oder zum Läufer wurde, der Spielabschnitt beendet wurde, der Schlagmann durch einen Pinch Hitter ausgewechselt wurde oder der Pitcher sich verletzt. Für den Fall, dass ein Pitcher die Wurfhand während des Schlagdurchgangs eines Schlagmanns aufgrund einer Verletzung wechselt, darf der Pitcher für den Rest des Spiels keine Pitches mehr mit der Hand ausführen, die er vor der Verletzung benutzt hat. Dem Pitcher stehen keinerlei Vorbereitungswürfe zu, wenn er seine Wurfhand wechselt. Jeder Wechsel der Wurfhand muss dem Hauptschiedsrichter deutlich angezeigt werden.

5.08 {4.09} Erzielen von Punkten

(a) Eine Mannschaft erzielt immer dann einen Punkt, wenn ein Läufer regelkonform zum ersten Base und vom ersten über das zweite und dritte Base zum Home Base vorrückt und dabei alle Bases berührt, bevor in diesem Spielabschnitt drei Spieler seiner Mannschaft zum Aus wurden, womit der Spielabschnitt endet.
AUSNAHME: Es wird kein Punkt erzielt, wenn der Läufer während eines Spielzugs zum Home Base vorrückt, in welchem das dritte Aus auf eine der folgenden Weisen erzielt wird: (1) Der Schlagmann wird zum Aus, bevor er das erste Base berührt; (2) Irgendein Läufer wird in einem Force Play zum Aus; oder (3) Ein dem Läufer, der den Punkt erzielen will, vorauslaufender Läufer wird zum Aus, weil er ein Base nicht berührt hat.

Kommentar zu Regel 5.08 (a) {5.06}: Ein Punkt, den ein Läufer regelkonform erzielt hat, kann nicht durch nachfolgende Aktionen dieses Läufers annulliert werden, wie zum Beispiel durch den Versuch, zum dritten Base zurückzukehren, weil er dachte, das Base bei einem gefangenen Flugball zu früh verlassen zu haben.

(b) Erzielt eine Mannschaft den Siegpunkt in der unteren Hälfte des letzten Spielabschnitts eines als regulär geltenden Spiels (Regulation Game) oder in der letzten Hälfte eines zusätzlichen Spielabschnitts als Ergebnis eines Base on Balls, Hit by Pitch oder irgendeines anderen Spielzugs, der, während alle Bases besetzt sind, den Schlagmann und alle anderen Läufer zum gefahrlosen Vorrücken zwingt, darf der Schiedsrichter das Spiel nicht eher für beendet erklären, als der Läufer vom dritten Base das Home Base und der laufende Schlagmann das erste Base berührt hat.

Kommentar zu Regel 5.08 (b) {4.09 (b)}: Eine Ausnahme tritt ein, wenn der Läufer, der das Home Base erreichen will, oder der Schlagmann, der das erste Base erreichen will, durch Zuschauer, die auf das Spielfeld gelangt sind, körperlich daran gehindert wird, das erste Base bzw. das Home Base zu berühren. In solchen Fällen muss der Schiedsrichter dem oder den Läufern das entsprechende Base zusprechen – wegen des Blockierens durch die Zuschauer.

> *STRAFE:* Wenn der Läufer vom dritten Base sich weigert, innerhalb einer vernünftigen Zeitspanne zum Home Base vorzurücken, es zu berühren und damit den Siegpunkt zu erzielen, erklärt der Schiedsrichter den betreffenden Spieler zum Aus, der Punkt zählt nicht und das Spiel wird fortgesetzt. Weigert sich der laufende Schlagmann, bei zwei Aus zum ersten Base vorzurücken und es zu berühren, erklärt der Schiedsrichter diesen zum Aus, der Punkt zählt nicht und das Spiel wird fortgesetzt. Weigert sich der laufende Schlagmann, mit weniger als zwei Aus, zum ersten Base vorzurücken und es zu berühren, zählt der Punkt, aber der laufende Schlagmann wird zum Aus erklärt.

Kommentar zu Regel 5.08 {4.09}

> *REGELANWENDUNG: Kein Punkt zählt, der während eines Spielzugs erzielt wird, in dem der laufende Schlagmann zum dritten Aus wird, bevor er das erste Base berührt hat.*

BEISPIEL: Ein Aus, Läufer Abels auf dem zweiten Base und Läufer Müller auf dem ersten Base. Dem Schlagmann Schmidt gelingt ein guter Schlag (Base Hit). Abels erzielt einen Punkt, Müller wird durch einen Spielzug an dem Home Base zum zweiten Aus. Schmidt hat aber das erste Base nicht berührt – und der Ball wird dorthin geworfen und es wird ein Einspruch (Appeal) gespielt. Spieler Schmidt wird deshalb zum Aus – das dritte Aus. Da Abels den Punkt in einem Spielzug erzielte, in dem der laufende Schlagmann zum dritten Aus wurde, bevor er das erste Base berührt hat, zählt der Punkt von Abels nicht.

REGELANWENDUNG: Nachfolgende Läufer werden nicht durch Aktionen ihnen vorauslaufender Läufer beeinflusst, wenn nicht bereits zwei Aus bestehen.

BEISPIEL: Ein Aus, Abels als Läufer auf dem zweiten Base, Müller als Läufer auf dem ersten Base. Der Schlagmann Schmidt schlägt einen Home Run, bei dem der Ball aber auf dem Spielfeld bleibt. Abels berührt das dritte Base auf seinem Weg zum Home Base nicht. Müller und Schmidt erzielen je einen Punkt. Die Defensivmannschaft wirft den Ball zum dritten Base und führt einen Einspruch (Appeal) durch. Damit wird Abels zum Aus; die Punkte von Müller und Schmidt zählen jedoch.

REGELANWENDUNG: Zwei Aus, Abels als Läufer auf dem zweiten Base, Müller als Läufer auf dem ersten Base. Der Schlagmann Schmidt schlägt einen Home Run, bei dem der Ball aber auf dem Spielfeld bleibt. Alle drei Spieler erreichen das Home Base – aber Abels berührt nicht das dritte Base. Die Defensivmannschaft wirft den Ball zum dritten Base und spielt einen Einspruch (Appeal). Damit wird Abels zum dritten Aus; die Punkte von Müller und Schmidt sind ungültig – es wurden keine Punkte erzielt.

REGELANWENDUNG: Ein Aus, Läufer Abels auf dem dritten, Läufer Müller auf dem zweiten Base. Der Schlagmann Schmidt wird durch einen im Außenfeld aus der Luft gefangenen Ball zum zweiten Aus. Abels erzielt einen Punkt, nachdem der Ball gefangen wurde und Müller kann aufgrund eines ungenauen Wurfs ebenfalls das Home Base erreichen. Wenn die Feldmannschaft einen erfolgreichen Einspruch (Appeal) am dritten Base spielt, weil Abels das dritte Base zu früh verlassen hatte, ist Abels das dritte Aus und kein Punkt zählt.

REGELANWENDUNG: Zwei Aus, Läufer auf allen Bases. Der Schlagmann schlägt einen Home Run aus dem Spielfeld. Er wird durch einen Einspruch (Appeal) zum Aus, weil er das erste Base nicht berührt hat. Dadurch wird das dritte Aus erzielt und kein Punkt aus diesem Spielzug zählt.

Allgemein gilt: Berührt ein Läufer ein Base nicht und ein Feldspieler führt mit Ballbesitz einen Einspruch (Appeal) an dem betreffenden Base durch (oder an dem Base, das ein Läufer verlassen hat, bevor ein geschlagener Ball aus der Luft gefangen wurde), wird der Läufer zum Aus, wenn der Schiedsrichter dem Einspruch stattgibt. Alle Läufer dürfen nach Möglichkeit einen Punkt erzielen – bei zwei Aus jedoch wird der Läufer (in zeitlichem Bezug auf die nachfolgenden Läufer) in dem Moment zum Aus, in dem er das Base nicht berührt hat –, vorausgesetzt, der Schiedsrichter gibt dem Einspruch statt.

REGELANWENDUNG: Ein Aus, Läufer Abels auf dem dritten Base, Läufer Müller auf dem ersten Base und der Schlagmann Schmidt wird durch einen im Außenfeld aus der Luft gefangenen Ball zum Aus. Zwei Aus. Abels berührt das dritte Base, nachdem der Ball gefangen wurde (Tag Up), und erzielt einen Punkt. Müller versucht, zum ersten Base zurückzukehren, wird aber zum dritten Aus gespielt, bevor er das erste Base wieder erreicht. Weil Abels aber seinen Punkt erzielen konnte, bevor Müller zum Aus gespielt wurde, zählt der Punkt von Abels. Hier liegt keine Situation mit erzwungenem Vorrücken (Force Play) vor.

5.09 Erzielen von Aus

(a) {6.05} Schlagmann wird zum Aus

Ein Schlagmann wird zum Aus, wenn –

(1) ein von ihm über Fair Territory oder Foul Territory geschlagener Ball (mit Ausnahme eines Foul Tips) von einem Feldspieler regelkonform aus der Luft gefangen wird;

Kommentar zu Regel 5.09 (a)(1) {6.05 (a)}: Ein Feldspieler darf in die Bereiche einer Mannschaftsbank hineinreichen, aber nicht den Bereich einer Mannschaftsbank betreten, um einen Ball regelkonform aus der Luft zu fangen. Um einen Foul Ball regelkonform zu fangen, der sich dem Bereich einer Mannschaftsbank oder einem anderen, nicht bespielbaren Bereich (zum Beispiel den Zuschauerrängen) annähert, muss sich der Feldspieler mit einem Fuß oder mit beiden Füßen auf oder über bespielbarem Bereich (Fair Territory und Foul Territory) befinden – die vordere Kante des Bereichs der

Mannschaftsbank gehört dazu. Der Feldspieler darf keinen Schritt in den Bereich einer Mannschaftsbank oder in einen nicht bespielbaren Bereich machen und dort den Boden berühren. Der Ball bleibt spielbar. Fällt der Feldspieler aber, nachdem er den Ball regelkonform gefangen hat, in den Bereich einer Mannschaftsbank oder in einen nicht bespielbaren Bereich, dann ist das Spiel unterbrochen und der Ball nicht spielbar. Die Auswirkungen auf die Läufer in einem solchen Fall sind im Kommentar zu Regel 5.06 (c)(3) {7.04 (c)} beschrieben.

> {2.00 Catch} Ein **CATCH** bezeichnet den gelungenen Versuch eines Feldspielers, einen im Flug befindlichen Ball sicher in seinen Besitz zu bekommen. Dazu muss er den Ball sicher in der Hand oder im Handschuh halten. Er darf dabei weder Mütze, Teile der Schutzkleidung, eine Tasche noch andere Bestandteile seiner Spielerbekleidung benutzen. Es ist kein Catch, wenn er in dem Moment oder unmittelbar danach, wo er den Ball berührt, mit einem anderen Spieler oder der Spielfeldbegrenzung zusammenprallt oder stürzt und infolge dieses Zusammenpralls oder Sturzes den Ball fallen lässt.
> Es ist auch kein Catch, wenn ein Feldspieler einen Flugball berührt, und der Ball dann einen Schiedsrichter oder einen Spieler der anderen Mannschaft berührt, und wenn dieser Ball danach noch, bevor er den Boden berührt, von einem Feldspieler gefangen wird.
> Zur Beurteilung der Gültigkeit eines Catchs muss der Feldspieler den Ball lange genug in seinem Besitz halten, um so zu beweisen, dass er sowohl vollständige Kontrolle über den Ball hat als auch dass das Loslassen des Balls freiwillig und absichtlich erfolgt.
> Wenn ein Feldspieler den Ball erfolgreich gefangen hat und den Ball erst beim darauf folgenden Wurfversuch fallen lässt, gilt das vorherige Fangen als Catch.

Kommentar zu Catch {2.00 (Catch)}: Es gilt als regelkonformes Fangen, wenn ein Feldspieler den Ball unter Kontrolle hat, bevor der Ball den Boden berührt, auch wenn der Ball zuvor von einem (oder mehreren) Feldspielern berührt, kurz gehalten oder/und herumjongliert wurde. Die Läufer dürfen ihr Base in dem Moment verlassen, in dem der erste Feldspieler den Ball erstmalig berührt. Um den Ball aus der Luft zu fangen, darf ein Feldspieler über ein Geländer, Seil oder einen Zaun oder Ähnliches greifen, die das Spielfeld zum Foul Territory hin begrenzen oder sich auf ihm befinden. Er darf auf solche Begrenzungen auch hinaufspringen. Greift ein Feldspieler über eine Feldbegrenzung hinaus, um den Ball zu fangen, tut er dies auf eigenes Risiko und die Regeln im Zusammenhang mit Behinderung finden in solchen Fällen keine Anwendung.

Begibt sich ein Feldspieler in die Nähe des Bereichs einer Mannschaftsbank und die dort befindlichen Spieler verhindern durch Abstützen, dass er beim Fangen des Balls stürzt, so gilt dies als regelkonformes Fangen, wenn er den Ball fängt.

(2) ein dritter Strike vom Catcher regelkonform gefangen wird; *Kommentar zu Regel 5.09 (a)(2) {6.05 (b)}: Regelkonform gefangen bedeutet, dass der Ball im Handschuh des Catchers ist, bevor der Ball den Boden berührt. Der Ball ist nicht regelkonform gefangen worden, wenn er sich in der Ausrüstung oder Kleidung des Catchers verfängt oder vom Schiedsrichter abprallt und dann vom Catcher gefangen wird.*

Wenn ein Foul Tip zuerst den Handschuh des Catchers berührt, dann weiterfliegt und vom Catcher mit beiden Händen gegen seinen Körper festgehalten wird, bevor der Ball den Boden berührt, ist das ein Strike; ist dies der dritte Strike, wird der Schlagmann zum Aus. Wenn der Catcher den Ball an seinen Körper drückt und so festhält, wird der Ball als gefangen bewertet – unter der Voraussetzung, dass der Ball vorher den Handschuh oder die Hand des Catchers berührt hat.

(3) ein dritter Strike vom Catcher nicht gefangen wird, wenn mit weniger als zwei Aus das erste Base besetzt ist;
(4) er einen Bunt zum dritten Strike ins Foul Territory schlägt;
(5) ein Infield Fly ausgerufen wird;
(6) er nach einem Ball zum dritten Strike schlägt und dabei selbst vom Ball berührt wird;
(7) ein von ihm geschlagener Fair Ball ihn selbst berührt, bevor der Ball einen Feldspieler berührt. Sofern sich der Schlagmann regelkonform im Schlagraum befindet – siehe Regel 5.04 (b)(5) {6.03} – und nach Ansicht des Schiedsrichters keine Absicht vorlag, den Weg des Balls zu beeinflussen, wird ein Ball, der den Schlagmann oder dessen Schläger berührt, als Foul Ball behandelt;
(8) sein Schläger den Ball im Fair Territory zum zweiten Mal

berührt, nachdem der Schlagmann einen Fair Ball geschlagen oder einen Bunt gespielt hat. Der Ball ist nicht mehr spielbar und kein Läufer darf vorrücken. Wenn der Schlagmann aber den Schläger fallen lässt und der Ball im Fair Territory gegen den Schläger rollt, bleibt der Ball im Spiel, sofern der Schiedsrichter entscheidet, dass der Schlagmann nicht die Absicht hatte, den Ball mit dem Schläger abzulenken. Befindet sich der Schlagmann regelkonform im Schlagraum – siehe Regel 5.04 (b)(5) {6.03} – und sein geschlagener Ball trifft ihn oder seinen Schläger, und nach Meinung des Schiedsrichters liegt keine Absicht vor, den Ball abzulenken, wird auf Foul Ball entschieden;

Kommentar zu Regel 5.09 (a)(8) {6.05 (h)}: Zerbricht ein Schläger und ein Teil des Schlägers wird im Fair Territory von einem geschlagenen Ball getroffen oder ein Bruchstück des Schlägers trifft einen Läufer oder Feldspieler, läuft das Spiel ohne Unterbrechung weiter und der Ball bleibt spielbar. Die Regeln zu Behinderungen (Interference) gelten hier nicht. Berührt ein geschlagener Ball ein Schlägerbruchstück im Foul Territory, wird der Ball zum Foul Ball.

Wird ein ganzer Schläger geworfen – auf Foul oder Fair Territory – und behindert dadurch einen Feldspieler dabei, den Ball zu spielen, wird auf Behinderung entschieden, gleichgültig, ob es Absicht war oder nicht.

Wird ein Schutzhelm zufällig von einem auf oder über Fair Territory geschlagenen oder geworfenen Ball berührt, bleibt der Ball spielbar, so, als wenn der Ball den Helm nicht getroffen hätte.

Berührt ein geschlagener Ball einen Schutzhelm oder einen anderen Gegenstand, der nicht zum natürlichen Untergrund gehört, während er sich auf oder über Foul Territory befindet, wird er zum Foul Ball, das Spiel wird unterbrochen und der Ball ist nicht spielbar.

Wenn ein Läufer nach Ansicht des Schiedsrichters absichtlich versucht, einen geschlagenen oder geworfenen Ball dadurch abzulenken, indem er seinen Schutzhelm fallen lässt oder ihn nach dem Ball wirft, wird der Läufer zum Aus erklärt, das Spiel ist unterbrochen, der Ball ist nicht spielbar und alle anderen Läufer müssen zu dem Base zurückkehren, das sie zuletzt regelkonform berührt hatten.

(9) er einen vom ihm geschlagenen oder per Bunt gespielten Ball, der sich noch über Foul Territory bewegt, mit Absicht in irgendeiner Weise ab- oder umlenkt, während er zum ersten Base läuft. Der Ball ist nicht spielbar und kein Läufer darf in dieser Situation vorrücken;

(10) er nach einem dritten Strike oder nach einem von ihm geschlagenen Fair Ball von einem Feldspieler mit dem Ball berührt wird (Tag Play) oder das erste Base von einem Spieler in Ballbesitz berührt wird – bevor der Schlagmann es erreicht;

(11) er, während der Ball von der Feldmannschaft zum ersten Base gespielt wird, die letzte Hälfte der Strecke zum ersten Base rechts außerhalb der 1-m-Spielfeldlinie oder auf der linken Seite der Foul Line läuft und damit – nach Meinung des Schiedsrichters – den Feldspieler behindert, der den Wurf am ersten Base fangen will. Er darf jedoch rechts von der 1-m-Spielfeldlinie oder links von der Foul Line laufen, wenn dies dem Versuch dient, einem Feldspieler auszuweichen, der versucht, einen geschlagenen Ball aufzunehmen;

Kommentar zu Regel 5.09 (a)(11) {6.05 (k)}: Die Linien, die den 1-m-Laufkorridor markieren, sind Teil dieses Korridors. Ein laufender Schlagmann muss sich mit beiden Füßen innerhalb oder auf den Linien, die den 1-m-Laufkorridor begrenzen, bewegen. Der laufende Schlagmann darf den 1-m-Laufkorridor durch einen Schritt, Ausfallschritt oder durch Rutschen unmittelbarer vor dem ersten Base verlassen – aber nur zu dem einen Zweck, nämlich um das erste Base zu berühren.

(12) ein Innenfeldspieler absichtlich einen ins Fair Territory geschlagenen Ball – Flugball oder Line Drive – fallen lässt, wenn bei weniger als zwei Aus das erste oder das erste und das zweite oder das erste und das dritte oder das erste, das zweite und das dritte Base besetzt sind. Der Ball ist nicht spielbar und alle Läufer müssen zu ihrem jeweiligen Ausgangsbase zurückkehren;

REGELANWENDUNG: Lässt ein Innenfeldspieler in dieser Situation den Ball unberührt zu Boden fallen, wird der Schlagmann nicht zum Aus, es sei denn, es kommt die Infield-Fly-Regel zur Anwendung;

(13) ein vor ihm laufender Läufer – nach Ansicht des Schiedsrichters – absichtlich einen Feldspieler behindert, einen geworfenen Ball zu fangen oder einen Ball zu werfen, während der Feldspieler versucht, irgendeinen Spielzug zu vollenden;

Kommentar zu Regel 5.09 (a)(13) {6.05 (m)}: Ziel dieser Regel ist es, die Offensivmannschaft für absichtlich unsportliches Verhalten durch einen Läufer zu bestrafen, der die direkte Linie zwischen den Bases mit der offensichtlichen Absicht verlässt, einen Spieler daran zu hindern, ein Double Play zu vollenden, anstatt zu versuchen, das Base zu erreichen. Dies ist ganz klar eine Ermessensentscheidung des Schiedsrichters.

(14) bei zwei Aus mit einem Läufer auf dem dritten Base und zwei Strikes gegen den Schlagmann ein Läufer während eines regelkonformen Pitchs versucht, die Home Base zu stehlen und dabei vom Pitch in der Strike Zone des Schlagmanns getroffen wird. Der Schiedsrichter entscheidet auf „Strike Three", der Schlagmann wird zum Aus und der Punkt zählt nicht. Passiert Gleiches bei weniger als zwei Aus, entscheidet der Schiedsrichter ebenfalls auf „Strike Three", der Schlagmann wird zum Aus, der Ball ist nicht spielbar und der Punkt zählt;

(15) ein Mitglied seiner Mannschaft (Läufer auf den Bases ausgenommen) einen Feldspieler beim Versuch behindert, den geschlagenen Ball zu fangen oder aufzunehmen. Siehe auch Regel 6.01 (b) {7.11}. Behinderung (Interference) durch einen Läufer: siehe Regel 5.09 (b)(3) {7.08 (b)}.

(b) {7.08} Läufer wird zum Aus
Ein Läufer wird zum Aus, wenn –
(1) er sich mehr als 1 m von seinem Laufweg entfernt, um dadurch zu vermeiden, mit dem Ball berührt zu werden. Er darf jedoch einem Feldspieler ausweichen, der gerade einen geschlagenen Ball aufnimmt, um diesen nicht zu behindern. Der Laufweg eines Läufers entsteht im Moment des Berührungsversuchs und definiert die direkte Linie zwischen Läufer und dem Base, das der Läufer zu erreichen versucht; oder
(2) er, nachdem er das erste Base berührt hat, von seinem Laufweg so abweicht, dass er es offensichtlich aufgibt, das nächste Base anzulaufen;

Kommentar zu Regel 5.09 (b)(1) und (2) {7.08 (a)}: Jeder Läufer, der sich in Richtung seiner Mannschaftsbank oder auf seine Position bewegt, nachdem er das erste Base erreicht hat, und somit den Laufweg zum nächsten Base verlässt und dabei glaubt, dass kein weiterer Spielzug stattfindet, kann zum Aus erklärt werden, wenn der Schiedsrichter der Meinung ist, dass der Läufer sein Bemühen zum Erreichen von Bases aufgegeben hat. Selbst wenn aus diesem Grund ein Aus erklärt wird, bleibt der Ball aber im Hinblick auf andere Läufer spielbar.

Diese Regel erfasst auch die folgenden und ähnlichen Spielsituationen: Weniger als zwei Aus, ein Läufer auf dem ersten Base und es herrscht Punktegleichstand im letzten Spielabschnitt. Der Schlagmann schlägt einen Home Run, der den Siegpunkt darstellt. Der Läufer vom ersten Base passiert das zweite Base, denkt aber, der Home Run gewänne automatisch das Spiel, und läuft deshalb quer über das Spielfeld in Richtung Mannschaftsbank – der Schlagmann umrundet währenddessen regelkonform die Bases. In diesem Fall wird der Läufer zum Aus erklärt, weil er sein Bemühen zum Erreichen von Bases aufgegeben hat. Der Schlagmann allerdings darf weiterlaufen und den Home Run gültig werden lassen. Sollten in dem Beispiel allerdings zu Beginn bereits zwei Aus bestehen, zählt der Home Run nicht (siehe Regel 5.09 (d) {7.12}). Dies ist kein Appeal Play, d. h., die Schiedsrichter treffen die notwendigen Entscheidungen, auch ohne dass ein Einspruch beim Schiedsrichter eingelegt wird.

BEISPIEL: Ein Läufer glaubt, dass er am ersten oder dritten Base mit dem Ball berührt wurde, und dass er deshalb zum Aus wurde. Er bewegt sich ein gutes Stück auf die Mannschaftsbank zu und zeigt durch sein Verhalten, dass er glaubt, er sei zum Aus geworden. Dieser Läufer wird zum Aus erklärt, weil er seine Bemühung zum Erreichen von Bases aufgegeben hat.

(3) er absichtlich einen geworfenen Balls behindert; oder einen Feldspieler dabei behindert, einen geschlagenen Ball zu spielen;
STRAFE: Die Strafen für absichtliche Behinderung durch einen Läufer in Verbindung mit einem geworfenen Ball oder der Behinderung an einem Feldspieler, der dabei ist, einen geschlagenen Ball zu spielen, sind in Regel 6.01 (a) unter „Strafe für Behinderung" beschrieben {Kommentar zu Regel 7.08 (b)}

(4) er von einem Feldspieler – während der Ball spielbar ist – mit dem Ball berührt wird, und er keinen Kontakt mit seinem Base hat;

AUSNAHME: Ein laufender Schlagmann kann nicht auf diese Weise zum Aus werden, wenn er über das erste Base hinaus weiterläuft oder über es hinausrutscht, vorausgesetzt, er hat das Base vorher berührt und kehrt danach unverzüglich zu diesem Base zurück.

REGELANWENDUNG (A): Löst sich ein Base durch die Einwirkung eines Läufers aus der Verankerung, kann der Läufer an diesem Base nicht zum Aus werden, wenn er es vorher sicher erreicht hatte.

REGELANWENDUNG (B): Löst sich ein Base während eines Spielzugs von seiner Position, dann gilt für alle nachfolgenden Läufer im selben Spielzug: Wenn der Läufer – nach Meinung des Schiedsrichters – die Stelle berührt, die vorher vom Base eingenommen wurde, dann gilt das Base als berührt oder besetzt.

(5) er versäumt, sein Base nochmals zu berühren, nachdem ein Flugball regelkonform von einem Feldspieler aus der Luft gefangen wurde, bevor ein Feldspieler ihn mit dem Ball berührt oder ein Feldspieler in Ballbesitz das entsprechende Base berührt. Der Läufer wird wegen der unterlassenen Wiederberührung des Base allerdings dann nicht zum Aus, wenn danach ein Pitch erfolgte oder irgendein Spielzug durchgeführt oder versucht wurde. Hierbei handelt es sich um einen Spielzug mit Einspruch (Appeal Play);

Kommentar zu Regel 5.09 (b)(5) {7.08 (d)}: Läufer müssen nach einem Foul Tip ihr Base nicht nochmals berühren. Läufer dürfen bei einem Foul Tip ein Base stehlen. Wird ein Foul Tip nicht gefangen, wird der Ball zu einem gewöhnlichen Foul Ball – in diesem Fall müssen alle Läufer zu ihren Bases zurückkehren.

(6) er selbst oder das nächste Base mit dem Ball berührt wird, bevor er dieses Base erreicht, wenn er infolge des zum Läufer gewordenen Schlagmanns zum Vorrücken gezwungen wurde. Wird jedoch ein nachfolgender Läufer, der zum Vorrücken gezwungen wurde, zum Aus, dann wird für die Läufer vor ihm der Zwang zum Vorrücken aufgehoben und diese Läufer müssen selbst mit dem Ball berührt werden, um gegen sie ein Aus zu erzielen. Der Zwang zum Vorrücken wird in dem Augenblick aufgehoben, in dem ein Läu-

fer das Base berührt, bis zu dem er gezwungen war, vorzurücken. Wenn der Läufer über dieses Base hinausläuft oder hinausrutscht, muss er mit dem Ball berührt werden, um ihn zum Aus werden zu lassen.

Geht ein Läufer, nachdem er das Base berührt hatte, zu welchem er zum Vorrücken gezwungen war, aus irgendeinem Grund wieder zurück in Richtung zu dem Base, woher er gekommen war, dann wird der Zwang zum Vorrücken wiederhergestellt. Die Defensivmannschaft kann nun den Läufer wieder zum Aus werden lassen, indem ein Feldspieler in Ballbesitz das Base berührt, zu welchem sich der Läufer erneut im Zwang zum Vorrücken befindet.

Kommentar zu Regel 5.09 (b)(6) {7.08 (e)} – BEISPIEL: Läufer auf dem ersten Base. Der Schlagmann hat drei „Balls" in der Zählung. Mit dem nächsten Pitch stiehlt der Läufer das zweite Base, wobei der Pitch zum Schlagmann der vierte „Ball" ist. Nachdem der Läufer das zweite Base berührt hat, rutscht oder läuft er über es hinaus und wird von einem Feldspieler mit dem Ball berührt. Der Läufer wird zum Aus erklärt, weil der Zwang zum Vorrücken (in diesem Fall zum zweiten Base) entfallen ist.

Situationen mit Überlaufen oder Überrutschen eines Base können an allen Bases außer dem ersten Base vorkommen.

BEISPIEL: Bei weniger als zwei Aus sind das erste und zweite oder das erste, zweite und dritte Base besetzt und der Ball wird zu einem Innenfeldspieler geschlagen, der ein Double Play versucht. Der Läufer vom ersten Base kann zwar das zweite Base vor dem Wurf erreichen, rutscht aber über das Base hinaus. Der folgende Wurf zum ersten Base führt dazu, dass der Schlagmann dort zum Aus wird. Der First Baseman wirft sofort zurück zum zweiten Base und der Läufer wird dort mit dem Ball berührt, bevor er zum Base zurückkehren kann. Dies war das dritte Aus. Inzwischen haben jedoch andere Läufer die Home Plate erreicht. Die Frage ist nun: War das dritte Aus am zweiten Base in der Situation eines erzwungenen Vorrückens oder wurde der Zwang zum Vorrücken aufgehoben, als der Schlagmann am ersten Base zum Aus wurde? Zählen also die Punkte, die vor dem dritten Aus erzielt wurden, oder werden sie nicht gewertet?

Antwort: Die Punkte zählen. Das Aus am zweiten Base geschah nicht in der Situation eines erzwungenen Vorrückens.

(7) er von einem Fair Ball im Fair Territory berührt wird, bevor der Ball an einem Innenfeldspieler vorbeigeht oder einen Innenfeldspieler berührt hat. Der Ball ist nicht spielbar und kein Läufer darf vorrücken oder einen Punkt erzielen, mit Ausnahme der Läufer, die zum Vorrücken gezwungen werden;

AUSNAHME: Wird ein Läufer von einem Infield Fly berührt, während er Kontakt mit seinem Base hat, wird er nicht zum Aus – obgleich der Schlagmann zum Aus wird.

Kommentar zu Regel 5.09 (b)(7) {7.08 (f)}: Werden zwei Läufer vom gleichen geschlagenen Fair Ball berührt, wird nur der zum Aus, den der Ball als Erstes berührte hatte, da der Ball damit sofort nicht mehr spielbar ist.

Wird ein Läufer in einer Infield-Fly-Situation vom geschlagenen Ball berührt, während er keinen Kontakt zu seinem Base hat, dann wird sowohl dieser Läufer als auch der Schlagmann zum Aus erklärt.

(8) er versucht – bei weniger als zwei Aus –, einen Punkt zu erzielen, wenn dabei der Schlagmann am Home Base eine Behinderung begeht. Bei zwei Aus wird der Schlagmann zum Aus erklärt und kein Punkt zählt;

(9) er einen vor ihm laufenden Läufer überholt, bevor dieser Läufer selbst zum Aus wurde;

Kommentar zu Regel 5.09 (b)(9) {-}: Grundlage für die Entscheidung, ob eine Überholung stattgefunden hat, sind die Aktionen des Läufers selber oder aber des ihm vorauslaufenden Läufers.

BEISPIEL: Läufer auf dem zweiten und dritten Base, ein Aus. Der Läufer vom dritten Base (vorauslaufender Läufer) versucht zum Home Base vorzurücken wird aber in ein Run-Down zwischen drittem Base und Home Base verwickelt. In der Annahme, dass dieser Läufer zum Aus gespielt werden wird, rückt der Läufer vom zweiten Base (nachfolgender Läufer) auf das dritte Base vor. Aber bevor der vorauslaufende Läufer zum Aus gespielt wird, läuft dieser zum dritten Base zurück und überquert es in Richtung des Außenfeldes. In diesem Moment hat der nachfolgende Läufer den vorauslaufenden Läufer überholt – und zwar durch die Aktion des vorauslaufenden Läufers. Im Ergebnis wird der nachfolgende Läufer zum Aus erklärt und das dritte Base ist unbesetzt. Der vorauslaufende Läufer hat das Anrecht auf das dritte Base sofern er dorthin zurückkehrt bevor er zum Aus wird – vergleiche Regel 5.06 (a)(1) {7.01} – es sei denn, er wird zum Aus erklärt, weil er das weitere Anlaufen von Bases aufgibt.

(10) er, nachdem er regelkonform das Anrecht auf ein Base besitzt, die Bases in umgekehrter Reihenfolge anläuft, um die Defensivmannschaft zu verwirren oder um das Spiel zu parodieren. Der Schiedsrichter ruft sofort „Time", der Ball ist nicht spielbar und der Schiedsrichter erklärt den Läufer zum Aus;

Kommentar zu Regel 5.09 (b)(10) {7.08 (i)}: Berührt ein Läufer ein vorher unbesetztes Base und läuft dann zu dem Base zurück, das er zuletzt berührt hat, weil er denkt, dass ein geschlagener Ball aus der Luft gefangen wurde oder er aus einem anderen Grunde der Meinung ist, zu diesem Base zurückkehren zu müssen, kann er zum Aus gespielt werden, indem er zwischen den Bases mit dem Ball berührt wird. Erreicht er jedoch das Base, das er vorher bereits innehatte, kann gegen ihn kein Aus erzielt werden, solange er dieses Base berührt.

(11) er nicht sofort zum ersten Base zurückkehrt, nachdem er es überlaufen oder überrutscht hat. Versucht er, zum zweiten Base zu laufen, wird er zum Aus, wenn er mit dem Ball berührt wird. Geht er in Richtung Mannschaftsbank oder zu seiner Feldposition, nachdem er das erste Base überlaufen oder überrutscht hat, und kehrt nicht sofort zum ersten Base zurück, wird er vom Schiedsrichter nach Aufforderung dazu zum Aus erklärt, wenn der Läufer von einem Feldspieler mit dem Ball berührt wird oder ein Feldspieler in Ballbesitz das erste Base berührt (Appeal Play);

Kommentar zu Regel 5.09 (b)(11) {7.08 (j)}: Ein Läufer, der das erste Base sicher berührt und darüber hinausläuft, hat im Sinne der Regel 5.08 (a) {4.09 (a)} das erste Base erreicht und alle Punkte, die in einem solchen Spielzug regelkonform erzielt werden, zählen, auch wenn der Läufer am ersten Base später gemäß Regel 5.09 (b)(11) {7.08 (j)} zum Aus erklärt wird, weil er nicht sofort zum ersten Base zurückgekehrt ist.

(12) er durch Laufen oder Rutschen nach Home Base einen Punkt erzielen will, aber dabei das Home Base nicht berührt und auch nicht versucht, zum Home Base zurückzukehren, um es zu berühren. Wenn dann ein Feldspieler in Ballbesitz das Home Base berührt und den Schiedsrichter auffordert, eine Entscheidung zu treffen (Appeal Play), erklärt der Schiedsrichter den Läufer zum Aus;

Kommentar zu Regel 5.09 (b)(12) {7.08 (k)}: Diese Regel findet nur dann Anwendung, wenn der Läufer bereits auf seinem Weg zur Mannschaftsbank ist und der Catcher dazu gezwungen wäre, ihm nachzulaufen. Die Regel wird nicht angewendet, wenn der Läufer das Home Base nicht berührt und sofort versucht, es doch noch zu berühren, bevor er von einem Feldspieler mit dem Ball berührt wird. In diesem Fall muss der Läufer tatsächlich mit dem Ball berührt werden.

(13) ein Spielzug gegen ihn ausgeführt wird und dabei ein Mitglied seiner Mannschaft (Läufer auf den Bases ausgenommen) einen Feldspieler beim Versuch behindert, den geworfenen Ball zu fangen, aufzunehmen oder zu spielen. Siehe auch Regel 5.09 (b)(3) {7.11}. Behinderung durch einen Läufer: siehe Regel 5.09 (b)(3) {7.08 (b)}.

(c) {7.10} Appeal Plays: Einsprüche
Ein Läufer wird nach Aufforderung durch einen Feldspieler vom Schiedsrichter zum Aus erklärt, wenn –
(1) er sein ursprüngliches Base nicht wieder berührt, nachdem ein in die Luft geschlagener Ball aus der Luft gefangen wurde und wenn er dann vor der Wiederberührung mit dem Ball oder sein Ausgangsbase von einem Feldspieler in Ballbesitz berührt wurde;

Kommentar zu Regel 5.09 (c)(1) {7.10 (a)}: Wiederberührung im Sinne dieser Regel bedeutet, zu dem entsprechenden Base zurückzukehren und den Kontakt mit dem Base erst wieder zu lösen, nachdem der Ball gefangen oder zum ersten Mal von einem Feldspieler berührt wurde. Es ist nicht erlaubt, von einer Position hinter dem Base einen fliegenden Start durchzuführen.

(2) er es versäumt, alle Bases in der richtigen Reihenfolge zu berühren, während er zu einem Base vorrückt oder zu einem Base zurückkehrt, während der Ball spielbar ist. Der Läufer wird zum Aus erklärt, wenn er mit dem Ball berührt wird oder wenn ein Base, das er ausgelassen hat, von einem Feldspieler in Ballbesitz berührt wird, bevor dieser Läufer das ausgelassene Base berühren kann;

REGELANWENDUNG: (A) Kein Läufer darf zu einem Base zurückkehren, das er vorher nicht berührt hat, und es berühren, nachdem ein nachfolgender

Läufer einen Punkt erzielt hat. (B) Wenn der Ball nicht spielbar ist, darf kein Läufer zurückgehen, um ein Base zu berühren, das er vorher nicht berührt hat, oder um ein Base zu berühren, das er verlassen hat, wenn er ein nachfolgendes Base bereits erreicht und berührt hat.

Kommentar zu Regel 5.09 (c)(2) {7.10 (b)}:

BEISPIEL – (A) Der Schlagmann schlägt einen Fair Ball aus dem Spielfeld hinaus (oder einen Zwei-Base-Hit aufgrund einer Ground Rule) und berührt das erste Base beim Laufen nicht. Der Ball ist nicht spielbar. Er darf zum ersten Base zurückkehren und es berühren, solange er noch nicht das zweite Base berührt hat. Hat er das zweite Base bereits berührt, darf er nicht zum ersten Base zurückkehren. Wenn die Defensivmannschaft dann einen Einspruch am ersten Base durchführt, wird der Schlagmann zum Aus erklärt.

BEISPIEL – (B) Der Schlagmann schlägt zum Shortstop, der den Ball über eine Feldbegrenzung wirft. Der Ball ist nicht spielbar. Der Schlagmann berührt das erste Base beim Laufen nicht, ihm wird jedoch wegen des Überwurfs das zweite Base zugesprochen. Dennoch muss der Läufer das erste Base berühren, bevor er zum zweiten Base vorrückt.

Hierbei handelt es sich um Spielzüge mit Einspruch (Appeal Play).

(3) er selber oder das erste Base vor seinem Zurückkehren dorthin von einem Feldspieler in Ballbesitz mit dem Ball berührt wird, sofern er zuvor das erste Base überlaufen oder überrutscht hat und danach nicht sofort zu diesem Base zurückgekehrt ist;

(4) er das Home Base nicht berührt und er keinen Versuch unternimmt, zum Home Base zurückzukehren. Er wird erst dann zum Aus erklärt, wenn das Home Base von einem Feldspieler in Ballbesitz berührt wird.

Jeder Spielzug mit Einspruch nach dieser Regel muss durchgeführt werden, bevor der nächste Pitch erfolgt oder ein neuer Spielzug durchgeführt oder versucht wird. Geschieht die Regelverletzung während eines Spielzugs, der eine Hälfte eines Spielabschnitts beendet, muss der Einspruch durchgeführt werden, bevor die Defensivmannschaft das Spielfeld verlassen hat.

Ein Einspruch selbst ist nicht als durchgeführter Spielzug oder versuchter Spielzug anzusehen.

Es dürfen nicht aufeinanderfolgende Einsprüche gegen einen Läufer am gleichen Base durchgeführt werden. Begeht die Defensivmannschaft beim ersten Einspruch einen Fehler, darf der Schiedsrichter keinen zweiten Versuch eines Einspruchs gegen denselben Läufer am gleichen Base zulassen. Der Begriff „Fehler" bedeutet in diesem Zusammenhang, dass die Defensivmannschaft den Ball aus dem Spiel geraten lässt und der Ball nicht mehr spielbar ist. *BEISPIEL:* Der Pitcher wirft zum ersten Base und der Ball fliegt über die Spielfeldbegrenzung. In diesem Fall wird kein zweiter Einspruch an diesem Base gegen diesen Läufer zugelassen.

Spielzüge, in denen Einsprüche eingelegt werden, können dazu führen, dass ein Schiedsrichter ein viertes Aus anerkennen muss. Wird das dritte Aus während eines Spielzugs erzielt, in dem noch ein Einspruch gegen einen anderen Läufer möglich ist, hat die Einspruchentscheidung Vorrang beim Bestimmen des Aus. Gibt es in einem Spielzug, der eine Hälfte eines Spielabschnitts beendet, mehr als einen Einspruch, kann die Defensivmannschaft das Aus auswählen, das für sie von Vorteil ist. Die Defensivmannschaft hat im Sinne dieser Regel dann das Spielfeld verlassen, wenn der Pitcher und alle Innenfeldspieler das Fair Territory auf ihrem Weg zur Mannschaftsbank oder Umkleidekabine verlassen haben.

Kommentar zu Regel 5.09 (c) {7.10}: Erreichen zwei Läufer ungefähr zur gleichen Zeit das Home Base, wobei der erste Läufer die Home Plate nicht berührt und der zweite Läufer die Home Plate regelkonform berührt, und wird dann der erste Läufer bei seinem Versuch, doch noch die Home Plate zu berühren, vorher mit dem Ball zum Aus berührt oder wird gegen ihn ein erfolgreicher Einspruch mit einem Aus zur Folge gespielt, dann wird dieses dritte Aus so gewertet, als wäre es erzielt worden, bevor der zweite Läufer das Home Base erreicht hat. Der Punkt des zweiten Läufers zählt in diesem Fall also nicht – so wie in Regel 5.09 (d) {7.12} beschrieben.

Begeht ein Pitcher beim Spielen eines Einspruchs einen Balk, wird dieser Balk als Spielzug angesehen. Ein Einspruch soll deutlich als Einspruch und

Aufforderung an den Schiedsrichter erkennbar sein, eine Entscheidung zu treffen. Dies geschieht entweder durch eine mündliche Aufforderung oder durch ein Zeichen, das dem Schiedsrichter unmissverständlich den Einspruch anzeigt. Ein Vorgang, bei dem ein Spieler in Ballbesitz lediglich unabsichtlich auf ein Base tritt, stellt keinen Einspruch dar. Wenn ein Einspruch gespielt wird, ist der Ball spielbar.

(d) {7.12} Auswirkung bei Nichtberühren eines Base durch einen vorauslaufenden Läufer
Bei weniger als zwei Aus wird der Status eines nachfolgenden Läufers nicht durch die Handlung eines vorauslaufenden Läufers beeinflusst, wenn dieser ein Base nicht berühren oder nicht wiederberühren sollte. Wird der vorauslaufende Läufer durch einen Einspruch zum dritten Aus, kann kein nachfolgender Läufer einen Punkt erzielen. Ist dieses dritte Aus das Resultat eines erzwungenen Vorrückens, zählen weder die Punkte von vorauslaufenden noch von nachfolgenden Läufern in diesem Spielzug.

(e) {5.07} Wechsel des Schlagrechts
Wenn drei Spieler der Offensivmannschaft regelkonform zum Aus wurden, wechselt das Schlagrecht. Die bisherige Offensivmannschaft übernimmt das Feld und die bisherige Feldmannschaft beginnt ihren Schlagdurchgang.

5.10 Auswechslungen und Pitcherwechsel (inklusive Besuche beim Pitcher)

(a) {3.03} Ein oder mehrere Spieler können während eines Spiels jederzeit ausgewechselt werden – immer dann, wenn der Ball nicht spielbar ist. Ein eingewechselter Spieler muss dann an der Stelle in der Schlagreihenfolge seiner Mannschaft schlagen, die der Spieler innehatte, den er ersetzt.

(b) {3.06} Der Manager muss den Hauptschiedsrichter unverzüglich über jede Auswechslung unterrichten und ihm mitteilen, an welcher Stelle in der Schlagreihenfolge der eingewechselte Spieler schlagen wird.

Kommentar zu Regel 5.10 (b) {3.06}: Um jede Verwechslung zu vermeiden, sollen die Manager bei Auswechslungen den Namen des eingewechselten Spielers sowie dessen Position in der Schlagreihenfolge und dessen

Feldposition bekannt geben. Werden während der Defensivphase einer Mannschaft zwei oder mehr Spieler gleichzeitig eingewechselt, muss der Manager dem Hauptschiedsrichter sofort mitteilen, welche Positionen diese Spieler in der Schlagreihenfolge einnehmen sollen. Diese Mitteilung muss erfolgen, bevor die Spieler ihre Feldpositionen einnehmen. Der Hauptschiedsrichter informiert danach den offiziellen Scorer. Versäumt es der Manager, diese Information sofort an den Hauptschiedsrichter zu geben, ist der Hauptschiedsrichter berechtigt, die Positionen der eingewechselten Spieler in der Schlagreihenfolge festzulegen.

Im Fall von Mehrfachwechseln muss der Manager oder Coach zuerst den Plate Umpire informieren. Der Hauptschiedsrichter muss über Mehrfachwechsel und getauschte Positionen der eingewechselten Spieler in der Schlagreihenfolge informiert werden, bevor der Manager einen neuen Pitcher herbeiruft – unabhängig davon, ob der Manager oder Coach den Mehrfachwechsel ankündigt, bevor er die Spielfeldlinie überquert. Eine Bewegung oder ein Zeichen in Richtung Aufwärmbereich gilt als offizielle Bekanntgabe eines Pitcherwechsels. Es ist nicht erlaubt, zunächst zum Pitcher's Mound zu gehen, einen neuen Pitcher herbeizurufen und erst dann den Schiedsrichter darüber zu informieren, dass ein Mehrfachwechsel vorgenommen wird, bei dem die Positionen in der Schlagreihenfolge getauscht werden.

Ausgewechselte Spieler dürfen bei ihrer Mannschaft auf der Mannschaftsbank bleiben und mithelfen, Pitcher aufzuwärmen. Wechselt ein Manager sich selbst aus, darf er seiner Mannschaft weiterhin Anweisungen aus dem Bereich der Mannschaftsbank oder aus einer Coaches Box geben. Obwohl sie sich im Bereich der Mannschaftsbank aufhalten dürfen, ist es ausgewechselten Spielern untersagt, Bemerkungen jedweder Art an gegnerische Spieler und Manager oder an Schiedsrichter zu richten.

(c) {3.07} Der Hauptschiedsrichter muss jede Auswechslung ankündigen oder ankündigen lassen, nachdem sie ihm mitgeteilt wurde.

(d) {3.03} Ein Spieler, der einmal ausgewechselt wurde, darf im gleichen Spiel nicht wieder eingewechselt werden.

Falls ein ausgewechselter Spieler dennoch versucht, wieder eingewechselt zu werden, oder tatsächlich in irgendeiner Eigenschaft wieder eingewechselt wird, muss der Hauptschiedsrichter den Manager dieser Mannschaft anweisen, diesen Spieler sofort zu entfernen. Der Hauptschiedsrichter muss hier handeln, wenn er einen solchen Regelverstoß selbst feststellt, von einem anderen Schiedsrichter oder einem der beiden Manager auf einen solchen Regelverstoß hingewiesen wird. Erfolgt die Anweisung des Hauptschiedsrichters auf Entfernung des wieder eingewechselten Spielers, bevor das Spiel fortgeführt wurde, kann der ursprünglich für diesen Spieler eingewechselte Spieler weiter eingesetzt werden. Erfolgt allerdings die Anweisung des Hauptschiedsrichters auf Entfernung des wieder eingewechselten Spielers erst, nachdem das Spiel wieder aufgenommen wurde, gilt auch der ursprünglich für diesen Spieler eingewechselte Spieler als ausgewechselt (zusätzlich zu dem ursprünglich ausgewechselten Spieler).

Wird ein Spieler für einen Spieler-Manager eingewechselt, darf der Manager danach noch die Aufgaben eines Base Coachs und Managers wahrnehmen.

Werden gleichzeitig zwei oder mehr Spieler der Defensivmannschaft ausgewechselt, muss der Manager dieser Mannschaft dem Hauptschiedsrichter – unverzüglich, bevor diese Spieler ihre Feldpositionen einnehmen – mitteilen, an welche Positionen in der Schlagreihenfolge die eingewechselten Spieler eingetragen werden sollen. Der Hauptschiedsrichter teilt dies dem offiziellen Scorer mit. Wird der Hauptschiedsrichter nicht unverzüglich informiert, hat er das Recht, die Position der eingewechselten Spieler in der Schlagreihenfolge selbst festzulegen.

Kommentar zu Regel 5.10 (d) {3.03}: Ein Pitcher darf in einem Spielabschnitt nur einmal auf eine Feldposition wechseln. Dies bedeutet, dass der Pitcher im gleichen Spielabschnitt wieder von der Feldposition auf die Pitcherposition zurückwechseln und Pitches ausführen darf. Er darf danach aber erst wieder im folgenden Spielabschnitt eine andere Position als die des Pitchers einnehmen.

Jeder Feldspieler (außer einem Pitcher), der für einen verletzten Feldspieler ins Spiel kommt, darf fünf Aufwärmwürfe durchführen (für Pitcher siehe Regel 5.07 (b) {8.03}).

Alle Spielzüge, die stattfinden, während ein zuvor ausgewechselter Spieler regelwidrig wieder am Spiel teilnimmt, sind gültig. Ist der Schiedsrichter der Meinung, dass dieser zuvor ausgewechselte Spieler dies wissentlich tat, kann der Schiedsrichter dessen Manager des Feldes verweisen.

Kommentar für den deutschen Spielbetrieb: Die Bundesspielordnung enthält Regelungen, welche Aufgaben noch nicht eingewechselte und bereits ausgewechselte Spieler ausüben dürfen.

(e) {3.04} Ein Spieler, der in der Schlagreihenfolge seiner Mannschaft aufgeführt ist, darf nicht als Läufer für einen anderen Spieler seiner Mannschaft eingesetzt werden.

Kommentar zu Regel 5.10 (e) {3.04}: Kein Spieler, der bereits ausgewechselt wurde, darf als Läufer für einen anderen Spieler seiner Mannschaft eingewechselt werden. Jeder Spieler, der als Läufer für einen anderen Spieler seiner Mannschaft eingesetzt wird, ist als eingewechselter Spieler zu betrachten. Die Praxis von „Courtesy"-Läufern (im Spiel befindliche oder bereits ausgewechselte Spieler werden temporär für ein Mannschaftsmitglied eingesetzt) ist untersagt.

(f) {3.05 (a)} Der Pitcher, der in der Schlagreihenfolge aufgeführt wird, die dem Hauptschiedsrichter gemäß Regeln 4.02 (a) und 4.02 (b) {4.01 (a) und (b)} ausgehändigt wurde, muss zum ersten Schlagmann oder Ersatzschlagmann Pitches ausführen, bis dieser Schlagmann entweder zum Aus wird oder das erste Base erreicht hat. Erleidet der Pitcher eine Verletzung oder wird er krank und kann nach Meinung des Hauptschiedsrichters keine Pitches mehr ausführen, so muss diese Regel nicht erfüllt werden.

(g) {3.05 (b)} Wird der Pitcher ausgewechselt, muss der eingewechselte Pitcher zu dem Schlagmann Pitches ausführen, der dann am Schlag ist (oder zu einem Ersatzschlagmann), bis dieser Schlagmann entweder zum Aus wird oder das erste Base erreicht oder bis das dritte Aus erzielt wird. Erleidet der eingewechselte Pitcher eine Verletzung oder wird er krank und kann nach Meinung des Hauptschiedsrichters keine Pitches mehr ausführen, so muss diese Regel nicht erfüllt werden.

(h) {3.05 (c)} Wird ein Pitcher regelwidrig ausgewechselt, so muss der Schiedsrichter den ausgewechselten Pitcher anweisen, weiterhin Pitches auszuführen, bis die Bestimmungen dieser Regel erfüllt sind. Wird dem fälschlich eingewechselten Pitcher gestattet, Pitches auszuführen, so sind alle Spielzüge, die sich daraus ergeben, regelkonform. Der eingewechselte Pitcher wird zum regelkonform eingewechselten Pitcher, sobald er seinen ersten Pitch zum Schlagmann ausführt oder sobald irgendein Läufer zum Aus gespielt wird.

Kommentar zu Regel 5.10 (h) {3.05 (c)}: Versucht ein Manager, einen Pitcher auszuwechseln, obwohl die Bestimmungen der Regel 5.10 (h) {3.05 (c)} nicht erfüllt sind, muss der Schiedsrichter ihn darauf hinweisen, dass die Auswechslung nicht möglich ist. Hat der Hauptschiedsrichter eine solche Auswechslung fälschlicherweise als richtig angekündigt, muss er die Situation dennoch korrigieren, bevor der neue Pitcher seinen ersten Pitch wirft. Sobald der fälschlich eingewechselte Pitcher einen Pitch geworfen hat, ist er ein regelkonform eingewechselter Pitcher.

(i) {3.05 (d)} Überschreitet ein Pitcher, der noch nicht ausgewechselt wurde, zu Beginn eines Spielabschnitts die Spielfeldlinie in Richtung Pitcher's Mound, dann muss dieser Pitcher zu dem Schlagmann Pitches ausführen, der dann am Schlag ist, bis dieser Schlagmann entweder zum Aus gespielt wird, das erste Base erreicht oder ausgewechselt wird. Erleidet der Pitcher eine Verletzung oder wird er krank und kann nach Meinung des Hauptschiedsrichters keine Pitches mehr ausführen, so muss diese Regel nicht erfüllt werden. Ein Pitcher, der sich zum Ende eines Spielabschnittes auf Base oder am Schlag befand und sich nicht zurück in den Bereich seiner Mannschaftsbank begibt, ist erst dann verpflichtet, zum ersten Schlagmann des folgenden Spielabschnittes Pitches auszuführen, wenn er Kontakt zur Pitcher's Plate herstellt, um dort mit den Aufwärmwürfen zu beginnen.

(j) {3.08 (a)} Wird eine Auswechslung nicht angekündigt, gilt der neue Spieler als eingewechselt, wenn –
(1) er als Pitcher seinen Platz auf der Pitcher's Plate einnimmt;
(2) er als Schlagmann seine Position im Schlagraum einnimmt;
(3) er als Feldspieler die Position erreicht, die der Spieler eingenommen hatte, den er ersetzt, und das Spiel fortgesetzt wird;
(4) er als Läufer die Stelle des Läufers einnimmt, den er ersetzt.
{3.08 (b)} Jeder Spielzug, der von oder an einem solchen unangekündigten Einwechselspieler vorgenommen wird, wird als regelkonform angesehen.

(k) {3.17} Spieler und Ersatzspieler beider Mannschaften müssen sich während des Spiels im ihrem Bereich der Mannschaftsbank aufhalten, solange sie nicht aktiv am Spielgeschehen teilnehmen, sich darauf vorbereiten oder am ersten oder dritten Base als Base Coach tätig sind. Während eines Spiels dürfen sich nur Spieler, Ersatzspieler, Manager, Trainer und Bat Boys im Bereich der Mannschaftsbank aufhalten.
STRAFE: Bei Verletzung dieser Regel kann der Schiedsrichter gegen die betreffende Person nach einer Verwarnung einen Platzverweis aussprechen.

Kommentar zu Regel 5.10 (k) {3.17}: Spieler, die als verletzt gemeldet sind, dürfen an allen Aktivitäten vor dem Spiel teilnehmen und während des Spiels auf der Mannschaftsbank sitzen. Sie dürfen jedoch während des Spiels an keiner Aktivität teilnehmen – wie zum Beispiel einen Pitcher aufwärmen. Als verletzt gemeldete Spieler dürfen das Spielfeld während des Spiels unter keinen Umständen und zu keinem Zweck betreten.

(l) {8.06} **Besuche beim Pitcher** (Visits)
Die folgende Regel regelt die Besuche eines Coachs oder Managers bei seinem Pitcher:
(1) Diese Regel beschränkt die Anzahl auf einen Besuch pro Spielabschnitt, den ein Coach oder Manager bei seinem Pitcher unternehmen darf.
(2) Ein zweiter Besuch bei demselben Pitcher im gleichen Spielabschnitt führt automatisch zur Auswechslung des Pitchers aus dem Spiel.
(3) Ein Coach oder Manager darf seinen Pitcher nicht ein zweites Mal besuchen, während noch derselbe Schlagmann seinen Schlagdurchgang absolviert, aber
(4) wird jedoch dieser Schlagmann ausgewechselt, darf ein Coach oder Manager seinen Pitcher besuchen; der Pitcher muss dann aber aus dem Spiel ausgewechselt werden.

Der Besuch eines Coachs oder Managers ist beendet, wenn er den Kreis mit einem Radius von 2,75 m um die Pitcher's Plate verlässt.

Kommentar zu Regel 5.10 (l) {8.06}: Geht ein Coach oder Manager zu einem Innenfeldspieler oder zum Catcher und dieser Spieler geht dann zum Pitcher oder der Pitcher kommt zu ihm, wenn nicht in der Zwischenzeit ein Spielzug oder ein Pitch erfolgt ist, wird dies als Besuch des Coachs oder Managers bei seinem Pitcher angesehen.

Jeder Versuch, diese Regel auf diese Weise zu umgehen, wird als Besuch des Coachs oder Managers bei seinem Pitcher gewertet.

Geht ein Coach zum Pitcher und wechselt ihn aus und daraufhin kommt der Manager zum neuen Pitcher und redet mit ihm, so wird dies als erster Besuch bei dem neuen Pitcher in diesem Spielabschnitt gewertet.

Das kurzeitige Verlassen des Aschekreises (Radius 2,75 m) um die Pitcher's Plate stellt nicht die Beendigung eines Besuchs durch den Manager oder Coach dar, vorausgesetzt, das kurzzeitige Verlassen erfolgt alleinig aus der Absicht heraus, den Schiedsrichter über einen Mehrfachwechsel zu informieren.

Hat der Manager seinen Pitcher bereits einmal besucht und kehrt ein zweites Mal im selben Spielabschnitt zum gleichen Pitcher zurück, während noch derselbe Schlagmann seinen Schlagdurchgang absolviert, wird der Manager verwarnt und ihm mitgeteilt, dass er dies nicht tun darf. Geht er dennoch zu seinem Pitcher, wird gegen den Manager ein Platzverweis ausgesprochen, und der Pitcher muss noch zu diesem Schlagmann Pitches ausführen, bis dieser mindestens das erste Base erreicht hat oder zum Aus gespielt wurde. Ist dies dann geschehen, muss der Pitcher ausgewechselt werden und das Spiel verlassen. Der Manager wird informiert, dass der Pitcher nach den Würfen zu diesem Schlagmann ausgewechselt werden muss, damit sich ein neuer Pitcher aufwärmen kann.

Dem dann eingewechselten Pitcher werden acht Vorbereitungswürfe zugestanden. Der Schiedsrichter kann ihm auch mehr Würfe gestatten, wenn er dies für erforderlich hält.

5.11 {6.10} Designierter Schlagmann

Für jede Liga kann festgelegt werden, ob die folgende Regel 5.11 (a) {6.10 (b)} zum designierten Schlagmann (Designated Hitter) Anwendung findet oder nicht.

(a) {6.10 (b)} Die Regel zum designierten Schlagmann sieht Folgendes vor:
(1) Ein Schlagmann kann vor dem Spiel dazu bestimmt werden, anstelle des ersten Pitchers seiner Mannschaft und aller weiterer Pitcher, die für diesen Pitcher eingewechselt werden, zu

schlagen. Dadurch wird der Status dieser/dieses Pitcher/s in keiner anderen Weise beeinflusst. Ein solcher Schlagmann wird *designierter Schlagmann* genannt, muss vor dem Spiel bestimmt und in der Schlagreihenfolge aufgeführt werden, die dem Hauptschiedsrichter übergeben wird. Sollte ein Manager 10 Spieler in seiner Schlagreihenfolge aufführen, es aber versäumen, den designierten Schlagmann kenntlich zu machen, und dieser Fehler fällt einem Schiedsrichter oder einem der Manager bzw. dessen benannten Vertreter auf, bevor der Hauptschiedsrichter das Spiel mit „Play" beginnt, dann muss der Hauptschiedsrichter den Manager, der dieses versäumt hat, anweisen, einen seiner neun Spieler (nicht den Pitcher) zum designierten Schlagmann zu erklären.

Kommentar zu Regel 5.11 (a)(1) {6.10 (b)(1)}: Das Versäumnis, bei 10 in der Schlagreihenfolge aufgeführten Spielern den designierten Schlagmann nicht kenntlich zu machen, stellt einen „offensichtlichen" Fehler dar und darf korrigiert werden, bevor das Spiel beginnt. Siehe hierzu Kommentar zu Regel 4.02 {4.01}.

(2) Der designierte Schlagmann, der in der Schlagreihenfolge zu Spielbeginn aufgeführt wurde, muss in diesem Spiel mindestens einmal einen Schlagdurchgang absolvieren, es sei denn, die gegnerische Mannschaft wechselt ihren Pitcher.

(3) Eine Mannschaft muss nicht notwendigerweise einen designierten Schlagmann für ihren Pitcher einsetzen; tut sie dies jedoch nicht bereits vor dem Spiel, darf sie unter keinen Umständen während des Spiels einen designierten Schlagmann einsetzen.

(4) Für einen designierten Schlagmann können auch Einwechselschlagmänner (Pinch Hitter) eingewechselt werden. Jeder Schlagmann, der für den designierten Schlagmann eingesetzt wird, wird damit selbst zum designierten Schlagmann. Ein designierter Schlagmann, der ausgewechselt wurde, darf für den Rest des Spiels in keiner Funktion wieder eingewechselt werden.

(5) Der designierte Schlagmann darf auch als Feldspieler eingesetzt werden; er schlägt dann weiter an derselben Stelle der Schlagreihenfolge wie vorher. Der Pitcher muss dann allerdings anstelle des ausgewechselten Feldspielers schlagen,

wenn nicht mehr als eine Auswechslung vorgenommen wird. In einem solchen Falle muss der Manager über die Positionen der einzelnen Spieler in der Schlagreihenfolge entscheiden.

(6) Der designierte Schlagmann darf durch einen Einwechselläufer (Pinch Runner) ersetzt werden. Dieser Läufer übernimmt dann die Rolle des designierten Schlagmanns. Ein designierter Schlagmann darf nicht für einen anderen Spieler seiner Mannschaft als Einwechselläufer eingesetzt werden.

(7) Die Position des designierten Schlagmanns in der Schlagreihenfolge ist unveränderlich festgelegt; es dürfen keine Mehrfachauswechslungen vorgenommen werden, die eine veränderte Position des designierten Schlagmanns in der Schlagreihenfolge zur Folge haben.

(8) Wechselt der Pitcher von seiner Position auf dem Pitcher's Mound auf eine andere Position im Feld, darf diese Mannschaft für den Rest des Spiels keinen designierten Schlagmann mehr einsetzen.

(9) Wird ein Spieler durch einen Einwechselschlagmann ersetzt, und wird dieser Einwechselschlagmann dann zum Pitcher, darf diese Mannschaft für den Rest des Spiels keinen designierten Schlagmann mehr einsetzen.

(10) Wird der Pitcher als Schlagmann oder Läufer für den designierten Schlagmann eingesetzt, darf diese Mannschaft für den Rest des Spiels keinen designierten Schlagmann mehr einsetzen. Der Pitcher darf nur anstelle des designierten Schlagmanns als Einwechselschlagmann oder Einwechselläufer eingesetzt werden.

(11) Sollte ein Manager 10 Spieler in seiner Schlagreihenfolge aufführen, es aber versäumen, den designierten Schlagmann kenntlich zu machen, und der gegnerische Manager macht den Hauptschiedsrichter darauf aufmerksam, nachdem das Spiel schon begonnen wurde, dann gilt:

(A) Wenn diese Mannschaft bereits als Defensive im Feld steht: Der Pitcher ist gezwungen, an der Stelle in der Schlagreihenfolge zu schlagen, die von dem Spieler eingenommen wird, der jetzt nicht auf dem Feld steht.

(B) Wenn diese noch nicht auf dem Feld in der Defensive steht: Der Pitcher ersetzt einen beliebigen Spieler in der Schlagreihenfolge, den sein Manager wählen muss.

In jedem Fall gilt, dass der Spieler, der hiernach durch den Pitcher ersetzt wird, als ausgewechselter Spieler angesehen wird, das Spiel verlassen hat, und dass dessen Mannschaft für den Rest des Spiels keinen designierten Schlagmann mehr einsetzen kann. Sämtliche Spielzüge bis zum Zeitpunkt, zu dem der Hauptschiedsrichter auf den Regelverstoß aufmerksam gemacht wurde, sind gültig und unterliegen der Regel 6.03 (b) {6.07} (Schlagen außerhalb der Schlagreihenfolge).

(12) Sobald ein designierter Schlagmann eine Position im Feld einnimmt, darf dessen Mannschaft für den Rest des Spiels keinen designierten Schlagmann mehr einsetzen.

(13) Ein Einwechselschlagmann für den designierten Schlagmann muss nicht angekündigt werden, bevor der designierte Schlagmann gemäß Schlagreihenfolge an der Reihe ist.

(14) Wechselt ein Spieler von einer Feldposition auf den Pitcher's Mound – d. h., er wird zum Pitcher –, hat auch dies zur Folge, dass seine Mannschaft für den Rest des Spiels keinen designierten Schlagmann mehr einsetzen kann.

(15) Der designierte Schlagmann darf sich nicht im Aufwärmbereich der Pitcher aufhalten, es sei denn, er übt dort die Funktion eines Catchers aus.

(b) {6.10 (a)} Finden Spiele zwischen Mannschaften aus unterschiedlichen Ligen statt, wobei in einer Liga diese Regel angewendet wird und in der anderen diese Regel nicht gewendet wird, dann gilt Folgendes:

(1) Bei Pflichtspielen solcher Mannschaften wird die Regel angewendet oder nicht, ganz wie es die Liga oder der Verband der Heimmannschaft üblicherweise vorschreibt.

(2) Bei anderen Spielen solcher Mannschaften findet die Regel nur dann Anwendung, wenn beide Mannschaften (und deren Ligen bzw. Verbände) dem zustimmen.

Kommentar für den deutschen Spielbetrieb zu 5.11 {6.10}: Die Bundesspielordnung bzw. die Durchführungsbestimmungen der Landesverbände legen für ihre Ligen fest, ob die Regel zum designierten Schlagmann Anwendung findet. In der überwiegenden Anzahl der Ligen ist die Verwendung eines designierten Schlagmanns zugelassen.

5.12 „Time" und Spielunterbrechungen

(a) {3.12} Wenn ein Schiedsrichter das Spiel unterbricht, tut er dies mit dem Ruf „Time". Wenn der Hauptschiedsrichter „Play" ruft, ist die Unterbrechung beendet, das Spiel wird wieder aufgenommen und der Ball ist spielbar. Zwischen den Rufen „Time" und „Play" ist der Ball nicht spielbar.

(b) {5.10} Der Ball ist nicht mehr spielbar, wenn ein Schiedsrichter „Time" ruft. Der Hauptschiedsrichter muss „Time" rufen –

(1) wenn seiner Meinung nach die Witterungsbedingungen, Dunkelheit oder ähnliche Umstände die unmittelbare Spielfortsetzung unmöglich machen;

(2) wenn eine defekte Beleuchtungsanlage es den Schiedsrichtern unmöglich macht, dem Spielgeschehen zu folgen;

HINWEIS: Die Verbände oder Ligen dürfen eigene Regelungen über Spielunterbrechungen bei Defekten der Beleuchtungsanlage treffen.

(3) wenn ein Spieler oder Schiedsrichter so verletzt wird, dass er nicht mehr am Spiel teilnehmen kann;

(A) Wenn ein Läufer durch einen Unfall daran gehindert wird, bis zu einem Base vorzurücken, auf das er ein Anrecht hat, wie zum Beispiel bei einem Home Run, wenn der Ball aus dem Spielfeld herausgeschlagen wurde, oder wenn ihm ein oder mehrere Bases vom Schiedsrichter zugesprochen wurden, darf ein Einwechselspieler den Spielzug beenden.

(4) wenn ein Manager ein „Time" verlangt, um einen Spieler auszuwechseln oder um sich mit einem seiner Spieler zu besprechen;

(5) wenn der Schiedsrichter den Ball untersuchen, mit einem Manager sprechen will, oder ein ähnlicher Grund den Schiedsrichter dazu bewegt;

(6) wenn ein Feldspieler, nachdem er einen geschlagenen Ball aus der Luft gefangen hat, in einen nicht bespielbaren Bereich stürzt oder einen solchen Bereich betritt. Alle anderen Läufer rücken ein Base vor, ohne dass diese Läufer zum Aus werden können. Die Zuweisung von Bases orientiert sich für jeden Läufer an dem Base, welches der einzelne Läufer zuletzt regelkonform berührt hat – und zwar zu dem Zeitpunkt, zu dem der Feldspieler den nicht bespielbaren Bereich betreten hat;

(7) wenn ein Schiedsrichter einen Spieler oder irgendeine andere Person des Spielfeldes verweist;

(8) mit Ausnahme der Fälle, die in dieser Regel in den Punkten (2) und (3)(A) erwähnt werden, darf kein Schiedsrichter „Time" rufen während ein Spielzug läuft.

{5.11} Wenn der Ball nicht spielbar ist, wird das Spiel erst wieder aufgenommen und der Ball wieder spielbar, wenn der Pitcher mit einem neuen oder demselben Ball in seinem Besitz eine regelkonforme Position auf der Pitcher's Plate einnimmt, und der Hauptschiedsrichter „Play" ruft. Der Hauptschiedsrichter ruft „Play", sobald der Pitcher in Ballbesitz ist und seine Position auf der Pitcher's Plate eingenommen hat. Mit dem Ruf „Play" des Schiedsrichters wird der Ball wieder spielbar.

6.00 UNZULÄSSIGE SPIELZÜGE, REGELWIDRIGE AKTIONEN UND FEHLVERHALTEN

6.01 Behinderungen, Blockierungen und Kollisionen mit dem Catcher

(a) {7.09} Interference: Behinderung durch Schlagmann oder Läufer
Es liegt dann eine Behinderung durch einen Schlagmann oder Läufer vor, wenn –

(1) er den Catcher nach einem dritten, nicht gefangenen Strike deutlich erkennbar dabei behindert, den Ball zu spielen. Der laufende Schlagmann wird zum Aus erklärt, der Ball ist nicht spielbar, und alle Läufer kehren zu dem Base zurück, welches sie zum Zeitpunkt des Pitchs besetzt hielten;

Kommentar zu Regel 6.01 (a)(1) {7.09 (a)}: Es wird nicht als Behinderung angesehen, wenn ein Pitch zunächst vom Catcher oder Schiedsrichter abprallt und danach vom laufenden Schlagmann berührt wird – es sei denn, der Schiedsrichter erkennt, dass der laufende Schlagmann den Catcher deutlich beim Spielen des Balls behindert.

(2) er absichtlich die Bewegungsrichtung eines Foul Balls auf irgendeine Weise beeinflusst;

(3) der Schlagmann – bei weniger als zwei Aus – einen Feldspieler dabei behindert, einen Spielzug am Home Base durchzuführen. Der Läufer wird zum Aus erklärt;

(4) irgendein Mitglied oder Mitglieder der Offensivmannschaft in der Nähe eines Base stehen, das von einem Läufer angelaufen wird, um die Feldspieler zu verwirren, zu behindern oder deren Spielzug zu erschweren. Der betreffende Läufer wird wegen der Behinderung durch seine Mannschaftsmitglieder zum Aus erklärt;

(5) irgendein Schlagmann oder Läufer, der gerade zum Aus wurde, oder irgendein Läufer, der gerade einen Punkt erlaufen hat, einen nachfolgenden Spielzug gegen einen anderen Läufer erschwert oder behindert. Dieser andere Läufer wird wegen der Behinderung durch sein Mannschaftsmitglied zum Aus erklärt;

Kommentar zu Regel 6.01 (a)(5) {7.09 (e)}: Läuft ein Schlagmann oder Läufer weiter, nachdem er zum Aus wurde, darf nicht allein aufgrund dieser Tatsache auf Behinderung durch diesen Schlagmann oder Läufer entschieden werden.

(6) nach Meinung des Schiedsrichters ein Läufer in der Absicht, ein Double Play zu verhindern, mutwillig einen Feldspieler dabei behindert, einen geschlagenen Ball zu spielen oder er einen geschlagenen Ball absichtlich aufhält. Der Ball ist sofort nicht mehr spielbar. Der Läufer wird wegen der Behinderung zum Aus erklärt; ebenso wird der Schlagmann wegen der Behinderung durch seinen Mitspieler zum Aus erklärt. Unter keinen Umständen dürfen durch solch eine Handlung eines Läufers andere Läufer vorrücken oder einen Punkt erzielen;

(7) nach Meinung des Schiedsrichters ein laufender Schlagmann in der Absicht, ein Double Play zu verhindern, mutwillig einen Feldspieler dabei behindert, einen geschlagenen Ball zu spielen oder er einen geschlagenen Ball absichtlich aufhält. Der Ball ist sofort nicht mehr spielbar. Der Schlagmann wird wegen der Behinderung zum Aus erklärt, zusätzlich erklärt der Schiedsrichter den Läufer zum Aus, der am weitesten bis zur Home Plate vorgerückt ist; unabhängig davon, wo ein Double Play möglich gewesen wäre. Unter keinen Umständen dürfen durch solch eine Handlung eines Schlagmanns Läufer vorrücken oder einen Punkt erzielen;

(8) ein Base Coach am ersten oder dritten Base nach Meinung des Schiedsrichters einen Läufer körperlich dabei unterstützt, das erste oder das dritte Base zu erreichen oder dorthin zurückzukehren, indem er den Läufer berührt oder festhält;

(9) ein Base Coach seine Coaches Box verlässt und eine Handlung begeht, um einen Wurf zu provozieren, während ein Läufer das dritte Base besetzt;

(10) er einem Feldspieler nicht ausweicht, der versucht, einen geschlagenen Ball aufzunehmen, oder wenn er absichtlich einen geworfenen Ball berührt. Versuchen zwei oder mehr Feldspieler, einen geschlagenen Ball aufzunehmen, entschei-

det der Schiedsrichter, welcher Feldspieler im Sinne dieser Regel geschützt ist. Berührt der Läufer einen anderen Feldspieler als den, den der Schiedsrichter als berechtigt ansieht, den Ball zu spielen, wird der Läufer nicht zum Aus erklärt. Erklärt der Schiedsrichter einen Läufer zum Aus, so muss dies in Übereinstimmung mit Regel 5.09 (b)(3) {7.08 (b)} erfolgen. Wenn ein laufender Schlagmann nach Meinung des Schiedsrichters keine Behinderung eines Feldspielers beim Spielen des geschlagenen Balls begangen hat, und ein anderer Läufer eine Behinderung begeht, die aber – nach Meinung des Schiedsrichters – nicht mit Absicht geschah, dann wird dem laufenden Schlagmann das erste Base zugesprochen.

Kommentar zu Regel 6.01 (a)(10) {7.09 (j)}: Berühren sich Catcher und laufender Schlagmann, während der Catcher den geschlagenen Ball spielt und der Schlagmann zum ersten Base läuft, ist dies im Allgemeinen kein Regelverstoß. Auf Behinderung durch einen Feldspieler (Obstruction), der versucht, einen geschlagenen Ball zu spielen, sollte nur in sehr offensichtlichen und brutalen Fällen entschieden werden, da die Regeln ihm den freien Zugang zum Ball zusichern. Dieser freie Zugang ist jedoch kein Freibrief für den Feldspieler, um zum Beispiel einem Läufer ein Bein zu stellen, während dieser Feldspieler den Ball spielt. Spielt der Catcher einen geschlagenen Ball und irgendein Feldspieler oder der Pitcher behindert den Läufer, der zum ersten Base läuft, wird auf Behinderung (Obstruction) entschieden, und dem Läufer wird das erste Base zugesprochen.

(11) er von einem Fair Ball auf Fair Territory berührt wird, bevor der Ball von einem Innenfeldspieler berührt wird. Geht ein Fair Ball unmittelbar an einem Innenfeldspieler vorbei und berührt einen Läufer direkt hinter ihm, oder wird ein Läufer von einem Ball berührt, nachdem dieser Ball bereits von einem Feldspieler berührt wurde, wird der Läufer nicht zum Aus erklärt. Wenn der Schiedsrichter eine solche Entscheidung fällt, muss er davon überzeugt sein, dass der Ball unmittelbar an einem Feldspieler vorbeigegangen ist und dass kein anderer Innenfeldspieler die Möglichkeit hatte, den Ball zu spielen. Tritt ein Läufer jedoch absichtlich gegen einen solchen geschlagenen Ball, den ein Innenfeldspieler nicht spielen konnte, wird der Läufer wegen Behinderung zum Aus erklärt.

STRAFE FÜR BEHINDERUNG (INTERFERENCE): Der Läufer wird zum Aus erklärt und der Ball ist nicht spielbar.

{2.00 (a) Interference} Wenn ein Schiedsrichter einen Schlagmann, einen laufenden Schlagmann oder einen Läufer wegen Behinderung zum Aus erklärt, müssen alle anderen Läufer zu dem Base zurückkehren, das sie nach Meinung des Schiedsrichters zuletzt regelkonform berührt hatten, als die Behinderung geschah – es sei denn, die Regeln schreiben für den speziellen Einzelfall etwas anderes vor.

{2.00 (a) Interference Kommentar} Falls der laufende Schlagmann das erste Base zum Zeitpunkt der Behinderung noch nicht erreicht hat, müssen alle Läufer zu dem Base zurückkehren, das sie zum Zeitpunkt des Pitchs besetzt hatten. Sollte allerdings – bei weniger als zwei Aus – zunächst ein Spielzug an der Home Plate erfolgen und danach wird der laufende Schlagmann wegen einer Behinderung außerhalb des 1-m-Laufkorridors zum Aus erklärt, dann zählt der Punkt, den der Läufer zuvor an der Home Plate erzielt hat.

Kommentar zur Strafe bei Behinderung in Regel 6.01 (a) {7.08 (b)}: Ein Läufer, der nach Meinung der Schiedsrichter einen Feldspieler dabei behindert, einen geschlagenen Ball zu spielen, muss zum Aus erklärt werden, unabhängig davon, ob die Behinderung absichtlich geschah oder nicht. Hat der Läufer jedoch Kontakt mit einem Base, das er regelkonform besetzt, während er den Feldspieler behindert, wird er nicht zum Aus erklärt, solange die Behinderung nicht nach Meinung des Schiedsrichters absichtlich geschah. Dabei ist es unerheblich, ob sich die Behinderung im Fair Territory oder im Foul Territory ereignete. Sieht der Schiedsrichter die Behinderung als absichtlich an, wird die folgende Strafe ausgesprochen:

Bei weniger als zwei Aus werden der Läufer und der Schlagmann zum Aus erklärt. Bei zwei Aus wird nur der Schlagmann zum Aus erklärt. Erreicht während eines Run-Down-Spielzugs zwischen Home Plate und dem dritten Base ein nachfolgender Läufer das dritte Base und der Läufer in dem Run-Down-Spielzug wird wegen Behinderung zum Aus erklärt, muss der Läufer, der das dritte Base erreicht hat, zum zweiten Base zurückgeschickt werden.

Das gleiche Prinzip wird entsprechend angewendet, wenn ein Run-Down-Spielzug zwischen dem zweiten und dem dritten Base stattfindet und ein nachfolgender Läufer das zweite Base erreicht. Der Grund dafür ist, dass kein Läufer durch eine Behinderung vorrücken darf und dass ein Läufer ein Base so lange regelkonform in Besitz hält, bis er das nächstfolgende Base regelkonform berührt.

(b)   {7.11} Vorrecht eines Feldspielers

Spieler, Coaches und alle anderen Mitglieder der Offensivmannschaft müssen einem Feldspieler Platz machen (einschließlich der Mannschaftsbänke und Aufwärmbereiche), den dieser Feldspieler benötigt, um einen geschlagenen oder geworfenen Ball zu spielen. Sollte ein Mitglied der Offensivmannschaft (Läufer auf den Bases ausgenommen) einen Feldspieler beim Versuch behindern, den geschlagenen Ball zu fangen oder aufzunehmen, ist der Ball nicht mehr spielbar, der Schlagmann wird zum Aus erklärt und alle Läufer müssen zu der Base zurückkehren, die sie zum Zeitpunkt des Pitchs besetzt hatten. Sollte ein Mitglied der Offensivmannschaft (Läufer auf den Bases ausgenommen) einen Feldspieler beim Versuch behindern, einen geworfenen Ball zu fangen, aufzunehmen oder zu spielen, ist der Ball nicht mehr spielbar, der Läufer, gegen den der Spielzug aktuell lief, wird zum Aus erklärt und alle anderen Läufer müssen zu dem Base zurückkehren, das sie zum Zeitpunkt der Behinderung als Letztes regelkonform in Besitz hatten.

Kommentar zu Regel 6.01 (b) {2.00 Interference (b)} Als defensive Behinderung wird eine Aktion eines Feldspielers bezeichnet, die den Schlagmann dabei behindert oder es verhindert, einen Pitch vom Pitcher zu schlagen. Interference: Behinderung durch Catcher

(c)   Interference: Behinderung durch Catcher

{6.08 (c)} Der Schlagmann wird zum Läufer und darf zum ersten Base vorrücken, ohne zum Aus werden zu können (vorausgesetzt, er rückt wirklich bis zum ersten Base vor und berührt es), wenn er vom Catcher oder einem anderen Feldspieler behindert wird. Folgt direkt auf die Behinderung ein Spielzug, kann der Manager der Offensivmannschaft den Schiedsrichter an der Home Plate informieren, dass der Spielzug gültig sein und die Behinderung ignoriert werden soll. Er muss dies unmittelbar nach Beendigung des Spielzugs tun. Erreicht jedoch der Schlagmann das erste Base durch einen Base Hit, einen Error, ein Base on Balls oder auf irgendeine andere Weise und alle Läufer rücken zumindest jeweils ein Base vor, dann läuft das Spiel weiter, als wäre die Behinderung nicht geschehen.

Kommentar zu Regel 6.01 (c) {6.08 (c)}: Behindert der Catcher den Schlagmann während ein Spielzug läuft, dann unterbricht der Schiedsrichter das Spiel nicht, da der Manager den entstandenen Spielzug annehmen könnte. Berührt der laufende Schlagmann das erste Base nicht, oder ein Läufer berührt sein nächstes Base nicht, so wird trotzdem davon ausgegangen, er hätte dieses Base erreicht – so wie es in Regel 5.06 (b) (3)(D) {7.04 (d)} geschildert wird.

BEISPIELE für Spielzüge, die ein Manager annehmen könnte:

1. *Läufer auf dem dritten Base, ein Aus. Der Schlagmann schlägt einen Flugball ins Außenfeld, durch den der Läufer einen Punkt erzielt. Der Schlagmann wurde jedoch vom Catcher behindert. Der Manager der Offensivmannschaft kann nun wählen, ob der Punkt zählt und der Schlagmann zum Aus wird, oder ob dem Schlagmann das erste Base zugesprochen werden soll und der Läufer auf dem dritten Base verbleibt.*

2. *Läufer auf dem zweiten Base. Der Catcher behindert den Schlagmann bei einem Bunt, durch den der Läufer sicher das dritte Base erreicht. Der Manager kann wählen, ob er lieber einen Läufer auf dem dritten Base und dafür ein Aus, oder ob er lieber je einen Läufer auf dem ersten und zweiten Base haben möchte.*

Sollte ein Läufer vom dritten Base einen Steal oder ein Squeeze Play versuchen, muss die zusätzliche Bestrafung gemäß Regel 6.01 (g) {7.07} beachtet werden.

Behindert der Catcher einen Schlagmann, bevor der Pitcher mit seiner Pitchbewegung begonnen hat, wird dies nicht als Behinderung gemäß Regel 5.05 (b)(3) {6.08 (c)} angesehen. Der Schiedsrichter ruft „Time" und sowohl Pitcher als auch der Schlagmann beginnen noch einmal aufs Neue.

(d) {3.15} Unabsichtliche Behinderung

Begeht eine Person, die sich erlaubtermaßen auf dem Spielfeld aufhalten darf (hiervon ausgenommen sind Spieler der Offensivmannschaft, die gerade am Spielgeschehen beteiligt sind, und Base Coaches, die einen Feldspieler beim Spielen eines geschlagenen oder geworfenen Balls behindern; sowie Schiedsrichter), unabsichtlich eine Behinderung, bleibt der Ball spielbar und das Spiel läuft ohne Unterbrechung weiter. Ist die Behinderung absichtlich, ist der Ball im Moment der Behinderung nicht mehr spielbar und der Schiedsrichter verhängt die Strafen, die seiner Meinung nach die Folgen der Behinderung aufheben.

Kommentar zu Regel 6.01 (d) {3.15}: In Bezug auf Behinderungen eines Feldspielers beim Spielen eines geschlagenen oder geworfenen Balls durch einen Spieler der Offensive bzw. durch einen Base Coach – die nicht in Regel 6.01 (d) {3.15} erfasst sind – siehe Regel 6.01 (b) {7.11}. Für Behinderungen durch einen Schiedsrichter siehe Regeln 5.06 (c)(2), 5.06 (c)(2) und 5.05 (b)(4) {5.09 (b), 5.09 (f) und 6.08 (d)}. Behinderungen durch einen Läufer: siehe Regel 5.09 (b)(3) {7.08 (b)}.

Ob eine Behinderung absichtlich oder unabsichtlich ist, wird aufgrund der Aktion der Person beurteilt, die die Behinderung begeht. Versucht zum Beispiel ein Bat Boy, eine angestellte Hilfskraft oder ein Polizist, einem geworfenen oder geschlagenen Ball auszuweichen und wird dennoch von diesem berührt, oder behindert er dabei einen Feldspieler, der den Ball erreichen will, wäre dies als unabsichtliche Behinderung zu werten; der Schiedsrichter lässt das Spiel weiterlaufen. Tritt die Person aber gegen den Ball, oder nimmt er ihn auf, muss der Schiedsrichter hier auf absichtliche Behinderung entscheiden und das Spiel unterbrechen. Wird ein Ball getreten oder aufgehoben, ist immer auf absichtliche Behinderung zu entscheiden, ob nun eine Absicht zur Behinderung vorlag oder nicht.

BEISPIEL: Ein Schlagmann schlägt den Ball zum Shortstop. Dieser nimmt den Ball auf, wirft ihn aber weit am First Baseman vorbei. Der Base Coach wirft sich auf den Boden, um dem Ball auszuweichen. Der First Baseman rennt dem Ball hinterher und stolpert über den Base Coach. Der Schlagmann schafft es daraufhin, bis zum dritten Base zu laufen. Die Frage ist nun, ob hier eine Behinderung vorliegt. Dies hängt davon ab, wie der Schiedsrichter die Situation beurteilt. Ist er der Meinung, dass der Base Coach alles getan hat, um eine Behinderung zu vermeiden, dann besteht keine Notwendigkeit, auf Behinderung zu entscheiden. Ist der Schiedsrichter jedoch der Meinung, der Base Coach hätte nur so getan, als ob er die Behinderung vermeiden wollte, sollte der Schiedsrichter auf Behinderung entscheiden.

(e)   {3.16} Behinderung durch Zuschauer

Wenn ein Zuschauer einen geworfenen oder geschlagenen Ball berührt, ist der Ball im Moment der Berührung nicht mehr spielbar und der Schiedsrichter verhängt die Strafen, die seiner Meinung nach die dadurch entstandene Behinderung aufheben.

REGELANWENDUNG: Wenn durch die Behinderung eines Zuschauers ein Feldspieler einen Flugball nicht aus der Luft fangen kann, den er sonst klar gefangen hätte, muss der Schiedsrichter den Schlagmann zum Aus erklären.

Kommentar zu Regel 6.01 (e) {3.16}: Es gibt einen Unterschied zwischen einem Ball, der in den Zuschauerbereich geworfen oder geschlagen und dort von Zuschauern berührt wird, wodurch der Ball nicht mehr spielbar ist (selbst wenn der Ball auf das Spielfeld zurückspringt), und einem Ball, der von einem Zuschauer berührt wird, der das Spielfeld betritt oder über, unter oder durch einen Zaun oder anderes Hindernis greift, während der Ball noch spielbar ist. Im letzteren Fall muss der Schiedsrichter auf absichtliche Behinderung entscheiden und gemäß Regel 6.01 (d) {3.15} handeln; d. h., Schlagmann und Läufer werden dort platziert, wo sie nach Meinung des Schiedsrichters ohne die Behinderung angekommen wären.

Es wird nicht auf Behinderung entschieden, wenn ein Feldspieler über eine Absperrung oder in die Zuschauermenge hineingreift, um einen geschlagenen Ball aus der Luft zu fangen. Er tut das auf eigenes Risiko. Reicht jedoch ein Zuschauer auf die Spielfeldseite der Absperrung und hindert so den Feldspieler deutlich daran, den Ball zu fangen, wird der Schlagmann wegen der Behinderung durch den Zuschauer zum Aus erklärt.

BEISPIEL: Läufer auf dem dritten Base, ein Aus. Der Schlagmann schlägt einen Flugball weit ins Außenfeld – über Fair oder Foul Territory. Ein Zuschauer behindert den Außenfeldspieler klar dabei, den Ball zu fangen. Der Schlagmann wird wegen Behinderung durch einen Zuschauer zum Aus erklärt. Der Ball ist ab dem Zeitpunkt dieser Entscheidung nicht mehr spielbar. Der Schiedsrichter kann entscheiden, dass der Läufer vom dritten Base einen Punkt erzielt hätte, weil der Ball so weit ins Außenfeld geschlagen wurde; also wird ihm gestattet, den Punkt zu erzielen. Dies ist wahrscheinlich aber nicht der Fall, wenn die Behinderung näher an der Home Plate geschehen wäre.

(f) {5.08} Behinderung durch Coaches oder Schiedsrichter

Wenn ein geworfener Ball zufällig einen Base Coach berührt, oder ein Pitch oder geworfener Ball einen Schiedsrichter berührt, bleibt der Ball spielbar. Wenn jedoch der Base Coach eine Behinderung begeht, weil er einen geworfenen Ball berührt, wird der entsprechende Läufer zum Aus erklärt.

Kommentar zu Regel 6.01 (f) {2.00 Interference (c) und Kommentar}: Behinderung durch einen Schiedsrichter liegt vor, wenn (1) ein Schiedsrichter einen Catcher dabei behindert, den Ball zu einem Base zu werfen, um einen Steal zu verhindern oder um einen Pick Off zu spielen, oder wenn (2) ein Fair Ball einen Schiedsrichter im Fair Territory berührt, bevor der Ball an einem Feldspieler vorbeigeht. Es liegt auch Behinderung durch einen Schiedsrichter vor, wenn ein Schiedsrichter den Catcher dabei behindert, den Ball zum Pitcher zurückzuwerfen.

(g) {7.07} Behinderung bei Squeeze Play oder Home Steal

Versucht ein Läufer, vom dritten Base durch einen Steal oder ein Squeeze Play einen Punkt zu erzielen, und der Catcher oder ein anderer Feldspieler stellt sich auf oder vor die Home Base, ohne in Ballbesitz zu sein, oder der Catcher berührt den Schlagmann oder dessen Schläger, wird auf einen Balk entschieden. Außerdem rückt der Schlagmann wegen der Behinderung zum ersten Base vor und der Ball ist nicht spielbar.

(h) {7.06} Obstruction: Blockierung eines Läufers

Wird ein Läufer durch einen Feldspieler blockiert, entscheidet der Schiedsrichter auf Blockieren (Obstruction) – durch einen Ruf oder ein Zeichen.

> (1) Ist der Läufer, der blockiert wird, Beteiligter in einem Spielzug, oder wird der Schlagmann blockiert, bevor er das erste Base berühren kann, ist der Ball sofort nicht mehr spielbar und alle Läufer dürfen, ohne zum Aus werden zu können, bis zu dem Base vorrücken, das sie nach Meinung des Schiedsrichters ohne die Blockierung erreicht hätten. Dem Läufer, der blockiert wurde, wird mindestens ein Base über das Base hinaus zugesprochen, das er als Letztes vor der Blockierung berührt hatte. Alle Läufer, die durch eine solche Strafe zum Vorrücken gezwungen werden, dürfen dies tun, ohne dabei zum Aus werden zu können.

Kommentar zu Regel 6.01 (h)(1) {7.06 (a)}: Ist der blockierte Läufer an einem Spielzug beteiligt, zeigt der Schiedsrichter „Obstruction" auf dieselbe Art und Weise an, wie er „Time" signalisiert: mit beiden Händen über den Kopf. Der Ball ist sofort nicht mehr spielbar, wenn dieses Zeichen gegeben wird; ist jedoch ein geworfener Ball noch in der Luft, bevor das Zeichen gegeben wurde, werden den Läufern für einen eventuellen Überwurf Bases genauso zugesprochen, wie es ohne die Blockierung geschehen wäre. Ist zum Beispiel ein Läufer zwischen dem zweiten und dem dritten Base gefangen und wird vom Third Baseman blockiert, während der Ball vom Shortstop zum Third Baseman geworfen wird, und dieser Wurf geht beispielsweise in den Bereich der Mannschaftsbank, wird dem Läufer das Home Base zugesprochen. Allen anderen Läufern, die in diesem Beispiel ein Base besetzt hatten, würden ebenfalls zwei Bases zugesprochen, ausgehend von dem Base, das sie als Letztes vor der Entscheidung auf Blockieren durch den Schiedsrichters regelkonform berührt hatten.

(2) Wird ein Läufer blockiert, der Nicht-Beteiligter in einem Spielzug ist, läuft das Spiel weiter, bis kein Spielzug mehr durchgeführt werden kann. Dann ruft der Schiedsrichter „Time" und verhängt die Strafen – wenn überhaupt –, die seiner Meinung nach die Nachteile der Blockierung aufheben.

Kommentar zu Regel 6.01 (h)(2) {7.06 (b)}: Ist der Ball nach einer Blockierung gemäß Regel 6.01 (h)(2) {7.06 (b)} noch spielbar und ein Läufer, der blockiert wurde, rückt weiter vor als bis zu dem Base, das er wegen der Blockierung zugesprochen bekommen hätte, dann tut er das auf eigene Gefahr und kann zum Aus werden, indem er von einem Feldspieler mit dem Ball berührt wird. Dies ist eine Ermessensentscheidung.

HINWEIS: *Der Catcher darf den Weg eines Läufers, der versucht einen Punkt zu erzielen, nicht blockieren, wenn er nicht im Ballbesitz ist. Die Strecke zwischen den Bases gehört dem Läufer und der Catcher darf sie nur besetzen, wenn er einen Ball aufnimmt bzw. fängt oder bereits in Ballbesitz ist*

Kommentar zu Regel 6.01 (h) {2.00 (Obstruction) Kommentar]: Wenn ein Feldspieler dabei ist, einen zu ihm geworfenen Ball zu fangen und wenn der Ball so auf ihn zufliegt, dass er seinen Position nicht verlassen kann, ohne Gefahr zu laufen, den Ball nicht mehr zu erreichen, geht man davon aus, dass der Feldspieler dabei ist, den Ball aufzunehmen (Act of Fielding the Ball).

Es unterliegt allein der Einschätzung des Schiedsrichters, zu entscheiden, ob ein Feldspieler dabei ist, den Ball aufzunehmen. Wenn ein Feldspieler einen Versuch unternommen hat, einen Ball aufzunehmen, er aber den Ball verpasst, dann ist er nicht mehr dabei, einen Ball aufzunehmen.

Zum BEISPIEL: Ein Feldspieler hechtet nach einem geschlagenen Ball, aber verfehlt diesen. Danach bleibt er noch am Boden liegen und blockiert dadurch das Vorrücken eines Läufers. In diesem Fall wird der Schiedsrichter sehr wahrscheinlich auf Blockierung entscheiden.

    (i) {7.13} Kollisionen an der Home Plate
        (1) Wenn ein Läufer versucht, an der Home Plate einen Punkt zu erzielen, darf er nicht von seinem direkten Laufweg zur Home Plate abweichen, um dadurch einen Kontakt mit dem Catcher (oder einem anderen Spieler an der Home Plate) oder um anderweitig eine vermeidbare Kollision herbeizuführen. Ist ein Schiedsrichter der Meinung, dass ein Läufer eine solche Kollision in der zuvor beschriebenen Art herbeiführt, dann muss der Schiedsrichter den Läufer zum Aus erklären – unabhängig davon, ob der Spieler an der Home Plate die Kontrolle über den Ball behält. In solchen Fällen unterbricht der Schiedsrichter das Spiel, der Ball ist nicht spielbar und alle anderen Läufer müssen zu dem Base zurückkehren, das sie jeweils als Letztes vor der Kollision berührt haben. Sofern der Läufer in angemessener Art und Weise auf die Home Plate rutscht, stellt dies keine Verletzung der Regel 6.01 (i) {7.13} dar.

Kommentar zu Regel 6.01 (i)(1) {7.13 (1)}: Folgende Verhaltensweisen eines Läufers können zu der Annahme veranlassen, dass ein Läufer von seinem Laufweg abgewichen ist, um einen regelwidrigen Kontakt mit dem Catcher am Home Base oder um anderweitig eine vermeidbare Kollision herbeizuführen: das Unterlassen der Bemühung, tatsächlich die Home Plate zu berühren, das Absenken der Schulter, oder das Wegstoßen mit den Händen, Armen oder Ellbogen. Ein Rutschen mit den Füßen voran gilt dann als angemessen, wenn Gesäß und Beine den Boden berühren, bevor es zum Kontakt mit dem Catcher kommt. Beim Rutschen mit Kopf voran gilt es als angemessen, wenn der Körper den Boden berührt, bevor ein Kontakt mit dem Catcher erfolgt. Der Schiedsrichter darf nicht auf eine Verletzung der Regel 6.01 (i)(1) {7.13 (1)} entscheiden, wenn der Catcher den Laufweg des Läufers zum Home Base blockiert, weil der Läufer in diesem Fall keine vermeidbare Kollision herbeiführt.

> (2) Der Catcher darf den Laufweg des Läufers, der versucht, das Home Base zu erreichen, nicht blockieren – es sei denn, der Catcher befindet sich in Ballbesitz. Ist der Schiedsrichter der Meinung, dass der Catcher den Laufweg des Läufers blockiert, ohne dabei in Ballbesitz zu sein, dann muss der Schiedsrichter den Läufer als „safe" erklären. Ungeachtet dessen liegt kein Verstoß gegen Regel 6.01 (i)(2) {7.13 (2)} vor, wenn der Catcher deshalb den Laufweg des Läufers blockiert, weil er einen berechtigten Versuch unternimmt, den geworfenen Ball zu fangen oder aufzunehmen (zum Beispiel als Reaktion auf Richtung, Flugbahn oder Aufspringen eines ankommenden Wurfs; oder als Reaktion auf einen Wurf des Pitchers oder eines innen stehenden Innenfeldspielers). Außerdem darf der Schiedsrichter nicht auf eine Verletzung der Regel 6.01 (i) (2) {7.13 (2)} entscheiden, selbst wenn der Catcher zwar nicht in Ballbesitz ist, aber der Läufer durch Rutschen die Kollision mit dem Catcher (oder einem anderen Spieler an der Home Plate) hätte vermeiden können.

Kommentar zu Regel 6.01 (i)(2) {7.13 (2)}: Es liegt so lange kein Verstoß gegen Regel 6.01 (i)(2) {7.13 (2)} durch den Catcher vor, bis er den Weg zum Home Plate ohne Ballbesitz (oder ohne berechtigten Versuch, einen geworfenen Ball zu fangen oder aufzunehmen) sowohl blockiert als auch dadurch tatsächlich das Erreichen der Home Plate für den Läufer behindert oder erschwert. Ein Catcher behindert oder erschwert das Erreichen für den Läufer nicht, wenn ein Läufer – nach Meinung des Schiedsrichters – auch ohne das Blockieren des Catchers zum Aus gespielt worden wäre. Zusätzlich soll der Catcher sich größte Mühe geben, unnötigen und übertrieben heftigen Kontakt zu vermeiden, wenn er ein „Tag Play" gegen einen Läufer beim Rutschen spielt. Catcher, die routinemäßig unnötigen und übertrieben heftigen Kontakt gegen einen rutschenden Läufer anwenden (zum Beispiel durch das Herbeiführen eines Kontakts mit dem Knie, dem Schienbeinschutz, dem Ellbogen oder Unterarm), können vom Verband mit Strafen belegt werden.

> Die Regel 6.01 (i)(2) {7.13 (2)} gilt nicht bei Spielzügen mit erzwungenem Vorrücken (Force Play) an der Home Plate.

(j) {-} Hineinrutschen an Bases bei Versuch eines Double Play

> Wenn ein Läufer nicht angemessen rutscht (Slide) und Kontakt mit einem Feldspieler herbeiführt oder versucht, einen solchen Kontakt herbeizuführen, mit der Absicht ein Double Play zu unterbrechen, so wird dieser Läufer aufgrund dieser Regel 6.01 wegen Behinderung zum Aus erklärt. Ein angemessener Slide – im Zusammenhang mit Regel 6.01 – liegt dann vor, wenn der Läufer

(1) mit dem Rutschen beginnt – d.h. Kontakt zum Boden hat – bevor er das Base erreicht;

(2) in der Lage ist und es auch tatsächlich versucht, das Base mit seiner Hand oder seinem Fuß zu erreichen; (3) in der Lage ist und es auch tatsächlich versucht, nach Vollendung des Rutschens auf dem Base zu verbleiben (Aktionen an Home Base ausgenommen); und

(4) das Rutschen in Reichweite des Base ausführt, ohne seinen Laufweg – mit der Absicht einen Kontakt mit einem Feldspieler herbeizuführen – zu ändern.

> Sofern ein Läufer angemessen rutscht, kann er nicht aufgrund von Behinderung nach Regel 6.01 zum Aus erklärt werden – selbst dann nicht, wenn der Läufer den Feldspieler in Folge einer angemessenen Aktion berührt. Darüber hinaus darf auch nicht auf Behinderung entschieden werden, wenn die Berührung des Feldspielers deshalb entstand, weil der Feldspieler eine Position im regelkonformen Laufweg des Läufers eingenommen hat – oder eine Bewegung in eine solche Position vorgenommen hat.

> Gleichwohl gilt es als nicht angemessen, wenn ein Läufer wie eine Walze zum Base stürmt oder absichtlich mit dem Feldspieler Kontakt herstellt (oder dies versucht), indem der sein Bein über das Knie des Feldspielers anhebt und tritt oder dem Feldspieler seine Arme oder Oberkörper entgegenwirft.

Entscheidet der Schiedsrichter auf Verstoß gegen Regel 6.01 (j), dann erklärt der Schiedsrichter sowohl den Läufer als auch den laufenden Schlagmann zum Aus. Sollte der Läufer allerdings schon anderweitig zum Aus gespielt worden sein, dann wird der Läufer durch den Schiedsrichter zum Aus erklärt, gegen den die Defensivmannschaft ihren Spielzug gerichtet hat.

6.02 {5.07 (f)(g)(i)(j)} Regelwidrige Handlungen des Pitchers

(a) {8.05} Balk: Regelverstoß des Pitchers

Befinden sich ein oder mehrere Läufer auf den Bases, entscheidet der Schiedsrichter auf „Balk", wenn –

(1) der Pitcher, während er die Pitcher's Plate berührt, eine Bewegung ausführt, die normalerweise Teil seiner Pitchbewegung ist, er aber keinen Pitch durchführt;

Kommentar zu Regel 6.02 (a)(1) {8.05 (a)}: Schwingt ein rechtshändiger oder linkshändiger Pitcher seinen freien Fuß über die hintere Kante der Pitcher's Plate, muss er einen Pitch zum Schlagmann ausführen, es sei denn, er wirft zum zweiten Base, um dort zu versuchen, einen Läufer auszuspielen (Pick Off).

(2) der Pitcher, während er die Pitcher's Plate berührt, einen Wurf zum ersten Base oder zum dritten Base antäuscht, diesen Wurf aber nicht tatsächlich vollendet;

(3) der Pitcher, während er die Pitcher's Plate berührt, keinen Schritt in Richtung des Base ausführt, bevor er dorthin wirft;

Kommentar zu Regel 6.02 (a)(3) {8.05 (c)}: Diese Regel verpflichtet den Pitcher, während er die Pitcher's Plate berührt, einen direkten Schritt in Richtung des Base auszuführen, bevor er zu diesem Base wirft. Dreht sich der Pitcher nur um seinen freien Fuß, ohne dass er tatsächlich einen Schritt ausführt, oder dreht er nur seinen Körper und wirft, bevor er einen Schritt macht, wird dies als Balk gewertet.

Ein Pitcher muss einen direkten Schritt in Richtung des Base ausführen, bevor er zu diesem Base wirft, und er muss dann auch einen Wurf dorthin ausführen – mit Ausnahme zum zweiten Base. Es ist ein Balk, wenn ein Pitcher – mit Läufern auf dem ersten und dem dritten Base – einen Schritt in Richtung drittes Base ausführt, dann aber keinen Wurf dorthin ausführt, in der Ab-

sicht, den Läufer vom dritten Base zu veranlassen, zum Base zurückzukehren und um dann zum ersten Base zu werfen, weil der Läufer dort losgelaufen ist. Das Antäuschen eines Wurfs zum zweiten Base hingegen ist erlaubt.

> (4) der Pitcher, während er die Pitcher's Plate berührt, einen Wurf zu einem unbesetzten Base durchführt oder antäuscht –, es sei denn, der Pitcher kann dort einen Spielzug durchführen;

Kommentar zu Regel 6.02 (a)(4) {8.05 (d)}: Bei der Entscheidung, ob der Pitcher bei einem Wurf oder angetäuschtem Wurf zu einem unbesetzten Base die Absicht eines möglichen Spielzugs verfolgt, soll der Schiedsrichter berücksichtigen, ob ein Läufer auf einer vorherigen Base die Absicht erkennen lässt oder anderweitig den Eindruck erweckt, zu der unbesetzten Base vorrücken zu wollen.

> (5) der Pitcher einen unerlaubten Pitch (Illegal Pitch) durchführt;

Kommentar zu Regel 6.02 (a)(5) {8.05 (e)}: Ein „Quick Pitch" ist ein unerlaubter Pitch. Auf „Quick Pitch" wird dann entschieden, wenn der Pitcher zum Schlagmann einen Pitch ausführt, bevor der Schlagmann angemessen Zeit hatte, seine Position im Schlagraum einzunehmen. Befinden sich ein oder mehrere Läufer auf den Bases, ist dies ein Balk. Ist kein Läufer auf den Bases, ist dies ein „Ball". Ein „Quick Pitch" ist gefährlich und darf nicht zugelassen werden.

> (6) der Pitcher sich bei der Ausführung eines Pitchs nicht dem Schlagmann zuwendet;
> (7) der Pitcher, ohne in Kontakt mit der Pitcher's Plate zu sein, eine Bewegung ausführt, die normalerweise mit seiner Pitchbewegung in Verbindung steht;
> (8) der Pitcher unnötigerweise das Spiel verzögert;

Kommentar zu Regel 6.02 (a)(8) {8.05 (h)}: Diese Regel ist nicht anzuwenden, wenn bereits eine Verwarnung aufgrund der Regel 6.02 (c)(8) {8.02 (c)} ausgesprochen wurde (absichtliche Spielverzögerung durch Würfe zu Feldspielern, ohne die Absicht, ein Aus gegen einen zu erzielen). Wird aber gegen einen Pitcher infolge von Regel 6.02 (c)(8) {8.02 (c)} wegen andauernder Spielverzögerung ein Platzverweis ausgesprochen, dann ist die Strafe aus Regel 6.02 (a)(8) {8.05 (h)} zusätzlich anzuwenden. Die Regel 5.07 (c) {8.04} (Definition des Zeitrahmens, in dem ein Pitcher bei unbesetzten

Bases einen Pitch ausführen muss) findet nur dann Anwendung, wenn sich keine Läufer auf den Bases befinden.

> (9) der Pitcher ohne Ballbesitz am oder über der Pitcher's Plate steht, oder er einen Pitch antäuscht, während er die Pitcher's Plate nicht berührt;
>
> (10) der Pitcher, nachdem er eine regelkonforme Pitchingposition eingenommen hat, eine Hand vom Ball löst – ausgenommen, er führt einen Pitch oder einen Wurf zu einem Base aus;
>
> (11) dem Pitcher, während er die Pitcher's Plate berührt, der Ball absichtlich oder unabsichtlich aus dem Handschuh oder aus der Hand fällt oder entgleitet;
>
> (12) der Pitcher bei einem absichtlichen „Base on Balls" einen Pitch durchführt, bei dem sich der Catcher außerhalb der Catcher's Box befindet;
>
> (13) der Pitcher einen Pitch aus der Set-Position durchführt, ohne vorher zu einem Bewegungsstillstand gekommen zu sein.

STRAFE: Der Ball ist nicht mehr spielbar und jeder Läufer darf kampflos ein Base vorrücken, ohne dabei zum Aus werden zu können. Hat der Schlagmann jedoch das erste Base durch einen Base Hit, einen Error, ein „Base on Balls" oder auf andere Weise erreicht, und konnte jeder Läufer mindestens ein Base sicher vorrücken, läuft das Spiel ohne Anwendung der Balk-Regel weiter.

REGELANWENDUNG: Begeht ein Pitcher einen Balk und einen schlechten Wurf, gleichgültig, ob zu einem Base oder zur Home Plate, können der oder die Läufer auf eigene Gefahr weiter als bis zu dem Base vorrücken, das sie zugesprochen bekommen würden.

REGELANWENDUNG: Ein Läufer, der das erste Base, zu dem er vorrückt, nicht berührt und der durch einen Spielzug mit Einspruch (Appeal) zum Aus wird, wird im Sinne dieser Regel so angesehen, als wäre er ein Base vorgerückt.

Kommentar zu Regel 6.02 (a) {8.05}: Die Schiedsrichter sollten sich vergegenwärtigen, dass der Zweck der Balk-Regel es ist, den Pitcher davon abzuhalten, vorsätzlich Läufer zu täuschen. Im Zweifelsfalle sollte daher die Absicht des Pitchers den Ausschlag zur Entscheidung geben. Bestimmte Grundsätze gelten jedoch unabhängig davon:

(A) *Steht ein Pitcher ohne Ballbesitz über der Pitcher's Plate, muss dies als Täuschungsversuch angesehen werden. Der Schiedsrichter muss auf Balk entscheiden.*

(B) *Mit einem Läufer auf dem ersten Base darf der Pitcher eine komplette Drehung, ohne Unterbrechung vorbei an First Base ausführen und zum Second Base werfen. Dies wird nicht als Wurf zu einem unbesetzten Base angesehen.*

(b) {8.01 (d)} Regelwidrige Pitches ohne Läufer auf einem Base
Führt der Pitcher einen unerlaubten Pitch aus, wenn kein Base besetzt ist, entscheidet der Schiedsrichter auf „Ball" – sofern der Schlagmann nicht durch einen Base Hit, einen Error, ein „Base on Balls", einen „Hit by Pitch" oder auf eine andere Weise das erste Base erreicht.

Kommentar zu Regel 6.02 (b) {8.01 (d)}: Entgleitet dem Pitcher der Ball aus der Hand und überquert die Foul Line, wird auf „Ball" entschieden; ansonsten wird das Ereignis ignoriert und zählt nicht als Pitch. Mit Läufern auf den Bases wäre dies ein Balk.

(c) {8.02} Verbotene Aktionen beim Pitching
Der Pitcher darf nicht –
(1) während er sich auf dem Pitcher's Mound aufhält (Umkreis von 2,75 m um die Pitcher's Plate), den Ball berühren, nachdem er seinen Mund oder seine Lippen berührt hat; und er darf nicht seinen Mund oder seine Lippen berühren, wenn er in Kontakt mit der Pitcher's Plate steht. Der Pitcher muss klar erkennbar die Finger seiner Wurfhand trockenwischen, bevor er den Ball berührt oder den Kontakt zur Pitcher's Plate herstellt;

AUSNAHME: Mit Zustimmung beider Manager kann der Schiedsrichter den Pitchern bei kalter Witterung vor Spielbeginn erlauben, sich in die Hand zu pusten.

STRAFE: Wird dieser Punkt der Regel verletzt, müssen die Schiedsrichter sofort den Ball aus dem Spiel entfernen und dem Pitcher eine Verwarnung aussprechen. Jede weitere Regelverletzung wird mit einer Entscheidung auf „Ball" geahndet. Erfolgt jedoch ein Pitch und der Schlagmann erreicht das erste

Base durch einen Base Hit, einen Error, einen „Hit by Pitch" oder auf eine andere Weise, und wird kein Läufer zum Aus, der nicht mindestens ein Base vorgerückt ist, dann wird das Spiel fortgesetzt, als wäre die Regelverletzung nicht geschehen. Pitcher, die wiederholt gegen diese Regel verstoßen, werden vom Verband mit einer Strafe belegt.

(2) auf den Ball, in eine seiner Hände oder in seinen Fanghandschuh spucken;
(3) den Ball an seinem Fanghandschuh, an sich selbst oder an seiner Kleidung reiben;
(4) irgendeine fremde Substanz auf den Ball auftragen;
(5) das Aussehen des Balls oder dessen Oberfläche in irgendeiner Weise verändern; oder
(6) einen Pitch mit einem Ball ausführen, der wie in 6.02 (c)(2) bis 6.02 (c)(5) {8.02 (a)(2) bis 8.02 (a)(5)} beschrieben, verändert wurde. Er darf auch keinen Pitch mit einem Ball ausführen, der als „Shine Ball" (glänzender Ball), „Spit Ball" (angespuckter Ball), „Mud Ball" (mit Schmutz versehener Ball) oder „Emery Ball" (aufgerauter Ball) bezeichnet wird. Dem Pitcher ist es jedoch gestattet, den Ball zwischen seinen bloßen Händen zu reiben.
(7) irgendeine fremde Substanz mit sich oder an seinem Körper tragen.

Kommentar zu Regel 6.02 (c)(7) {8.02 (b)}: Es ist dem Pitcher nicht gestattet, irgendetwas an seinen Händen, Fingern oder Handgelenken zu tragen – wie zum Beispiel Pflaster, Bänder (Tape), Sekundenkleber, Armbänder, usw. Der Schiedsrichter muss entscheiden, ob ein solcher Zusatz tatsächlich eine fremde Substanz im Sinne der Regel 6.02 (c)(7) {8.02 (b)} darstellt –, aber in keinem Fall ist es dem Pitcher erlaubt, mit solchen Zusätzen an Händen, Fingern oder Handgelenken Pitches auszuführen.

(8) absichtlich das Spiel verzögern, indem er den Ball zu anderen Feldspielern als dem Catcher wirft, während der Schlagmann bereits seine Position eingenommen hat, es sei denn, der Pitcher versucht, ein Aus an einem Läufer zu erzielen;

STRAFE: Verzögert ein Pitcher dadurch zum wiederholten Mal das Spiel, nachdem er vom Schiedsrichter verwarnt wurde, wird er aus dem Spiel entfernt.

(9) absichtlich versuchen, den Schlagmann zu treffen.

Kommt es nach Meinung des Schiedsrichters zu einer solchen Regelverletzung, kann der Schiedsrichter entscheiden, –

(A) den Pitcher alleine oder den Pitcher und den Manager vom Spiel auszuschließen, oder

(B) Pitcher und Manager beider Mannschaften zu verwarnen und ihnen mitzuteilen, dass ein weiterer Pitch dieser Art dazu führt, dass der betreffende Pitcher (oder ein eingewechselter Pitcher) und dessen Manager sofort vom Spiel ausgeschlossen werden.

Machen es die Umstände nötig, können beide Mannschaften offiziell vor dem Spiel oder zu jedem Zeitpunkt während des Spiels verwarnt werden. (Der Verband kann auf zusätzliche Maßnahmen entscheiden, wozu ihm in Regel 8.04 {9.05} das Recht gegeben wird.)

Kommentar zu Regel 6.02 (c)(9) {8.02 (d)}: Mannschaftsangehörigen ist es untersagt, das Spielfeld zu betreten, um einer Verwarnung nach Regel 6.02 (c)(9) {8.02 (d)} zu widersprechen oder um eine Diskussion darüber beginnen zu wollen. Sollte ein Manager, Coach oder Spieler die Mannschaftsbank oder seine Position auf dem Spielfeld verlassen, um die Verwarnung infrage zu stellen, so wird er verwarnt. Setzt er sein Verhalten fort, wird er vom Spiel ausgeschlossen (Platzverweis).

Pitches, die auf den Kopf des Schlagmanns zielen, sind äußerst gefährlich und grob unsportlich. Ein solches Verhalten muss – und wird auch – von jedermann auf das Schärfste verurteilt. Schiedsrichter müssen ohne Zögern die Regel in solchen Fällen anwenden.

(d) Strafen
{8.02 (a) Strafe} Wird irgendein Abschnitt der Regel 6.02 (c)(2) bis 6.02 (c)(7) {8.02 (a)(2) bis 8.02 (a)(6)} verletzt, gilt:

(1) Gegen den Pitcher wird sofort ein Platzverweis ausgesprochen und er wird mit einer automatischen Spielsperre belegt. In den Minor Leagues beträgt die automatische Spielsperre 10 Spiele.
(2) Folgt auf eine dieser Regelverletzungen, auf die vom Schiedsrichter entschieden wurde, ein Spielzug, kann der

Manager der Offensivmannschaft den Hauptschiedsrichter informieren, dass er den entstandenen Spielzug akzeptiert. Dies muss unmittelbar nach Beendigung des Spielzugs geschehen. Erreicht jedoch der Schlagmann durch einen Base Hit, einen Error, ein „Base on Balls", einen „Hit by Pitch" oder auf andere Weise das erste Base, und kein Läufer wird zum Aus, bevor nicht jeder Läufer mindestens ein Base vorgerückt ist, läuft das Spiel ohne die Regelanwendung weiter.

(3) Aber auch wenn die Offensivmannschaft den entstandenen Spielzug annimmt, wird die Regelverletzung festgestellt und es gelten die Strafen, die in Abschnitt (1) genannt sind.

(4) Falls der Manager der Offensivmannschaft sich nicht für die Annahme des entstandenen Spielzugs entscheidet, verhängt der Hauptschiedsrichter einen automatischen „Ball" und entscheidet – sofern sich mindestens ein Läufer auf den Bases befindet – auf „Balk".

(5) Der Schiedsrichter ist der Einzige, der darüber entscheidet, ob irgendein Teil dieser Regel verletzt wurde.

Kommentar zu den Regeln 6.02 (d)(1) bis 6.02 (d)(5) {8.02 (a)(2) bis 8.02 (a)(6)}: Verletzt ein Pitcher die Regel 6.02 (c)(2) oder 6.02 (c)(3) {8.02 (a)(2)} oder 8.02 (a)(3)}, hat aber – nach Meinung des Schiedsrichters – bei seiner Handlung nicht die Absicht gehabt, die Eigenschaften des Pitchs zu verändern, dann kann der Schiedsrichter nach eigenem Ermessen den Pitcher verwarnen – anstelle einer Bestrafung gemäß den Regeln 6.02 (c)(2) bis 6.02 (c)(6) {8.02 (a)(2) bis 8.02 (a)(6)}. Falls der Pitcher diese Regeln aber weiterhin verletzt, so wird der Schiedsrichter die Strafe anwenden.

Kommentar zu Regel 6.02 (d) {8.02 (a)}: Wenn der Ball den Magnesiabeutel berührt, bleibt der Ball spielbar. Bei Regen oder nassen Spielfeldbedingungen kann der Schiedsrichter den Pitcher anweisen, den Magnesiabeutel in der Gesäßtasche zu tragen. Ein Pitcher darf den Magnesiabeutel nur benutzen, um Magnesium auf seine bloßen Hände aufzutragen. Weder der Pitcher noch ein anderer Spieler darf das Magnesium auf einen Ball, einen Handschuh oder irgendeinen Teil der Uniform auftragen.

6.03 Regelwidrige Aktionen des Schlagmanns

(a) {6.06} Schlagmann wird zum Aus

Ein Schlagmann wird wegen einer regelwidrigen Handlung zum Aus, wenn –

> (1) er nach einem Ball schlägt und ihn trifft, während ein Fuß oder beide Füße vollständig außerhalb des Schlagraums auf dem Boden stehen;

Kommentar zu Regel 6.03 (a)(1) {6.06 (a)}: Wenn ein Schlagmann einen Ball schlägt, gleichgültig, ob es ein Fair Ball oder ein Foul Ball ist, und er dabei außerhalb des Schlagraums steht, muss er zum Aus erklärt werden. Die Schiedsrichter sollten vor allem auf die Position der Füße des Schlagmanns achten, wenn dieser nach einem Ball schlägt, während er ein absichtliches „Base on Balls" erhält. Ein Schlagmann darf nicht aus dem Schlagraum gehen oder springen und den Ball treffen.

> (2) er aus einem Schlagraum in den anderen wechselt, während der Pitcher schon seine Position eingenommen hat und bereit ist, einen Pitch auszuführen;
>
> (3) er den Catcher beim Aufnehmen oder Werfen eines Balls behindert, indem er den Schlagraum verlässt oder irgendeine andere Bewegung ausführt, die den Catcher bei einem Spielzug am Home Base behindert;
>
> (4) er seinen Schläger in Fair Territory oder Foul Territory wirft und damit den Catcher (einschließlich dessen Fanghandschuh) trifft, als dieser versucht, den Pitch zu fangen – mit einem oder mehreren Läufern auf Base und/oder der Pitch der dritte Strike war.

AUSNAHME zu den Regeln 6.03 (a)(3) {6.06 (c)} und 6.03 (a)(4) {-}: Der Schlagmann wird nicht zum Aus erklärt, wenn irgendein Läufer, der vorzurücken versuchte, zum Aus gespielt wird oder wenn ein Läufer, der versuchte, einen Punkt zu erzielen, wegen einer Behinderung am Catcher durch den Schlagmann zum Aus erklärt wird;

Kommentar zu Regel 6.03 (a)(3) {6.06 (c)} und 6.03 (a)(4) {-}: Wenn der Schlagmann den Catcher behindert, ruft der Schiedsrichter an der Home Plate „Interference". Der Schlagmann wird zum Aus erklärt und der Ball ist nicht spielbar. Durch eine solche Behinderung darf kein Läufer vorrücken und alle Läufer müssen zu dem Base zurückkehren, das sie als letztes vor der Behinderung regelkonform berührt hatten.

Wenn jedoch der Catcher trotzdem den Ball spielt und ein Läufer, der vorzurücken versuchte, zum Aus gespielt wird, muss angenommen werden, dass keine tatsächliche Behinderung vorlag; somit ist der Läufer das Aus, nicht der Schlagmann. In diesem Fall haben alle anderen Läufer die Möglichkeit, auf eigene Gefahr vorzurücken und das Spiel geht weiter, als wäre nicht „Interference" gerufen worden.

Wenn der Schlagmann so stark nach dem Ball schlägt und ihn verfehlt, dass der Schläger um seinen ganzen Körper herumschwingt und er dabei hinter sich unabsichtlich den Catcher oder den Ball mit dem Schläger berührt, wird nur ein Strike gezählt und nicht auf Behinderung entschieden. Der Ball ist dennoch nicht spielbar und kein Läufer darf vorrücken.

> (5) er einen Schläger verwendet oder versucht zu verwenden, der – nach Meinung des Schiedsrichters – verändert oder behandelt wurde, um damit weiter schlagen zu können oder um eine ungewöhnliche Reaktion des Balls zu erreichen. Dazu zählen Schläger, die gefüllt, abgeflacht, genagelt, ausgehöhlt, eingekerbt oder mit einer Substanz überzogen wurden, wie z. B. mit Wachs oder Paraffin.
> Wird solch ein Schläger benutzt, darf in diesem Spielzug kein Läufer vorrücken (mit Ausnahme eines Vorrückens, welches nicht in Verbindung mit der Verwendung des verbotenen Schlägers steht, z. B. Steal, Balk, Wild Pitch, Passed Ball); alle Aus, die während eines solchen Spielzugs erzielt werden, zählen jedoch.
> Gegen den Schlagmann wird zusätzlich ein Platzverweis ausgesprochen. Gegen ihn können vom Verband zusätzliche Strafen verhängt werden.

Kommentar zu Regel 6.03 (a)(5) {6.06 (d)}: Eine Verwendung oder versuchte Verwendung eines regelwidrigen Schlägers liegt dann vor, wenn der Schlagmann mit einem solchen Schläger den Schlagraum betritt.

Kommentar für den deutschen Spielbetrieb: Die Bundesspielordnung bzw. die Durchführungsverordnung enthält weitere Regelungen für einzelne Ligen hinsichtlich der zusätzlich auszusprechenden Strafe, die bei regelwidrig veränderten Schlägern ausgesprochen werden. Dort wird außerdem geregelt, inwiefern die Verwendung nicht zugelassener Schläger – im Gegensatz zu regelwidrig veränderten Schlägern – unter der hier genannten Regel behandelt wird.

> (b) {6.07} Schlagen außerhalb der Schlagreihenfolge
> (1) Ein Schlagmann wird nach Einspruch (Appeal) zum Aus er-

klärt, wenn er nicht an der richtigen Position in der Schlagreihenfolge schlägt und ein anderer Schlagmann stattdessen an seiner Position den Schlagdurchgang vollendet.

(2) Der richtige Schlagmann darf seine Position im Schlagraum jederzeit einnehmen, bevor der falsche Schlagmann zum Läufer oder zum Aus wird. Er führt dann die bisherige Zählung von „Balls" und „Strikes" des falschen Schlagmanns fort.

(3) Wenn der falsche Schlagmann zum Läufer oder zum Aus wird und die Defensivmannschaft einen Einspruch beim Schiedsrichter einlegt, bevor der erste Pitch zum nächsten Schlagmann irgendeiner Mannschaft oder ein Spielzug oder versuchter Spielzug erfolgt, dann (1) erklärt der Schiedsrichter den richtigen Schlagmann zum Aus; und (2) macht der Schiedsrichter jedes Vorrücken von Läufern auf den Bases rückgängig, welches durch das Vorrücken des falschen Schlagmanns zum ersten Base nach einem geschlagenen Ball oder eine andere Aktion ausgelöst wurde – wie beispielsweise durch einen Base Hit, einen Error, ein „Base on Balls", einen „Hit by Pitch" oder anderweitig.

(4) Wenn ein Läufer, während der falsche Schlagmann seinen Schlagdurchgang absolviert, durch ein Stolen Base, einen Balk, einen Wild Pitch oder Passed Ball vorrücken kann, gilt dies als regelkonformes Vorrücken.

(5) Wenn ein falscher Schlagmann zum Läufer oder zum Aus wurde und danach ein Pitch zum nächsten Schlagmann irgendeiner Mannschaft erfolgt, bevor ein Einspruch eingelegt wird, dann wird der falsche Schlagmann dadurch zum richtigen Schlagmann und die Resultate seines Schlagdurchgangs gelten als regelkonform.

(6) Wenn der richtige Schlagmann zum Aus erklärt wird, weil er nicht an der richtigen Position in der Schlagreihenfolge geschlagen hat, dann ist der nächste Schlagmann der Schlagmann, dessen Name in der Schlagreihenfolge dem Schlagmann folgt, der der richtige Schlagmann war und der gerade zum Aus erklärt wurde.

(7) Wird ein falscher Schlagmann zum richtigen Schlagmann, weil kein Einspruch vor dem nächsten Pitch eingelegt wurde, ist der nächste Schlagmann der Schlagmann, dessen Name dem des gerade zum richtigen Schlagmann gewordenen

Schlagmanns in der Schlagreihenfolge folgt. In dem Moment, in dem die Aktionen des falschen Schlagmanns als regelkonform gelten, wird die Schlagreihenfolge beim nächsten diesem Schlagmann folgenden Namen fortgesetzt.

Kommentar zu Regel 6.03 (b)(7) {6.07}: *Der Schiedsrichter darf niemanden darauf aufmerksam machen, dass ein falscher Schlagmann im Schlagraum steht. Diese Regel fordert die dauernde Aufmerksamkeit der Spieler und Manager beider Mannschaften ein.*

Zwei Grundsätze müssen beachtet werden: Wenn ein Spieler außerhalb der richtigen Schlagreihenfolge schlägt, wird der Schlagmann zum Aus erklärt, der eigentlich hätte an den Schlag gehen müssen. Erreicht ein falscher Schlagmann ein Base oder wird zum Aus und es erfolgt kein Einspruch vor dem nächsten Pitch, Spielzug oder versuchtem Spielzug, dann wird dieser falsche Schlagmann so behandelt, als wäre er der richtige Schlagmann gewesen und die Schlagreihenfolge wird nach diesem fortgesetzt.

REGELANWENDUNG: Im Folgenden werden verschiedene Situationen erläutert, die durch Nichteinhaltung der Schlagreihenfolge entstehen können. Dabei wird die folgende Schlagreihenfolge zu Beginn des ersten Spielabschnitts zugrunde gelegt:

Andreas – Bernd – Christoph – Dirk – Ernst – Frank – Gerd – Harald – Ingo.

BEISPIEL (1): Bernd schlägt. Bei einer Zählung von zwei „Balls" und einem Strike (a) entdeckt die Offensivmannschaft den Fehler, oder (b) erfolgt ein Einspruch durch die Defensivmannschaft.

ERGEBNIS: In beiden Fällen wird Bernd durch Andreas ersetzt, der mit Zählung von zwei „Balls" und einem Strike den Schlagdurchgang fortsetzt.

BEISPIEL (2): Bernd schlägt einen Zwei-Base-Hit. Die Defensivmannschaft legt einen Einspruch ein (a) sofort oder (b) nach einem Pitch zu Christoph.

ERGEBNIS: (a) Andreas wird zum Aus erklärt und Bernd muss als Nächster schlagen; (b) Bernd bleibt auf dem zweiten Base und Christoph setzt seinen Schlagdurchgang fort.

BEISPIEL (3): Andreas erhält ein „Base on Balls", ebenso Bernd. Durch Christophs Schlag wird Bernd zum Aus gespielt. Ernst schlägt anstelle von Dirk. Während Ernsts Schlagdurchgang erzielt Andreas durch einen Wild Pitch einen Punkt und Christoph erreicht dadurch das zweite Base. Ernst wird durch seinen eigenen Schlag zum Aus gespielt, aber Christoph erreicht dadurch das dritte Base. Die Defensivmannschaft legt einen Einspruch ein: (a) sofort oder (b) nach dem ersten Pitch zu Dirk.

ERGEBNIS: (a) Der Punkt von Andreas zählt, Christoph muss zum zweiten Base zurückkehren, weil er das dritte Base durch den Schlag eines falschen Schlagmanns erreicht hat. Dirk wird zum Aus erklärt und Ernst ist der nächste Schlagmann. (b) Der Punkt von Andreas zählt und Christoph bleibt auf dem dritten Base. Der Schlagmann, der nun schlagen muss, ist Frank.

BEISPIEL (4): Alle Bases sind besetzt; zwei Aus. Harald schlägt anstelle von Frank; er erzielt einen Drei-Base-Hit, durch den drei Punkte erzielt werden. Die Defensivmannschaft legt einen Einspruch ein: (a) sofort oder (b) nach dem ersten Pitch zu Gerd.

ERGEBNIS: (a) Frank wird zum Aus erklärt und kein Punkt zählt. Gerd ist der erste Schlagmann für seine Mannschaft im zweiten Spielabschnitt; (b) Harald bleibt auf dem dritten Base, alle drei Punkte zählen und Ingo ist der Schlagmann, der jetzt schlagen muss.

BEISPIEL (5): Nach Beispiel (4)(b) schlägt Gerd weiter. (a) Harald wird am dritten Base durch einen Pick Off zum Aus gespielt. Drei Aus. (b) Gerd wird durch einen aus der Luft gefangenen Flugball zum Aus gespielt. Es wird kein Einspruch eingelegt. Wer ist der erste Schlagmann im zweiten Spielabschnitt?

ERGEBNIS: (a) Ingo. Er wurde zum richtigen Schlagmann, als der erste Pitch zu Gerd den Drei-Base-Hit von Harald regelkonform werden ließ. Da Gerd seinen Schlagdurchgang nicht beendete, ist immer noch Ingo der richtige Schlagmann. (b) Harald. Wird kein Einspruch eingelegt, wird Gerds Schlagdurchgang durch den ersten Pitch zum ersten Schlagmann der anderen Mannschaft regelkonform. Gerd hat seinen Schlagdurchgang beendet; somit wird Harald zum nächsten Schlagmann.

BEISPIEL (6): Dirk erhält ein „Base on Balls" und Andreas kommt als nächster Schlagmann. Dirk war der falsche Schlagmann und wenn vor dem ersten

Pitch zu Andreas ein Einspruch eingelegt wird, wird Andreas zum Aus erklärt, Dirk muss das erste Base verlassen und Bernd ist der richtige Schlagmann.

Es wird kein Einspruch eingelegt und ein Pitch zu Andreas ausgeführt. Dadurch wurde Dirks „Base on Balls" regelkonform und Ernst wird der richtige Schlagmann. Ernst kann Andreas jederzeit ersetzen, bevor Andreas zum Läufer oder zum Aus wird. Dies geschieht jedoch nicht. Andreas wird durch einen aus der Luft gefangenen Flugball zum Aus und Bernd kommt als nächster Schlagmann.

Andreas war ein falscher Schlagmann, und wenn ein Einspruch eingelegt wird, bevor der erste Pitch zu Bernd geworfen wird, wird Ernst zum Aus und Frank wird zum richtigen Schlagmann. Es wird kein Einspruch eingelegt und es erfolgt ein Pitch zu Bernd. Das Aus von Andreas ist nun regelkonform und Bernd ist der richtige Schlagmann. Er erhält ein „Base on Balls". Christoph ist nun der richtige Schlagmann; er wird durch einen aus der Luft gefangenen Flugball zum Aus. Jetzt ist Dirk der richtige Schlagmann, der aber auf dem zweiten Base steht. Wer ist nun der richtige Schlagmann?

ERGEBNIS: Ernst ist der richtige Schlagmann. Steht der richtige Schlagmann bereits auf einem Base, wird er ausgelassen und der nächste Schlagmann wird zum richtigen Schlagmann.

6.04 {4.06} Unsportliches Verhalten

(a) Manager, Spieler, Ersatzspieler, Coaches, Trainer und Bat Boys dürfen nicht von der Mannschaftsbank, der Coaches Box, dem Spielfeld oder sonst einem Bereich –
   (1) durch Zeichen oder Sprache die Zuschauer zu irgendwelchen Aktionen veranlassen oder zu Aktionen auffordern;
   (2) eine Ausdrucksweise benutzen, die sich irgendwie auf einen Spieler der gegnerischen Mannschaft, einen Schiedsrichter oder irgendeinen Zuschauer bezieht;
   (3) „Time" rufen oder irgendein anderes Wort oder einen anderen Ausdruck benutzen oder ein Verhalten zeigen, das offensichtlich den Pitcher dazu veranlassen soll, einen „Balk" zu begehen, während der Ball spielbar ist;
   (4) den Schiedsrichter absichtlich in irgendeiner Weise berühren.
(b) {3.09} Spieler in Spielkleidung dürfen sich nicht unter die Zuschauer mischen oder sie ansprechen. Sie dürfen sich auch

nicht vor, während oder nach dem Spiel auf die Zuschauerplätze begeben. Kein Manager, Coach oder Spieler darf vor oder während des Spiels Zuschauer ansprechen. Die Spieler gegnerischer Mannschaften dürfen sich nicht, während sie Spielerkleidung tragen, verbrüdern – das heißt nicht zu kumpelhaft miteinander umgehen.

(c) Kein Feldspieler darf eine Position in der Sichtlinie des Schlagmanns einnehmen und mit unsportlicher Absicht versuchen, den Schlagmann abzulenken.

STRAFE: Die betreffende Person muss aus dem Spiel entfernt werden; wurde ein „Balk" begangen, wird dieser annulliert.

(d) {4.07} Wird ein Manager, Spieler, Coach oder Trainer vom Spiel ausgeschlossen (Platzverweis), muss er das Spielfeld sofort verlassen und darf nicht mehr am Spiel teilnehmen. Er muss sich im Vereinsheim aufhalten oder sich umziehen, um entweder die Spielstätte zu verlassen oder auf der Tribüne Platz zu nehmen. Sein Platz auf der Tribüne muss von der Mannschaftsbank und den Aufwärmbereichen seiner Mannschaft ausreichend entfernt sein.

Kommentar zu Regel 6.04 (d) {4.07}: Ein gesperrter Spieler oder Manager darf sich während des Spiels nicht im Bereich einer Mannschaftsbank oder im Pressebereich aufhalten.

(e) {4.08} Wird von Personen auf der Mannschaftsbank heftiger Unmut über Entscheidungen der Schiedsrichter geäußert, erfolgt zunächst eine Warnung durch den Schiedsrichter, verbunden mit der Aufforderung, dieses Verhalten zu unterlassen.

STRAFE: Wiederholt sich ein solches Verhalten, werden die betreffenden Personen von der Mannschaftsbank verwiesen und ins Vereinsheim geschickt. Kann der Schiedsrichter den oder die Verursacher nicht feststellen, kann er alle Ersatzspieler von der Mannschaftsbank verweisen. Der Manager hat danach aber das Recht, Ersatzspieler zum Zweck der Einwechslung auf das Spielfeld zurückzuholen.

7.00 SPIELENDE

7.01 {4.10} Reguläre Spiele (Regulation Games)

(a) Ein reguläres Spiel wird über neun Spielabschnitte (Innings) gespielt, wenn es nicht wegen Punktegleichstand verlängert wird oder es gekürzt wird –
   (1) weil die Heimmannschaft ihre Hälfte des neunten Spielabschnitts nicht oder nur zum Teil benötigt; oder
   (2) weil der Hauptschiedsrichter das Spiel abbricht.

   AUSNAHME: Verbände können für ihre Ligen bestimmen, dass einzelne oder beide Spiele eines Doppelspieltages lediglich über sieben Spielabschnitte gespielt werden. In solchen Spielen wird jede Regel, die sich auf den neunten Spielabschnitt bezieht, auf den siebten angewendet.

Kommentar für den deutschen Spielbetrieb zu 7.01 (a) {4.10 (a)}: Die Anzahl an Spielabschnitten eines Baseballspiels wird durch die Bundesspielordnung bzw. Durchführungsbestimmungen der Landesverbände in Abhängigkeit der Liga festgelegt. Dabei wird auch festgelegt, ob an einem Spieltag ein einzelnes Spiel oder zwei Spiele stattfinden. Es können auch Spiele auf fünf Spielabschnitte angesetzt werden: Dann gelten die vorstehenden Regelungen entsprechend für den fünften Spielabschnitt.

(b) Herrscht nach Ende des neunten Spielabschnitts Punktegleichstand, wird das Spiel fortgesetzt, bis
   (3) die Heimmannschaft den Siegpunkt in ihrem Schlagdurchgang eines unvollständigen Spielabschnitts erzielen kann.

Kommentar für den deutschen Spielbetrieb zu 7.01 (b) {4.10 (b)}: Ist ein Spiel auf sieben Spielabschnitte angesetzt, gelten die vorstehenden Regelungen für den siebten Spielabschnitt. Bei Spielen über fünf Spielabschnitte gilt der fünfte Spielabschnitt.

(c) Wird ein Spiel abgebrochen, dann wird es als reguläres Spiel gewertet, falls –
   (1) fünf vollständige Spielabschnitte gespielt wurden;
   (2) die Heimmannschaft nach vier Spielabschnitten oder nach vier Spielabschnitten und einem Teil ihres Schlagdurch-

gangs im fünften Spielabschnitt mehr Punkte erzielt hat als die Gastmannschaft in fünf Spielabschnitten;

(3) die Heimmannschaft in ihrem Schlagdurchgang im fünften Spielabschnitt einen oder mehrere Punkte erzielen konnte und so einen Punktegleichstand erreicht hat.

Kommentar für den deutschen Spielbetrieb zu 7.01 (c) {4.10 (c)}: In Spielen über sieben (fünf) Spielabschnitte müssen: (1) vier (drei) vollständige Spielabschnitte gespielt werden; oder (2) die Heimmannschaft muss nach drei (zwei) Spielabschnitten oder drei (zwei) Spielabschnitten und einem Teil ihres Schlagdurchgangs im vierten (dritten) Spielabschnitt mehr Punkte erzielt haben als die Gastmannschaft in vier (drei) Spielabschnitten; oder (c) die Heimmannschaft konnte in ihrem Schlagdurchgang im vierten (dritten) Spielabschnitt einen oder mehrere Punkte erzielen und so einen Punktegleichstand erreichen.

(d) Wird ein Spiel mit Punktegleichstand abgebrochen wird, welches die Voraussetzung für ein reguläres Spiel erfüllt, dann wird dieses Spiel zum aufgeschobenen Spiel (Suspended Game) – vergleiche Regel 7.02 {4.12}.

(e) Wird ein Spiel verschoben oder auf andere Weise abgebrochen, bevor es ein reguläres Spiel geworden ist, erklärt der Hauptschiedsrichter das Spiel zum „No Game" (das Spiel wird nicht gewertet) - es sei denn das Spiel wurde aufgrund von Regel 7.02 (a)(3) oder 7.02 (a)(4) {4.12 (a)(3) oder 4.12 (a)(4)} abgebrochen, was immer dazu führt, dass das Spiel zu einem aufgeschobenen Spiel (Suspended Game) wird.

(f) Ein Verband kann festlegen, ob Eintrittsgutscheine für ein reguläres oder aufgeschobenes Spiel an die Zuschauer ausgegeben werden, für den Fall, dass ein Spiel bis zu einem Punkt, der in Regel 7.01 (c) {4.10 (c)} beschrieben ist, oder darüber hinaus fortgeschritten ist.

Kommentar zu Regel 7.01 {4.10}: Die Ligen der Major League haben für sich bestimmt, dass die Regeln 7.01 (c) und 7.01 (e) {4.10 (c) und 4.10 (e)} keine Anwendung finden bei Spielen im Rahmen von Wild Cards, Division Series, League Champ-onship Series oder World Series sowie bei allen Spielen der Major-League Meisterschaft, die gespielt werden, um ei-

nen Tabellengleichstand aufzulösen.

(g) {4.11} Der Endstand eines regulären Spiels ist die Gesamtzahl aller Punkte, die jede Mannschaft bis zu dem Augenblick erzielen konnte, in dem das Spiel beendet wurde.
  (1) Das Spiel endet, wenn die Gastmannschaft ihren Schlagdurchgang im neunten Spielabschnitt beendet hat und die Heimmannschaft zu diesem Zeitpunkt in Führung liegt.
  (2) Das Spiel endet, wenn der neunte Spielabschnitt beendet wurde und die Gastmannschaft in Führung liegt.
  (3) Wenn die Heimmannschaft den Siegpunkt in ihrem Schlagdurchgang im neunten Spielabschnitt (oder eines Spielabschnitts in der Verlängerung nach einem Unentschieden) erzielt, endet das Spiel in dem Moment, in dem der Siegpunkt erzielt wird.
  AUSNAHME: Schlägt der letzte Schlagmann des Spiels einen Home Run, dann dürfen der Schlagmann und alle Läufer einen Punkt erzielen, wenn die Regeln zum Ablaufen der Bases beachtet werden. Das Spiel endet in diesem Fall, wenn der laufende Schlagmann die Home Plate berührt.
  REGELANWENDUNG: Erzielt der Schlagmann mit einen Home Run den Siegpunkt, wird aber zum Aus erklärt, weil er einen vor ihm laufenden Läufer überholt hat, endet das Spiel in dem Moment, in dem der Siegpunkt erzielt wurde – vorausgesetzt, es bestanden zuvor weniger als zwei Aus. Tritt die gleiche Situation ein, wenn zuvor schon zwei Aus bestanden, dann zählen nur die Punkte, die von Läufern erzielt wurden, die vor der Überholung die Home Plate erreicht hatten. Die Überholung ist das dritte Aus und beendet den Spielabschnitt.
  (4) Ein abgebrochenes Spiel endet in dem Moment, in dem der Schiedsrichter das Spiel abbricht – es sei denn, das Spiel wird gemäß Regel 7.02 (a) {4.12 (a)} zu einem aufgeschobenen Spiel.

Kommentar für den deutschen Spielbetrieb zu 7.01 (g) {4.11 (a) bis (c)}: Sind Spiele auf sieben (fünf) Spielabschnitte angesetzt, dann gelten die vorstehenden Regelungen ebenfalls für das letzte, also den siebten (fünften) Spielabschnitt.

In fast allen Ligen gilt zusätzlich die 10-Punkte-Regel. (a) Führt eine Mannschaft zwei oder einen Spielabschnitt vor Spielende zum Abschluss des Spielabschnittes mit 10 oder mehr Punkte, endet das Spiel vorzeitig. (b) Geht die Heimmannschaft während ihres Schlagdurchgangs in einem solchen Spielabschnitt mit 10 oder mehr Runs in Führung, endet das Spiel sofort, ohne dass es der Erzielung von drei Aus durch die Gastmannschaft bedarf. (c) Führt die Heimmannschaft bereits zu Beginn ihres Schlagdurchgangs in einem solchen Spielabschnitt (ein oder zwei Spielabschnitte vor offiziellem Spielende) mit 10 oder mehr Punkten, wird das Spiel bereits in diesem Moment beendet. Weitere Regelungen zur 15-Punkte-Regel bzw. 20-Punkte-Regel finden sich in der Bundesspielordnung.

7.02 {4.12} Aufgeschobene Spiele (Suspended Games), verschobene Spiele (Postponed Games) und Spiele mit Gleichstand (Tie Games)

(a) Spiele, die aus einem der folgenden Gründe abgebrochen werden, gelten als aufgeschobene Spiele gewertet und müssen zu einem späteren Termin fortgesetzt werden:

(1) wegen einer gesetzlicher Bestimmung oder Ausgangssperre;
(2) wegen einer vom Verband vorgesehenen und zulässigen Limitierung der Spielzeit;

Kommentar für den deutschen Spielbetrieb zu 7.02 (a)(2) {4.12 (a) (2)}: Dies ist nicht mit einer grundsätzlichen Limitierung der Spieldauer aller Spiele einer Liga zu verwechseln. Regelungen zu Spielen unter Zeitbegrenzung finden sich in der Bundesspielordnung. Für welche Ligen eine grundsätzliche Zeitbegrenzung der Spiele gilt, findet sich in den Durchführungsverordnungen der einzelnen Ligen.

(3) wegen Lichtausfalls bzw. wegen einer Fehlfunktion oder unbeabsichtigten Fehlbedienung einer mechanischen Anlage, einer Spielfeldanlage oder anderer Gerätschaften, die von der Heimmannschaft bedient werden (Zum Beispiel einfahrbare Dachkonstruktionen, Abdeckplanen und Ausrüstung zum Entfernen von Wasser);
(4) wegen Dunkelheit, wenn eine Flutlichtanlage aufgrund gesetzlicher Bestimmungen nicht benutzt werden darf;

(5) wegen Wetterbedingungen – sofern ein bereits als reguläres Spiel (Regulation Game) geltendes Spiel in einem laufenden Spielabschnitt abgebrochen wird, bevor dieser Spielabschnitt beendet ist, und die Gastmannschaft einen Punkt oder mehrere Punkte zur Übernahme der Führung erzielt hat, während die Heimmannschaft die Führung nicht wieder übernehmen konnte; oder

(6) wegen des Abbruchs eines bereits als reguläres Spiel geltenden Spieles, wenn zum Zeitpunkt des Abbruchs Punktegleichstand herrscht.

(7) Ein Verband kann folgende Regelungen für aufgeschobene Spiele für seinen Spielbetrieb übernehmen. (Werden die folgenden Regelungen übernommen, ist die Gültigkeit der Regel 7.01 (e) {4.10(e)} aufgehoben.)

(8) Das Spiel wurde noch nicht zum regulären Spiel (das heißt, es wurden bei Führung der Heimmannschaft noch nicht 4,5 Spielabschnitte, bzw. bei Gleichstand oder Führung durch die Gastmannschaft noch nicht fünf Spielabschnitte vollständig gespielt);

(9) Wird ein Spiel zum aufgeschobenen Spiel bevor es ein reguläres Spiel wurde, und wird dieses Spiel an einem geplanten Spieltag vor dem für diesen Tag bereits terminierten Spiel fortgeführt, dann wird das ursprünglich an diesem Spieltag terminierte Spiel auf sieben Spielabschnitte begrenzt. Ausnahme: siehe Regel 7.01 (a) {4.10 (a)}.

(10) Wird ein Spiel zum aufgeschobenen Spiel, nachdem es ein reguläres Spiel geworden ist, und wird dieses Spiel an einem geplanten Spieltag vor dem für diesen Tag bereits terminierten Spiel fortgeführt, dann wird das ursprünglich an diesem Spieltag geplante Spiel auf neun Spielabschnitte angesetzt.

AUSNAHME: Die optionalen Regelungen 7.02 (a)(7), 7.02 (a)(8) und 7.02 (a)(9) {4.12 (a)(7), 4.12 (a)(8) und 4.12 (a)(9)} – sofern diese von einem Verband übernommen wurden – gelten nicht für den jeweils letzten angesetzten Spieltag zwischen den zwei Mannschaften im Rahmen der regulären Spielsaison. Ein Verband hat aber die Möglichkeit, jede einzelne der Regeln 7.02 (a)(7), 7.02 (a)(8) und 7.02 (a)(9) {4.12 (a)(7), 4.12 (a)(8) und 4.12 (a)(9)} für Spiele der nachfolgenden Meisterschaftswettbewerbe zu übernehmen.

Kommentar für den deutschen Spielbetrieb zu 7.02 (a)(7) bis (9) {4.12 (a) (7) bis (9)}: Die Bundesspielordnung legt fest, ob das hier beschriebenen Verfahren anzuwenden ist.

Kein Spiel, das wegen einer gesetzlichen Bestimmung 7.02 (a)(1) {4.12 (a)(1)}, wegen Wetters 7.02 (a)(5) {4.12 (a)(5)}, wegen einer Limitierung der Spielzeit 7.02 (a)(2) {4.12 (a)(2)} oder das mit einem Punktegleichstand abgebrochen wurde 7.02 (a)(6) {4.12 (a)(6)}, darf zu einem aufgeschobenen Spiel werden, es sei denn, das Spiel ist so weit fortgeschritten ist, dass es gemäß Regel 7.01 (c) {4.10 (c)} zu einem regulären Spiel wurde. Ein Spiel, das einmal begonnen und dann aufgrund der Regel 7.02 (a)(3) oder 7.02 (a)(4) {4.12 (a)(3) oder 4.12 (a)(4)} abgebrochen wurde, wird immer zu einem aufgeschobenen Spiel.

HINWEIS: Ungeeignete Wetterbedingungen und Ähnliches, wie in den Regeln 7.02 (a)(1) bis 7.02 (a)(5) {4.12 (a)(1) bis 4.12 (a)(5)} haben Vorrang bei der Entscheidung, ob aus einem abgebrochenen Spiel ein aufgeschobenes Spiel wird. Falls ein Spiel temporär aufgrund des Wetters unterbrochen wird und danach die Flutlichtanlage ausfällt, eine gesetzliche Bestimmung oder eine zulässige Limitierung der Spielzeit wirksam wird, ist dieses Spiel kein aufgeschobenes Spiel. Wird ein Spiel wegen Ausfall der Flutlichtanlage temporär unterbrochen und danach machen Wetterbedingungen oder der Zustand des Spielfeldes eine Fortführung unmöglich, dann ist dieses Spiel kein aufgeschobenes Spiel. Ein abgebrochenes Spiel kann nur dann ein aufgeschobenes Spiel werden, wenn einer der sechs Gründe aus Abschnitt 7.02 (a) {4.12 (a)} vorliegt.

Kommentar zu Regel 7.02 (a) {4.12 (a)}: Die Ligen der Major League haben für sich bestimmt, dass die Regel 7.02 (a) {4.12 (a)} keine Anwendung findet bei Spielen im Rahmen von Wild Cards, Division Series, League Championship Series oder World Series sowie bei allen Spielen der Major-League-Meisterschaft, die gespielt werden, um einen Tabellengleichstand aufzulösen.

(b) Ein aufgeschobenes Spiel wird wie folgt fortgeführt und beendet:

(1) unmittelbar vor dem nächsten, geplanten Einzelspiel der beiden Mannschaften auf dem gleichen Spielfeld; oder

(2) unmittelbar vor dem nächsten, geplanten Doppelspiel der beiden Mannschaften auf dem gleichen Spielfeld, für den Fall, dass im Spielplan keine Einzelspiele mehr anstehen; oder

(3) wenn es am letzten Spieltag des Aufeinandertreffens beider Mannschaften in einer Stadt zu einem aufgeschobenen kommt, wird das fortzuführende Spiel in die andere Stadt übertragen und auf dem Spielfeld der anderen Mannschaft ausgetragen. Sofern möglich:

(A) Unmittelbar vor einem einzelnen Spiel am nächsten geplanten Spieltag; oder

(B) unmittelbar vor einem Doppelspiel am nächsten geplanten Spieltag, wenn im Spielplan kein Einzelspiel mehr ansteht.

(4) Konnte ein aufgeschobenes Spiel, welches aber soweit fortgeschritten war, dass es den Anforderungen eines regulären Spieles gerecht wird, nicht bis spätestens vor dem letzten, geplanten Spiel der beiden Mannschaften innerhalb der regulären Spielsaison zu Ende gespielt werden, dann wird wie folgt verfahren:

(A) Wenn eine Mannschaft in Führung liegt: Das Spiel gilt als beendet, Gewinner ist die in Führung liegende Mannschaft. Ausnahme: Wenn das Spiel in einem noch nicht vollendeten Spielabschnitt unterbrochen wurde und die Gastmannschaft in diesem Spielabschnitt einen oder mehrere Punkte und damit die Führung erzielte, während die Heimmannschaft die Führung nicht zurückgewinnen konnte, dann wird der Punktestand des letzten vollständig gespielten Spielabschnittes zur Erfüllung dieser Regel 7.02 (b)(4) {4.12(b)(4)(i)} herangezogen; oder

(B) Wenn Punktegleichstand herrscht: Das Spiel wird zum unentschiedenen Spiel (Tie Game) erklärt. Ausnahme: Wenn das Spiel in einem noch nicht vollendeten Spielabschnitt unterbrochen wurde und die Gastmannschaft in diesem Spielabschnitt einen oder mehrere Punkte und damit den Gleichstand erzielte, während die Heimmannschaft die Führung nicht zurückgewinnen konnte, dann wird der Punktestand des letzten vollständig gespielten Spielabschnittes zur Erfüllung dieser Regel 7.02 (b)(4) {4.12(b)(4)(ii)} herangezogen.

(5) Für alle verschobenen und aufgeschobenen Spiele (sofern noch nicht so weit fortgeschritten, dass es als reguläres Spiel gilt), sowie für alle Spiele mit Gleichstand gilt: Wenn ein solches Spiel nicht neu angesetzt und vollständig regelkonform beendet wurde, bevor die beiden Mannschaften in der regulären Spielsaison das letzte Mal aufeinander treffen, dann muss dieses Spiel dennoch ausgetragen werden (bzw. fortgesetzt werden im Fall eines aufgeschobenen Spieles oder eines Spieles mit Gleichstand) sofern der Ligapräsident entscheidet, dass der Ausfall des Spieles Einfluss auf die Qualifikation für die kommenden Meisterschaftswettbewerbe haben könnte und/oder Einfluss auf den Vorteil eines Heimrechts für irgendein Spiel im Rahmen der Wild Cards oder Division Series haben könnte.

Kommentar zu Regel 7.02 (b) {4.12 (b)}: Die Ligen der Major League haben für sich bestimmt, dass die Regel 7.02 (b) {4.12 (b)} keine Anwendung findet bei Spielen im Rahmen von Wild Cards, Division Series, League Championship Series oder World Series sowie bei allen Spielen der Major-League-Meisterschaft, die gespielt werden, um einen Tabellengleichstand aufzulösen.

Die Minor Leagues haben für sich bestimmt, dass Spiele gemäß Regel 7.02 (b)(5) nicht neu angesetzt und bis zum regulären Spielende gespielt werden müssen, um damit über eine Teilnahme am kommenden Meisterschaftswettbewerb oder über den Vorteil eines Heimrechts im kommenden Meisterschaftswettbewerb zu bestimmen.

Weiterhin haben die Minor Leagues für sich bestimmt, dass für den Fall, dass ein aufgeschobenes Spiel fortgeführt werden muss aber auf dem Spielplan kein Einzelspiel mehr geplant ist (sondern nur Doppelspieltage), trotzdem nur ein einzelnes Spiel nach Beendigung des aufgeschobenen Spieles gespielt werden darf.

Kommentar für den deutschen Spielbetrieb zu 7.02 (b) {4.12 (b)}: Die Bundesspielordnung legt fest, wie mit der Fortführung von aufgeschobenen Spielen zu verfahren ist.

(c) Ein aufgeschobenes Spiel wird genau an dem Punkt wieder aufgenommen, an dem das Spiel seinerzeit abgebrochen wurde; es wird also das ursprüngliche Spiel fortgesetzt. Die Mannschaftsaufstellung und die Schlagreihenfolge müssen mit der Aufstellung und Schlagreihenfolge zum Zeitpunkt der Unterbrechung identisch sein. Auswechslungen, die den Spielregeln entsprechen, dürfen vorgenommen werden. Jeder Spieler darf durch einen anderen Spieler ersetzt werden, der vor dem Aufschub noch nicht am Spielgeschehen teilgenommen hat. Kein Spieler, der vor dem Aufschub bereits ausgewechselt wurde, darf wieder eingewechselt werden.

Ein Spieler, der noch nicht Mitglied der Mannschaft war, als das Spiel aufgeschoben wurde, darf im Spiel eingesetzt werden, selbst wenn er einen Spieler ersetzt, der vor dem Aufschub bereits ausgewechselt wurde und mittlerweile die Mannschaft verlassen hat.

Kommentar zu Regel 7.02 (c) {4.12 (c)}: Wurde unmittelbar vor dem Spielaufschub ein neuer Pitcher eingewechselt, der jedoch noch nicht so lange eingesetzt war, bis das dritte Aus erzielt wurde oder der Schlagmann zum Läufer wurde, darf dieser Pitcher für seine Mannschaft am Anfang der Fortsetzung des Spiels weiter als Pitcher eingesetzt werden; er muss dies jedoch nicht. Wenn er nicht als Pitcher eingesetzt wird, wird er jedoch als ausgewechselt angesehen und darf im weiteren Verlauf des Spiels nicht mehr eingesetzt werden.

7.03 Aberkannte Spiele (Forfeited Games)
(a) {4.15} Ein Spiel kann abgebrochen und der Sieg der gegnerischen Mannschaft zugesprochen werden (Forfeit), wenn eine Mannschaft –
(1) nicht fünf Minuten nach dem angesetzten Spielbeginn auf dem Spielfeld erscheint, oder wenn sie auf dem Feld ist, sich aber weigert, mit dem Spiel innerhalb von fünf Minuten zu beginnen, nachdem der Hauptschiedsrichter „Play" gerufen hat – es sei denn, der Hauptschiedsrichter sieht die Verzögerung als unvermeidbar an;
(2) eine Spieltaktik anwendet, die offensichtlich darauf abzielt, das Spiel zu verzögern oder zu verkürzen;

(3) sich weigert, weiterzuspielen, es sei denn, der Hauptschiedsrichter hat das Spiel unterbrochen oder abgebrochen;
(4) das Spiel nicht innerhalb von einer Minute nach einer Unterbrechung wieder aufnimmt, nachdem der Hauptschiedsrichter „Play" gerufen hat;
(5) trotz einer Warnung durch den Schiedsrichter anhaltend und absichtlich die Spielregeln verletzt;
(6) nicht innerhalb einer angemessenen Zeit der Aufforderung des Schiedsrichters nachkommt, einen ihrer Spieler vom Spielfeld zu entfernen;
(7) nicht spätestens 20 Minuten nach dem Ende des ersten Spiels eines Doppelspiels auf dem Spielfeld erscheint, um das zweite Spiel zu beginnen; es sei denn, der Hauptschiedsrichter des ersten Spiels hat die Pause zwischen den Spielen verlängert.

Kommentar für den deutschen Spielbetrieb zu 7.03 (a) {4.15}: Die Bundesspielordnung legt abweichend fest, wann eine Mannschaft als verspätet gilt und wie in solchen Fällen zu verfahren ist.

(b) {4.17} Eine Aberkennung wird ausgesprochen und das Spielergebnis der gegnerischen Mannschaft zugesprochen, wenn eine Mannschaft nicht in der Lage ist oder sich weigert, neun Spieler auf dem Spielfeld aufzustellen.

Kommentar für den deutschen Spielbetrieb zu 7.03 (b) {4.17}: Die Bundesspielordnung bzw. die Durchführungsverordnungen der Landesverbände legen fest, ob in bestimmten Ligen ein Spiel auch mit weniger als neun Spielern fortgesetzt werden kann und unter welchen Modalitäten eine solche Fortführung dann erfolgen muss.

(c) {4.16} Eine Aberkennung wird ausgesprochen und das Spiel zugunsten der Gastmannschaft gewertet, wenn die Platzwarte während einer Spielunterbrechung der Aufforderung des Schiedsrichters absichtlich oder eigenwillig nicht nachkommen, das Spielfeld für die Spielfortsetzung instand zu setzen.

(d) {4.18} Spricht der Hauptschiedsrichter eine Aberkennung aus, muss er dem entsprechenden Verband innerhalb von 24 Stunden einen schriftlichen Bericht zukommen lassen. Ein Versäumnis dieser Frist hat jedoch keinen Einfluss auf die ausgesprochene Aberkennung.

7.04 {4.19} Proteste

Jeder Verband muss Regelungen treffen, wie im Falle eines Spiels unter Protest zu verfahren ist, wenn ein Manager behauptet, dass die Entscheidung eines Schiedsrichters den Spielregeln widerspricht. Es sind jedoch niemals Proteste gegen Ermessensentscheidungen von Schiedsrichtern möglich. Für alle Spiele unter Protest gilt, dass die Entscheidung des Verbandes endgültig ist.

Selbst wenn der Verband im Zuge des Protestverfahrens feststellt, dass eine Entscheidung eine Spielregel verletzt, wird das Spiel dennoch nur dann wiederholt, wenn die falsche Entscheidung – nach Meinung des Verbandes – die Siegchancen der protestierenden Mannschaft nachteilig beeinflusst hat.

Kommentar zu Regel 7.04 {4.19}: Immer wenn ein Manager gegen eine vermeintlich falsche Regelanwendung Protest einlegt, wird dieser Protest nur anerkannt, wenn die Schiedsrichter unmittelbar nach der fraglichen Entscheidung darüber informiert werden – und zwar vor dem nächsten Pitch, Spielzug oder versuchten Spielzug. Ein Protest, der gegen einen Spielzug eingelegt wird, der das Spiel beendet, kann bis spätestens 12 Uhr des folgenden Tages beim Verband eingereicht werden.

Kommentar für den deutschen Spielbetrieb zu 7.04 {4.19}: Die Bundesspielordnung legt fest, wie im Falle von Protesten in einer Liga zu verfahren ist. In den Landesverbänden können abweichende Regelungen existieren.

8.00 SCHIEDSRICHTER

8.01 **{9.01} Qualifikationen und Befugnisse von Schiedsrichtern**

(a) Für jedes Spiel werden von der zuständigen Stelle ein oder mehrere Schiedsrichter ernannt, um das Spiel zu leiten. Diese Schiedsrichter sind für den ordnungsgemäßen Ablauf des Spiels in Übereinstimmung mit diesen Spielregeln und für die Einhaltung der Disziplin und Ordnung auf dem Spielfeld verantwortlich.

(b) Jeder Schiedsrichter ist Vertreter seines Verbandes. Er ist dazu berechtigt und verpflichtet, diese Regeln durchzusetzen. Jeder Schiedsrichter ist berechtigt, einem Spieler, Coach, Manager, Vereinsoffiziellen oder -angestellten anzuweisen, etwas zu tun oder zu unterlassen, damit diese Regeln angewendet und die vorgesehenen Strafen durchgesetzt werden können.

(c) Jeder Schiedsrichter ist berechtigt, in Fällen, die von den Regeln nicht berücksichtigt sind, eigene Regelungen zu treffen.

(d) Jeder Schiedsrichter hat das Recht, jeden Spieler, Coach, Manager oder Auswechselspieler vom Spiel auszuschließen und vom Spielfeld zu verweisen (Platzverweis), wenn er Entscheidungen des Schiedsrichters nicht akzeptiert, wenn er sich unsportlich verhält oder sich einer unbotmäßigen Sprache bedient. Verweist ein Schiedsrichter einen Spieler vom Feld, während ein Spielzug läuft, tritt der Platzverweis erst nach Abschluss der Spielzüge in Kraft.

(e) Jeder Schiedsrichter ist berechtigt, nach eigenem Ermessen jede Person des Feldes zu verweisen, die (1) im Rahmen ihrer Tätigkeit auf dem Spielfeld anwesend sein darf. Hierzu gehören Platzwarte, Platzanweiser, Fotografen, Reporter usw., und diejenigen, die (2) nicht auf dem Spielfeld sein dürfen, wie Zuschauer und andere Personen.

8.02 **{9.02} Appeal: Einspruch bei Schiedsrichterentscheidung**

(a) Jegliche Schiedsrichterentscheidung, die ein Ermessen des Schiedsrichters beinhaltet, wie beispielsweise (aber nicht ausschließlich), ob ein geschlagener Ball ein Fair Ball oder ein

Foul Ball ist; ob ein Pitch als „Strike" oder „Ball" gewertet wird; ob ein Läufer sicher (Safe) oder aus (Out) ist, ist endgültig. Kein Spieler, Coach oder Manager oder Ersatzspieler darf solchen Ermessensentscheidungen widersprechen.

Kommentar zu Regel 8.02 (a){ 9.02 (a)}: Spieler dürfen ihre Position im Feld oder auf einem Base, Manager und Coaches die Mannschaftsbank oder die Coaches Box nicht verlassen, um über „Strike"- und „Ball"-Entscheidungen zu debattieren. Falls sie sich auf den Weg zur Home Plate machen, um mit dem Schiedsrichter zu debattieren, werden sie gewarnt. Ignorieren sie die Warnung, sind sie mit einem Platzverweis zu belegen.

(b) Wenn ein begründeter Zweifel besteht, dass eine Schiedsrichterentscheidung nicht mit den Regeln übereinstimmt, kann der Manager Einspruch einlegen und verlangen, dass die Regel korrekt interpretiert und angewendet wird. Ein solcher Einspruch darf nur bei dem Schiedsrichter eingelegt werden, der die umstrittene Entscheidung getroffen hat.

(c) Wird eine Schiedsrichterentscheidung mit einem Einspruch infrage gestellt, darf der Schiedsrichter, der die Entscheidung getroffen hat, einen anderen Schiedsrichter zurate ziehen, bevor er eine endgültige Entscheidung fällt. Kein Schiedsrichter darf die Entscheidung eines anderen Schiedsrichters kritisieren, er darf sich nicht ungefragt einmischen und darf nicht eigenmächtig die Entscheidung eines anderen Schiedsrichters außer Kraft setzen – es sei denn, der betroffene Schiedsrichter bittet darum. Findet eine Besprechung der Schiedsrichter nach einer Entscheidung statt, in deren Folge eine Entscheidung geändert wird, haben die Schiedsrichter sämtliche Befugnisse, alle Maßnahmen zu veranlassen, die ihrer Meinung nach dazu geeignet sind, Ergebnisse und Folgen ihrer zuvor getroffenen Entscheidung aufzuheben: Dies umfasst die Platzierung von Läufern auf Bases, auf denen diese nach dem Spielzug stehen würden, wenn die finale Entscheidung die erste Entscheidung gewesen wäre – ohne Beachtung von eventuell im Spielzug eingetretenen Situationen von Behinderung (Interference) oder Blockierung (Obstruction), versäumten Tag-up-Erfordernissen bei der ursprünglichen Entscheidung, sich überholenden Läufern, ausgelassenen Bases etc. Dies liegt sämtlich in der Ermessensfreiheit der Schiedsrichter. Kein Spieler, Manager oder Coach darf die Anwendung dieser Ermessensfreiheit zum Gegenstand einer Diskussion machen, und jeder, der dies dennoch tut, wird mit einem Platzverweis belegt.

Kommentar zu Regel 8.02 (c) {9.02 (c)}: Ein Manager darf die Schiedsrichter nach einer Erklärung zu den Spielzügen bitten und danach fragen, wie die Schiedsrichter ihre Ermessensfreiheit bei der Abänderung der ursprünglichen Entscheidung angewendet haben. Nachdem dann die Schiedsrichter das Ergebnis erklärt haben, darf niemand eine Diskussion darüber beginnen, dass die Schiedsrichter ihre Ermessensfreiheit anders hätten ausüben sollen.

Ein Manager oder ein Catcher darf den Schiedsrichter an der Home Plate auffordern, einen Feldschiedsrichter zu fragen, ob ein Schlagmann den Schläger durchgeschwungen hat oder ob er den Schwung rechtzeitig abbremsen konnte.

Dies gilt nur, wenn der Schiedsrichter an der Home Plate auf „Ball" entschieden hat, nicht aber, wenn er auf „Strike" entschieden hat. Der Manager darf sich nicht beschweren, dass der Schiedsrichter den Pitch falsch beurteilt hat, sondern nur darüber, dass er seinen Kollegen nicht um Rat gefragt hat. Feldschiedsrichter müssen stets darauf gefasst sein, vom Schiedsrichter an der Home Plate gefragt zu werden und müssen dann schnell reagieren. Manager dürfen dieses Recht nach bei einem abgebrochenen Schwung nicht missbrauchen, um Kritik an der Bewertung des Pitchs zu üben.

Solche Einsprüche (Appeals) bei abgebrochenen Schwüngen können nur erfolgen, wenn der Schiedsrichter an der Home Plate auf „Ball" entschieden hat. Der Schiedsrichter an der Home Plate muss dann einen Feldschiedsrichter nach dessen Beurteilung des Schwungs fragen. Sollte der Feldschiedsrichter den Schwung als zu spät abgebrochen beurteilen und also auf Strike entscheiden, ist diese Entscheidung endgültig. Einsprüche bei abgebrochenen Schwüngen müssen vor dem nächsten Pitch und vor jedem weiteren Spielzug oder versuchtem Spielzug erfolgen. Kommt es zu einem abgebrochenen Schwung während eines Spielzuges, welcher die Hälfte eines Spielabschnitts beendet, dann muss der Einspruch erfolgen, bevor alle Innenfeldspieler das Fair Territory verlassen haben.

Läufer müssen sich darüber im Klaren sein, dass ein Feldschiedsrichter die Möglichkeit hat, nach Aufforderung, einen „Ball" in einen „Strike" umzuwandeln. Wenn eine Entscheidung von „Ball" in einen „Strike" umgewandelt wird, kann sich ein Läufer plötzlich in der Gefahr befinden, durch einen Wurf des Catchers zu einem Base zum Aus gespielt zu werden.

Bei einem Einspruch wegen eines abgebrochenen Schwungs ist das Spiel nicht unterbrochen und der Ball ist spielbar.

Wenn ein Manager beginnt, mit einem Feldschiedsrichter über dessen Entscheidung zu einem abgebrochenen Schwung zu diskutieren, ist er zu verwarnen. Setzt er die Diskussion trotzdem fort, kann er vom Platz gestellt werden, weil er nun über eine „Strike"- oder „Ball"-Entscheidung debattiert.

(d) Kein Schiedsrichter darf während eines Spiels ausgetauscht werden, es sei denn, er ist verletzt oder erkrankt.
{9.03 (a)} Wenn nur ein Schiedsrichter das Spiel leitet, hat er die vollständige Entscheidungsgewalt bei der Anwendung der Regeln. Er kann jede erdenkliche Position auf dem Spielfeld einnehmen, die ihm die beste Voraussetzung zur optimalen Erfüllung seiner Aufgaben bietet (normalerweise hinter dem Catcher; mit Läufern auf den Bases kann diese Position auch hinter dem Pitcher sein). Er ist dann der Hauptschiedsrichter.

(e) {9.03 (b)} Sind zwei oder mehr Schiedsrichter im Einsatz, wird einer zum Hauptschiedsrichter und die anderen zu Feldschiedsrichtern bestimmt.

8.03 {9.04} Positionen der Schiedsrichter

(a) Der Hauptschiedsrichter steht hinter dem Catcher. Normalerweise wird er „Plate Umpire" (Schiedsrichter an der Home Plate) genannt. Seine Aufgaben sind wie folgt definiert:
(1) Er übernimmt die Gesamtverantwortung für eine ordnungsgemäße Durchführung des Spiels.
(2) Er entscheidet über „Balls" und „Strikes" und zählt diese.
(3) Er entscheidet, ob ein geschlagener Ball ein Fair Ball oder Foul Ball ist, und gibt dies bekannt, außer in den Fällen, in denen gemeinhin ein Feldschiedsrichter entscheidet.
(4) Er trifft alle Entscheidungen, die den Schlagmann betreffen.

(5) Er trifft alle Entscheidungen, bis auf jene, die gemeinhin den Feldschiedsrichtern vorbehalten sind.

(6) Er entscheidet, wann ein Spiel zugunsten einer der Mannschaften abgebrochen wird (Forfeit).

(7) Wird mit einer Zeitbegrenzung gespielt, muss er dies vor dem Spiel bekannt geben und die Spieldauer verkünden.

(8) Er informiert den offiziellen Scorer über die offizielle Schlagreihenfolge und informiert auf Nachfrage über Änderungen an der Schlagreihenfolge oder Aufstellung.

(9) Er verkündet spezielle Sonderregelungen eines Spielfeldes (Ground Rules), die nach seinem Ermessen erforderlich sind.

(b) Ein Feldschiedsrichter kann auf dem Feld jede Position einnehmen, die er für die beste hält, um zu erwartende Entscheidungen an den Bases zu treffen. Sein Aufgabenbereich definiert sich wie folgt:

(1) Er trifft alle Entscheidungen an den Bases, bis auf die, die ausdrücklich dem Hauptschiedsrichter vorbehalten sind.

(2) Er übernimmt die gleiche Entscheidungsbefugnis wie der Hauptschiedsrichter bei Spielunterbrechungen („Time"), Regelverstößen des Pitchers („Balk"), verbotenen Pitches („Illegal Pitches"), und regelwidrigen Manipulationen des Balls durch irgendeinen Spieler.

(3) Er hilft dem Hauptschiedsrichter in jeder erdenklichen Art und Weise bei der Durchsetzung der Regeln. Bis auf das Recht, ein Spiel zugunsten einer Mannschaft abzubrechen, hat er die gleichen Befugnisse wie der Hauptschiedsrichter bei der Anwendung und Durchsetzung der Regeln und bei der Aufrechterhaltung der Disziplin auf dem Spielfeld.

(c) Wenn Schiedsrichter unterschiedliche Entscheidungen über einen Spielzug getroffen haben, muss der Hauptschiedsrichter alle Schiedsrichter zu einem beratenden Gespräch zusammenrufen. Manager und Spieler nehmen an diesem Gespräch nicht teil. Nach dieser Beratung entscheidet der Hauptschiedsrichter (es sei denn, der Verband hat mit dieser speziellen Aufgabe einen anderen Schiedsrichter beauftragt), welche Entscheidung gültig ist. Dabei hat er zu berücksichtigen, welcher Schiedsrichter in der besten Position war und wessen Entscheidung wahrscheinlich die richtige war. Das Spiel wird danach fortgesetzt, als ob nur die abschließende Entscheidung gefällt worden wäre.

8.04 {9.05} Berichte

(a) Der Schiedsrichter informiert den Verband innerhalb von 12 Stunden nach Spielende über alle Regelverletzungen und alle außerordentlichen Vorfälle, die eines Kommentars bedürfen. Dazu zählen auch Platzverweise von Managern, Trainern, Coaches und Spielern unter Angabe der Gründe.

(b) Wenn ein Trainer, Manager, Coach oder Spieler wegen einer schwerwiegenden Übertretung, wie beispielsweise dem Gebrauch einer ungebührlichen oder obszönen Sprache oder einem tätlichen Angriff auf einen Schiedsrichter, Trainer, Manager, Coach oder Spieler, vom Spiel disqualifiziert wird, muss der Schiedsrichter dem Verband innerhalb von vier Stunden nach Beendigung des Spiels in allen Einzelheiten über diesen Vorfall unterrichten.

(c) Nachdem der Verband den Bericht des Schiedsrichters bezüglich einer Disqualifikation eines Trainers, Managers, Coaches oder Spielers erhalten hat, verhängt der Verband die Strafen, die er für angebracht hält. Er benachrichtigt die bestrafte Person sowie deren Manager. Beinhaltet die Strafe das Zahlen einer Geldsumme, ist die festgesetzte Summe binnen fünf Tagen nach Erhalt der Zahlungsaufforderung an den Verband zu zahlen. Wird die Zahlung nicht innerhalb von fünf Tagen geleistet, ist die betreffende Person nicht berechtigt, an Spielen teilzunehmen oder auf der Mannschaftsbank zu sitzen, bis die Zahlung erfolgt ist.

Kommentar für den deutschen Spielbetrieb zu 8.04 {9.05}: Die hier beschriebenen Fristen, Sanktionen und zuständigen Stellen werden durch Regelungen der Bundesspielordnung konkretisiert, ergänzt oder ersetzt.

ALLGEMEINE ANWEISUNGEN FÜR SCHIEDSRICHTER

Schiedsrichter auf dem Feld sollten davon absehen, sich mit Spielern oder Coaches zu unterhalten. Schiedsrichter sollten der Coaches Box fernbleiben und nicht mit dem Base Coach Unterhaltungen führen.

Achten Sie auf eine ordentliche Bekleidung. Seien Sie auf dem Spielfeld stets aktiv und aufmerksam.

Seien Sie gegenüber Vereinsoffiziellen höflich. Vermeiden Sie den Besuch von Vereinsräumen sowie eine unbedachte Vertrautheit zu Vereinsmitgliedern und Vereinsvertretern.

Wenn Sie an der Spielstätte ankommen, besteht Ihre einzige Aufgabe darin, als Schiedsrichter und Repräsentant des Baseballsports ein Baseballspiel zu leiten.

Kritik darf einen Schiedsrichter in schwierigen Situationen nicht davon abhalten, in Ruhe die Regeln zurate zu ziehen, um einen Protest zu vermeiden. Haben Sie das Regelbuch dabei. Es ist besser, bei einem kniffligen Problem in den Regeln nachzulesen und das Spiel 10 Minuten lang zu unterbrechen, als einen Protest zu verlieren und das ganze Spiel eventuell wiederholen zu müssen.

Halten Sie das Spiel am Laufen. Ein Baseballspiel wird oft dadurch unterstützt, dass die Schiedsrichter tatkräftig und aufrichtig ihren Aufgaben nachgehen.

Als Schiedsrichter sind Sie der einzige offizielle Repräsentant des Baseballsports auf dem Spielfeld. Das ist oft anspruchsvoll und erfordert viel Geduld und ein gutes Urteilsvermögen. Vergessen Sie nicht, dass Selbstbeherrschung und Selbstkontrolle die wichtigsten Eigenschaften sind, um in schwierigen Momenten den Überblick zu behalten.

Sie werden ohne Zweifel Fehler machen. Versuchen Sie aber niemals, ausgleichende Gerechtigkeit walten zu lassen, indem Sie eine falsche Entscheidung durch eine weitere falsche Entscheidung versuchen auszugleichen.

Treffen Sie alle Entscheidungen so, wie Sie diese gerade sehen und vergessen Sie, welche die Heimmannschaft und wer die Gastmannschaft ist.

Behalten Sie permanent den Ball im Blick, während der Ball spielbar ist. Es ist wichtiger, zu sehen, wo ein Flugball gelandet ist oder wo ein geworfener Ball letztendlich hinfliegt, als zu erkennen, ob ein Läufer ein Base berührt hat. Treffen Sie Ihre Entscheidungen nicht zu schnell. Drehen Sie sich nicht zu schnell weg, wenn ein Feldspieler versucht, ein Double Play zu spielen. Achten Sie darauf, ob ein Ball noch fallen gelassen wird, nachdem Sie einen Läufer zum Aus erklärt haben.

Geben Sie keine Out- und Safe-Zeichen beim Laufen. Beobachten Sie einen Spielzug bis zu dessen Abschluss, bevor Sie mit den Armen eine Entscheidung signalisieren.

Jedes Schiedsrichtergespann sollte eine Reihe von einfachen Signalen vereinbaren, mit denen der zuständige Schiedsrichter eine offensichtlich falsche Entscheidung korrigieren kann, wenn er überzeugt ist, einen Fehler gemacht zu haben.

Wenn Sie sich sicher sind, die richtige Entscheidung getroffen zu haben, lassen Sie sich nicht durch den massiven Protest von Spielern dazu verleiten, einen Kollegen um eine zweite Meinung zu bitten. Sollten Sie sich jedoch nicht sicher sein, sollten Sie einen Kollegen fragen. Treiben Sie dieses Verfahren aber nicht zu weit. Arbeiten Sie daran, Ihre eigenen Entscheidungen ständig zu verbessern. Aber vergessen Sie niemals, dass die Korrektheit der Entscheidung das oberste Ziel ist. Im Zweifel fragen Sie einen Kollegen. Die Würde eines Schiedsrichters ist wichtig, aber niemals so wichtig wie die Korrektheit einer Entscheidung.

Die wichtigste Regel für Schiedsrichter ist immer: Begib dich in eine Position, von der aus du jeden Spielzug sehen kannst. Selbst wenn Ihre Entscheidung zu 100 % richtig ist, werden Spieler die Entscheidung immer noch infrage stellen, wenn der Eindruck entsteht, dass Ihre Position nicht geeignet war, um den Spielzug klar und deutlich zu sehen.

Zu guter Letzt: Seien Sie höflich, unparteiisch und standhaft – damit verdienen Sie sich den Respekt von allen Beteiligten.

DIE REGELN FÜR DIE ANFERTIGUNG DES SPIELBERICHTS

Aberkanntes Spiel: 9.03 (e)
Abgebrochenes Spiel: 9.03 (e)
Anfechtung einer Scoringentscheidung: 9.01 (a)
Assists: 9.10
Aufgeschobenes Spiel: 9.01 (b) (3), 9.23 (d)
Base Hits: 9.05, 9.06
Bases on Balls: 9.14
Bewertung von Base Hits: 9.06
Box Scores: 9.02, 9.03 (b)
Box Scores, Prüfung der Richtigkeit: 9.03 (c)
Caught Stealing: 9.07 (h)
Defensive Indifference: 9.07 (g)
Double Plays: 9.11
Durchschnittswerte, Bestimmung: 9.21
Earned Runs: 9.16
Einwechselungen: 9.03 (b)
Errors: 9.12
Fielder's Choice:
    Begriffsdefinitionen, 9.12 (f)(2)
Ligapräsident: Begriffsdefinitionen
Normale Anstrengung:
    Begriffsdefinitionen
Offizieller Scorer: 9.01
Passed Balls: 9.13
Proteste: 9.01 (b)(3)
Putouts: 9.09
Richtlinien für Rekordserien: 9.23
Runs Batted In: 9.04
Sacrifices: 9.08
Saves für Einwechselpitcher: 9.19
Schlagen außerhalb der Schlagreihenfolge: 9.01 (b) (4), 9.03 (d)
Serien, Bestimmung: 9.23
Shutouts: 9.18
Spielbeendende Hits: 9.06 (f), 9.06 (g)
Spielbericht: 9.02, 9.03

Spielerauszeichnungen, Vergabe: 9.22
Statistiken: 9.20
Stolen Bases: 9.07
Strikeouts: 9.15
Triple Plays: 9.11
Überrutschen: Begriffsdefinitionen
Wild Pitches: 9.13
Winning und Losing Pitcher: 9.17
Zugelassene Runs: 9.16

9.00 DER OFFIZIELLE SCORER (OFFICIAL SCORER)

9.01 Offizieller Scorer (allgemeine Regeln)

(a) Der Verband (Ligapräsident) muss für jedes Spiel der regulären Saison, jedes Postseason-Spiel und All-Star-Spiel einen Offiziellen Scorer ernennen. Der Offizielle Scorer muss das Spiel von einem Platz auf der Pressetribüne verfolgen. Der Offizielle Scorer hat die alleinige Befugnis, alle Ermessungsentscheidungen zu treffen, die durch die Anwendung der Regel 9 {10} notwendig werden, so z. B. ob ein Schlagmann das erste Base durch einen Hit oder einen Error erreicht. Der Offizielle Scorer muss seine Entscheidungen durch Handsignale oder über das Lautsprechersystem der Pressetribüne an die Pressevertreter übermitteln und auf Anfrage den Stadionsprecher über seine Entscheidungen informieren. Vereinsvertretern und Spielern ist es untersagt, mit dem Offiziellen Scorer in Bezug auf solche Entscheidungen zu kommunizieren.

Der Offizielle Scorer muss alle Entscheidungen, die Ermessenssache sind, innerhalb von 24 Stunden, nachdem das Spiel beendet oder aufgeschoben wurde, treffen.

Ein Spieler oder Verein kann beantragen, dass der Verband (Ligapräsident) eine Ermessensentscheidung überprüft, die ein Offizieller Scorer in einem Spiel getroffen hat, an dem der betreffende Spieler oder Verein beteiligt war, indem der Verband (Ligapräsident) schriftlich oder durch genehmigte elektronische Verfahren informiert wird und zwar innerhalb von 72 Stunden, nachdem das Spiel beendet oder aufgeschoben wurde oder innerhalb von 72 Stunden, nachdem der Offizielle Scorer seine Entscheidung getroffen hat, sofern der Offizielle Scorer seine Entscheidung innerhalb von 24 Stunden, nachdem das Spiel beendet oder aufgeschoben wurde, geändert hat, gemäß Regel 9.01 (a) {10.01 (a)}. Der Verband (Ligapräsident) muss auf alle relevanten und verfügbaren Videomitschnitte zugreifen können. Nachdem er die Beweise berücksichtigt hat, die er berücksichtigen möchte, kann er die Änderung einer Ermessenentscheidung anordnen, wenn er der Meinung ist, dass die Entscheidung des Offiziellen Scorers eindeutig fehlerhaft war.

Danach darf keine Ermessensentscheidung mehr geändert werden. Sollte der Verband (Ligapräsident) feststellen, dass ein Spieler oder Verein das Einspruchsverfahren missbraucht, indem wiederholt unseriöse Einsprüche oder Einsprüche mit Täuschungsabsicht erhoben werden, kann er – nach Aussprache einer Verwarnung – angemessene Sanktionen gegen den Spieler oder Verein verhängen.

Nach jedem Spiel, einschließlich aberkannten (Forfeited Game) und abgebrochenen Spielen (Called Game), muss der Offizielle Scorer unter Verwendung des vom Verband (Ligapräsidenten) vorgeschriebenen Formulars einen Spielbericht erstellen, der das Datum des Spiels enthält, den Spielort, die Namen der beteiligten Vereine und der Schiedsrichter, den kompletten Spielverlauf und alle Statistiken der einzelnen Spieler, zusammengestellt gemäß des in dieser Regel 9 {10} vorgeschriebenen Systems.

Nachdem das Spiel beendet ist, muss der Offizielle Scorer den Spielbericht so schnell wie möglich dem Verband (Ligapräsidenten) zukommen lassen. Bei einem aufgeschobenen Spiel (Suspended Game) muss der Offizielle Scorer den Spielbericht so schnell wie möglich weiterleiten, sobald das Spiel beendet wurde oder sobald es abgebrochen wurde, falls es nicht zu Ende gespielt werden konnte, gemäß Regel 7.02 {4.12 (b) (4)}.

Kommentar zu Regel 9.01 (a) {10.01 (a)}: Falls dies von der Liga gefordert wird, muss der Offizielle Scorer den Spielbericht statt an den Verband (Ligapräsidenten) an die Statistikstelle weiterleiten. Im Falle von Unstimmigkeiten bezüglich der Statistiken, die von der Statistikstelle geführt werden und bei den Entscheidungen eines Offiziellen Scorers, ist der Bericht des Scorers maßgeblich. Statistikstellen und Offizielle Scorer sollten gemeinsam beraten, um eventuelle Unstimmigkeiten auszuräumen.

(b) (1) Der Offizielle Scorer darf niemals eine Entscheidung treffen, die im Widerspruch mit der Regel 9 {10} oder irgendeiner anderen Regel des Regelbuchs steht. Der Offizielle Scorer muss sich strengstens an die Scoringregeln halten, die in dieser Regel 9 {10} definiert sind. Der Offizielle Scorer darf keine Entscheidung treffen, die im Widerspruch zu einer Entscheidung der Schiedsrichter steht.

Der Offizielle Scorer hat die Befugnis, über Spielsituationen zu entscheiden, die nicht eigens in diesen Regeln erfasst sind. Der Verband (Ligapräsident) muss jede Entscheidung eines Offiziellen Scorers ändern lassen, die im Widerspruch zu den Scoringregeln in diesem Kapitel 9 {10} steht und muss alle notwendigen Abhilfemaßnahmen treffen, um Statistiken zu korrigieren, die aufgrund einer fehlerhaften Scorerentscheidung der Korrektur bedürfen.

(2) Wechseln die Mannschaften Offensive und Defensive, bevor drei Spieler aus gemacht wurden, muss der Offizielle Scorer sofort den Hauptschiedsrichter über den Fehler informieren.

(3) Wird gegen ein Spiel Protest eingelegt oder wird es aufgeschoben (Suspended Game), muss der Offizielle Scorer die exakte Spielsituation zum Zeitpunkt des Protestes oder des Aufschubs festhalten, einschließlich des Spielstandes, der Anzahl der Aus, der Position der Läufer, der Zahl der Balls und Strikes des Schlagmanns, der Aufstellungen beider Mannschaften und der Spieler beider Mannschaften, die das Spiel bereits verlassen haben.

Kommentar zu Regel 9.01 (b) (3) {10.01 (b) (3)}: Es ist wichtig, dass ein aufgeschobenes Spiel in genau der gleichen Situation fortgesetzt wird, die zum Zeitpunkt des Aufschubs bestand. Wenn angeordnet wird, dass ein Spiel, gegen das Protest eingelegt wurde, vom Zeitpunkt des Protestes an fortgesetzt wird, muss es in der gleichen Situation fortgesetzt werden, die unmittelbar vor dem Protest bestand.

(4) Der Offizielle Scorer darf weder irgendeinen Schiedsrichter noch irgendein Mitglied einer Mannschaft darauf aufmerksam machen, dass ein Spieler nicht in der richtigen Schlagreihenfolge schlägt.

(c) Der Offizielle Scorer ist ein offizieller Vertreter. Er ist gemäß seines Amtes respektvoll und würdevoll zu behandeln und genießt die volle Unterstützung des Verbandes (Ligapräsidenten). Der Offizielle Scorer muss an den Verband (Ligapräsidenten) jede Beleidigung melden, die ein Manager, Spieler, Vereinsangestellter oder Vereinsoffizieller während oder aufgrund der Tätigkeit des Offiziellen Scorers äußert.

> *Kommentar für den deutschen Spielbetrieb zu 9.01 {10.01}*: Die Funktionen und Rechte, die dem Ligapräsidenten, dem Verband oder einer Liga zugeordnet werden, übernehmen in Deutschland Sportdirektoren, Ligaobleute, Scoringbeauftragte oder andere, von den Verbänden bestimmte Personen.

9.02 Offizieller Spielbericht

Der offizielle Spielbericht, der vom Offiziellen Scorer angefertigt wird, muss der von der Liga vorgeschriebenen Form entsprechen und Folgendes enthalten:

(a) Die folgenden Angaben für jeden Schlagmann und Läufer:
  (1) Anzahl der Schlagdurchgänge (At Bats); dazu zählt jedoch nicht, wenn ein Spieler:
    (A) einen Sacrifice Bunt oder Sacrifice Fly schlägt;
    (B) das erste Base aufgrund eines Base on Balls zugesprochen bekommt;
    (C) durch einen Pitch getroffen wird; oder
    (D) das erste Base wegen Behinderung oder Blockieren zugesprochen bekommt.
  (2) Anzahl der erzielten Punkte (Runs);
  (3) Anzahl der Safe Hits;
  (4) Anzahl der Runs Batted In;
  (5) 2-Base-Hits;
  (6) 3-Base-Hits;
  (7) Home Runs;
  (8) Gesamtanzahl der Bases, die er durch Safe Hits erreicht hat;
  (9) Stolen Bases;
  (10) Sacrifice Bunts;
  (11) Sacrifice Flies;
  (12) Gesamtanzahl der Bases on Balls;
  (13) getrennte Aufzählung aller Intentional Bases on Balls;
  (14) Anzahl der Treffer durch einen gepitchten Ball (Hit by Pitch);
  (15) Anzahl der wegen Behinderung oder Blockieren zugesprochenen ersten Bases;
  (16) Strikeouts;
  (17) Anzahl der Force Double Plays und Reverse-Force Double Plays durch auf den Boden geschlagene Bälle; und

Kommentar zu Regel 9.02 (a) (17) {10.02 (a) (17)}: Der Offizielle Scorer sollte einen Schlagmann nicht mit einem Grounding into Double Play belasten, wenn der laufende Schlagmann ausgegeben wird, weil ein anderer Läufer einen Feldspieler behindert hat.

        (18) Anzahl der Caught Stealings.
- (b)   Die folgenden Angaben für jeden Feldspieler:
  - (1) Anzahl der Putouts;
  - (2) Anzahl der Assists;
  - (3) Anzahl der Errors;
  - (4) Anzahl der Double Plays, an denen der Feldspieler beteiligt war; und
  - (5) Anzahl der Triple Plays, an denen der Feldspieler beteiligt war.
- (c)   Die folgenden Angaben für jeden Pitcher:
  - (1) Anzahl der gepitchten Innings;

Kommentar zu Regel 9.02 (c) (1) {10.02 (c) (1)}: Um die gepitchten Innings zu berechnen, muss der Offizielle Scorer jedes Aus als ein Drittel Inning zählen. Wenn z. B. ein Starting Pitcher mit einem Aus im sechsten Inning ausgewechselt wird, muss der Offizielle Scorer diesem Pitcher fünf und ein Drittel Innings gutschreiben. Wenn ein Starting Pitcher im sechsten Inning bei keinem Aus ersetzt wird, muss der Offizielle Scorer diesem Pitcher fünf Innings gutschreiben und vermerken, dass dieser Pitcher zu ___ Schlagmännern im sechsten Inning gepitcht hat und die Anzahl der Schlagmänner angeben. Wird ein Einwechselpitcher ausgewechselt, nachdem er zwei Schlagmänner aus gemacht hat, muss der Offizielle Scorer diesem Pitcher zwei Drittel Innings gutschreiben. Wenn ein Einwechselpitcher ins Spiel kommt und seine Mannschaft einen erfolgreichen Appeal spielt, aus dem ein Aus resultiert, muss der Offizielle Scorer diesem Einwechselpitcher ein Drittel Inning gutschreiben.

- (2) Anzahl der Schlagmänner, gegen die er geworfen hat (Batters Faced);
- (3) Anzahl der Schlagdurchgänge (At Bats) gegen den Pitcher, ermittelt gemäß Regel 9.02 (a) (1) {10.02 (a) (1)};
- (4) Anzahl der zugelassenen Hits;
- (5) Anzahl der zugelassenen Punkte (Runs);
- (6) Anzahl der zugelassenen Earned Runs;
- (7) Anzahl der zugelassenen Home Runs;

- (8) Anzahl der zugelassenen Sacrifice Hits;
- (9) Anzahl der zugelassenen Sacrifice Flies;
- (10) Gesamtanzahl der zugelassenen Bases on Balls;
- (11) getrennte Aufzählung aller zugelassenen Intentional Bases on Balls;
- (12) Anzahl der durch Pitches getroffenen Schlagmänner;
- (13) Anzahl der Strikeouts;
- (14) Anzahl der Wild Pitches; und
- (15) Anzahl der Balks.

(d) Folgende zusätzliche Informationen:
- (1) Name des Pitchers, der das Spiel gewonnen hat (Winning Pitcher);
- (2) Name des Pitchers, der das Spiel verloren hat (Losing Pitcher);
- (3) Namen der Pitcher, die das Spiel begonnen bzw. beendet haben für beide Mannschaften; und
- (4) Name des Pitchers, der einen Save erhalten hat, falls zutreffend.

(e) Anzahl der Passed Balls, die jeder Catcher zugelassen hat.

(f) Namen der Spieler, die an Double Plays oder Triple Plays beteiligt waren.

Kommentar zu Regel 9.02 (f) {10.02 (f)}: Der Offizielle Scorer würde beispielsweise notieren: „Double Plays: Bauer, Schmitz und Müller (2). Triple Plays: Müller und Schmitz."

(g) Anzahl der auf einem Base zurückgelassenen Läufer für jede Mannschaft. Dazu zählen alle Läufer, die irgendwie auf ein Base gekommen sind und die weder einen Punkt erzielt noch aus gemacht wurden. Der Offizielle Scorer muss dazu auch einen laufenden Schlagmann zählen, dessen Schlag dazu führte, dass ein anderer Läufer das dritte Aus wurde.

(h) Namen der Schlagmänner, die Home Runs geschlagen haben, als alle Bases besetzt waren.

(i) Anzahl der Aus, als der Siegpunkt erzielt wurde, wenn das Spiel im letzten Halbinning gewonnen wurde.

(j) Anzahl der erzielten Punkte in jedem Spielabschnitt für jede Mannschaft.

(k) Namen der Schiedsrichter in folgender Reihenfolge: Hauptschiedsrichter, First Base Schiedsrichter, Second Base Schiedsrichter, Third Base Schiedsrichter, Left Field Schiedsrichter (sofern anwesend), Right Field Schiedsrichter (sofern anwesend).

(l) Die Gesamtspielzeit abzüglich Unterbrechungen wegen des Wetters, des Ausfalls der Flutlichtanlage oder wegen technischer Probleme, die nichts mit dem Spielbetrieb zu tun haben.

Kommentar zu Regel 9.02 (l) {10.02 (l)}: Eine Spielunterbrechung für die Behandlung der Verletzung eines Spielers, Managers, Coaches oder Schiedsrichters muss in der Gesamtspielzeit enthalten sein.

(m) Offizielle Zuschauerzahl, wie von der Heimmannschaft bekannt gegeben.

9.03 Offizieller Spielbericht (zusätzliche Regeln)

(a) Der Offizielle Scorer muss im Spielbericht den Namen jedes Spielers und seine Feldposition oder -positionen in der Reihenfolge aufführen, in der der Spieler geschlagen hat oder geschlagen hätte, wenn das Spiel nicht vorher zu Ende gewesen wäre.

Kommentar zu Regel 9.03 (a) {10.03 (a)}: Wenn ein Spieler nicht die Position mit einem anderen Feldspieler tauscht, sondern sich nur für einen bestimmten Schlagmann an einen anderen Platz stellt (z. B. wenn sich der Second Baseman als vierter Außenfeldspieler ins Außenfeld begibt oder wenn sich der Third Baseman auf eine Position zwischen Shortstop und Second Baseman bewegt), sollte der Offizielle Scorer dies nicht als neue Position aufschreiben.

(b) Der Offizielle Scorer muss jeden Spieler, der als Einwechselschlagmann oder Einwechselläufer ins Spiel kommt, unabhängig davon, ob der Spieler danach weiterspielt oder nicht, in der Schlagreihenfolge durch ein besonderes Symbol kennzeichnen, das auf einen getrennten Bericht der Einwechselschlagmänner und -läufer verweist. Der Bericht der Einwechselschlagmänner muss beschreiben, was die Einwechselschlagmänner getan haben.

In diesem Bericht der Einwechselschlagmänner und -läufer müssen auch alle Spieler aufgeführt werden, deren Einwechslung angekündigt wurde, die aber für einen anderen Spieler ausgewechselt wurden, bevor sie tatsächlich am Spielgeschehen teilnehmen konnten. Ein solcher zweiter Einwechselspieler muss als Einwechselschlagmann oder -läufer für den angekündigten ersten Einwechselspieler notiert werden.

Kommentar zu Regel 9.03 (b) {10.03 (b)}: Kleinbuchstaben werden als Symbole für Einwechselschlagmänner empfohlen und Ziffern werden als Symbole für Einwechselläufer empfohlen. Zum Beispiel könnte ein offizieller Spielbericht Folgendes enthalten: „a-Erzielte für Andreas ein Single im dritten Spielabschnitt; b-Schlug für Bernd ein Fly Out im sechsten Spielabschnitt; c-Schlug für Christoph in ein Force Out im siebten Spielabschnitt; d-Schlug für Dirk ein Ground Out im neunten Spielabschnitt; 1-Lief für Ernst im neunten Spielabschnitt." Wenn der Name eines Einwechselspielers angekündigt wird, aber der Einwechselspieler für einen anderen Einwechselspieler aus dem Spiel genommen wird, bevor er am Spielgeschehen teilnehmen kann, dann muss der Offizielle Scorer den Einwechselspieler beispielsweise wie folgt notieren: „e-Angekündigt als Einwechselspieler für Frank im siebten Spielabschnitt."

(c) Prüfung der Richtigkeit des Box Scores
Der Box Score ist ausgeglichen (oder geprüft), wenn für eine Mannschaft die Summe der At Bats, der erhaltenen Bases on Balls, der abgeworfenen Schlagmänner, der Sacrifice Bunts, der Sacrifice Flies und der Schlagmänner, die das erste Base wegen Behinderung oder Blockieren zugesprochen bekamen, gleich ist mit der Summe der Punkte, die diese Mannschaft erzielt hat, den Spielern, die sie auf den Bases zurückgelassen hat und den Putouts der anderen Mannschaft.

(d) Wenn ein Spieler außerhalb der Schlagreihenfolge schlägt
Wenn ein Spieler die Schlagreihenfolge nicht einhält und aus gemacht wird und der richtige Schlagmann vor dem ersten Pitch zum nächsten Schlagmann aus erklärt wird, muss der Offizielle Scorer dem richtigen Schlagmann ein At Bat anschreiben und das Putout und alle Assists so anschreiben, als ob der Schlagreihenfolge korrekt gefolgt worden wäre.

Wenn ein falscher Schlagmann zum Läufer wird und der richtige Schlagmann aus erklärt wird, weil er nicht geschlagen hat, muss der Offizielle Scorer den richtigen Schlagmann mit einem At Bat belasten, dem Catcher ein Putout gutschreiben und alles ignorieren, was dazu führte, dass der falsche Schlagmann ein Base erreichte. Schlagen mehrere aufeinanderfolgende Schlagmänner nicht in der richtigen Reihenfolge, muss der Offizielle Scorer alle Spielzüge so aufschreiben, wie sie geschehen sind; dabei wird der Schlagmann ausgelassen, der zuerst seinen Schlagdurchgang verpasst hat.

(e) Abgebrochene und aberkannte Spiele

(1) Wenn ein reguläres Spiel abgebrochen wird (Called Game), muss der Offizielle Scorer alle Spielaktionen bis zu dem Zeitpunkt in den Bericht aufnehmen, an dem das Spiel gemäß Regel 7.01 {4.10 und 4.11} endet. Wenn das Spiel unentschieden endet, darf der Offizielle Scorer keinen Winning Pitcher und keinen Losing Pitcher eintragen.

(2) Wenn ein reguläres Spiel zum Vorteil einer Mannschaft abgebrochen wird (Forfeited Game), muss der Offizielle Scorer alle Spielaktionen bis zum Zeitpunkt des Abbruchs in den Bericht aufnehmen. Ist zum Zeitpunkt des Abbruchs die Mannschaft in Führung, der das Spiel zugesprochen wird, muss der Offizielle Scorer die Spieler als Winning und Losing Pitcher eintragen, die sich als Winning und Losing Pitcher qualifiziert hätten, wenn das Spiel zum Zeitpunkt des Abbruchs normal geendet hätte. Liegt zum Zeitpunkt des Abbruchs die Mannschaft zurück, der das Spiel zugesprochen wird oder steht es unentschieden, darf der Offizielle Scorer keinen Winning und Losing Pitcher eintragen. Wird ein Spiel abgebrochen, bevor es regulär wird, erstellt der Offizielle Scorer keinen Bericht und es wird nur der Grund des Abbruchs berichtet.

Kommentar zu Regel 9.03 (e) {10.03 (e)}: Der Offizielle Scorer muss ignorieren, dass ein zugunsten einer Mannschaft abgebrochenes Spiel gemäß den Regeln mit 9 zu 0 gewertet wird (siehe Begriffsdefinitionen (Forfeited Game)), unabhängig vom Spielstand zum Zeitpunkt des Abbruchs.

9.04 Runs Batted In

Ein Run Batted In ist eine Statistik, die einem Schlagmann gutgeschrieben wird, dessen Handlung am Schlag dazu führt, dass ein oder mehrere Punkte erzielt werden, gemäß der nachstehenden Regel 9.04 {10.04}.

(a) Der Offizielle Scorer muss einem Schlagmann ein Run Batted In für jeden Punkt gutschreiben, der erzielt wird

(1) ohne Unterstützung durch einen Error und als Teil eines Spielzugs, der begonnen wird durch einen Safe Hit des Schlagmanns (inklusive eines Home Runs), Sacrifice Bunt,

Sacrifice Fly, Innenfeld-Aus oder Fielder's Choice des Schlagmanns, sofern nicht Regel 9.04 (b) {10.04 (b)} zur Anwendung kommt;

(2) weil der Schlagmann bei vollen Bases zum Läufer wird (wegen eines Base on Balls, weil er von einem gepitchten Ball getroffen wird oder wegen Behinderung oder Blockieren); oder

(3) wenn mit weniger als zwei Aus ein Error passiert, bei einem Spielzug, bei dem ein Läufer vom dritten Base normalerweise einen Punkt erzielen würde.

(b) Der Offizielle Scorer darf keinen Run Batted In gutschreiben,

(1) wenn der Schlagmann einen Ground Ball schlägt, der zu einem Force Double Play oder Reverse Force Double Play führt; oder

(2) wenn ein Feldspieler mit einem Error belastet wird, weil er einen Wurf am ersten Base fallen gelassen hat, der ein Force Double Play erfolgreich komplettiert hätte.

(c) Der Offizielle Scorer muss entscheiden, ob ein Run Batted In für einen Punkt gutgeschrieben werden soll, der erzielt wurde, weil ein Feldspieler den Ball festhält oder zu einem falschen Base wirft. Normalerweise wird ein Run Batted In gutgeschrieben, wenn der Läufer, ohne anzuhalten, weiterläuft; hält der Läufer jedoch an und läuft erst weiter, wenn er den Fehler bemerkt, sollte der Offizielle Scorer für den Punkt eine Fielder's Choice verzeichnen.

9.05 Base Hits

Ein Base Hit ist eine Statistik, die einem Schlagmann gutgeschrieben wird, der ein Base sicher erreicht, gemäß der nachstehenden Regel 9.05 {10.05}.

(a) Der Offizielle Scorer muss einem Schlagmann einen Base Hit gutschreiben, wenn:

(1) der Schlagmann das erste Base (oder irgendein folgendes Base) durch einen Fair Ball sicher erreicht, der auf dem Boden liegen bleibt, der einen Zaun berührt, bevor er von einem Feldspieler berührt wird oder der einen Zaun überquert;

(2) der Schlagmann das erste Base sicher durch einen Fair Ball erreicht, der mit so viel Kraft oder so langsam geschlagen wird, dass ein Feldspieler, der versucht, einen Spielzug zu machen, keine Möglichkeit dazu hat;

Kommentar zu Regel 9.05 (a) (2) {10.05 (a) (2)}: Der Offizielle Scorer muss einen Hit anschreiben, wenn der Feldspieler, der versucht, den Ball zu spielen, keinen Spielzug machen kann; auch dann, wenn dieser Feldspieler dadurch den Ball ablenkt oder einen anderen Feldspieler vom Ball abschneidet, der einen Läufer hätte aus machen können.

(3) der Schlagmann das erste Base durch einen geschlagenen Fair Ball sicher erreicht, der unnatürlich verspringt, sodass ein Feldspieler ihn nicht mit normaler Anstrengung spielen kann oder der die Pitcher's Plate oder irgendein Base (einschließlich Home Plate) berührt, bevor er von einem Feldspieler berührt wurde und so abprallt, dass ein Feldspieler den Ball nicht mit normaler Anstrengung spielen kann;

(4) der Schlagmann das erste Base sicher durch einen Fair Ball erreicht, der nicht von einem Feldspieler berührt wurde und der im Fair Territory ist, wenn er das Außenfeld erreicht, es sei denn, der Ball hätte nach Meinung des Scorers mit normaler Anstrengung gespielt werden können;

(5) ein geschlagener Fair Ball, der nicht von einem Feldspieler berührt wurde, einen Läufer oder einen Schiedsrichter berührt, es sei denn, ein Läufer wurde aus erklärt, weil er von einem Infield Fly getroffen wurde; in diesem Fall darf der Offizielle Scorer keinen Hit anschreiben; oder

(6) ein Feldspieler erfolglos versucht, einen vor dem Schlagmann laufenden Läufer aus zu machen und der Schlagmann nach Meinung des Offiziellen Scorers nicht mit normaler Anstrengung am ersten Base hätte aus gemacht werden können.

Kommentar zu Regel 9.05 (a) {10.05 (a)}: Bei der Anwendung der Regel 9.05 (a) {10.05 (a)} muss der Offizielle Scorer im Zweifelsfall für den Schlagmann entscheiden. Eine gute Vorgehensweise für den Offiziellen Scorer ist es, einen Hit gutzuschreiben, wenn außergewöhnlich gutes Feldspiel nicht zu einem Putout führt.

(b) Der Offizielle Scorer darf keinen Base Hit gutschreiben, wenn ein:

(1) Läufer durch einen geschlagenen Ball in einem Force Play aus gemacht wird oder aus gemacht worden wäre, wenn nicht ein Error passiert wäre;

(2) Schlagmann scheinbar einen sicheren Hit erzielt und ein Läufer, der durch diesen Schlag gezwungen wird, vorzurücken, das erste Base, das er anläuft, nicht berührt und durch einen Appeal aus gemacht wird. Der Offizielle Scorer muss den Schlagmann mit einem At Bat belasten, darf aber keinen Hit gutschreiben;

(3) Pitcher, der Catcher oder irgendein anderer Innenfeldspieler einen geschlagenen Ball aufnimmt und einen vor dem Schlagmann laufenden Läufer aus macht, der versucht, ein Base vorzurücken oder zu seinem Ausgangsbase zurückzukehren. Dies gilt auch, wenn dieses Aus mit normaler Anstrengung möglich gewesen wäre und nur durch einen Error im Feldspiel verhindert wird. Der Offizielle Scorer muss den Schlagmann mit einem At Bat belasten, darf aber keinen Hit gutschreiben;

(4) Feldspieler erfolglos versucht, einen vor dem Schlagmann laufenden Läufer aus zu machen und der Scorer der Meinung ist, der Schlagmann hätte am ersten Base aus gemacht werden können; oder

Kommentar zu Regel 9.05 (b) {10.05 (b)}: Regel 9.05 (b) {10.05 (b)} gilt nicht, wenn der Feldspieler lediglich zu einem Base schaut oder einen Wurf dorthin antäuscht, bevor er versucht, das Aus am ersten Base zu machen.

(5) Läufer aus gegeben wird, weil er einen Feldspieler beim Aufnehmen eines geschlagenen Balls behindert hat, es sei denn, der Scorer ist der Meinung, dass der laufende Schlagmann das erste Base auch ohne die Behinderung erreicht hätte.

9.06 Bewertung von Base Hits

Der Offizielle Scorer muss einen Base Hit als einen 1-Base-Hit, 2-Base-Hit, 3-Base-Hit oder Home Run anschreiben, wenn es zu keinem Error oder Putout kommt, gemäß den folgenden Regeln:

(a) Unter Berücksichtigung der Regeln 9.06 (b) und 9.06 (c) {10.06 (b) und 10.06 (c)}, ist es ein 1-Base-Hit, wenn der Schlagmann am ersten Base stehen bleibt, ein 2-Base-Hit, wenn der Schlagmann am zweiten Base stehen bleibt, ein 3-Base-Hit, wenn der Schlagmann am dritten Base stehen bleibt und ein Home Run, wenn der Schlagmann alle Bases berührt und einen Punkt erzielt.

(b) Wenn mit einem oder mehreren Läufern auf den Bases der Schlagmann durch einen sicheren Hit weiter als bis zum ersten Base vorrückt und die Feldmannschaft versucht, einen vor dem Schlagmann laufenden Läufer aus zu machen, muss der Scorer bestimmen, ob der Schlagmann einen 2-Base-Hit oder 3-Base-Hit erzielt hat oder ob der laufende Schlagmann durch eine Fielder's Choice weiter als bis zum ersten Base gelangen konnte.

Kommentar zu Regel 9.06 {10.06}: Der Offizielle Scorer darf dem Schlagmann keinen 3-Base-Hit gutschreiben, wenn ein vor ihm laufender Läufer an der Home Plate aus gemacht wird oder aus gemacht worden wäre, wenn nicht ein Error geschehen wäre. Der Offizielle Scorer darf dem Schlagmann keinen 2-Base-Hit gutschreiben, wenn ein vor ihm laufender Läufer, der versucht, vom ersten Base aus vorzurücken, am dritten Base aus gemacht wird oder aus gemacht worden wäre, wenn nicht ein Error geschehen wäre. Abgesehen von diesen Ausnahmen darf der Offizielle Scorer den Wert eines Base Hits jedoch nicht über die Anzahl von Bases bestimmen, die ein anderer Läufer vorrücken kann. Ein Schlagmann kann einen 2-Base-Hit verdienen, obwohl ein Läufer vor ihm nur ein oder kein Base vorrücken kann; ein Schlagmann kann nur einen 1-Base-Hit verdienen, obwohl er das zweite Base erreicht und ein Läufer vor ihm zwei Bases vorrücken kann. Zum BEISPIEL:

(1) Läufer auf dem ersten Base. Der Schlagmann schlägt zum rechten Außenfeldspieler, der zum dritten Base wirft bei dem erfolglosen Versuch, einen Läufer aus zu machen. Der Schlagmann gelangt zum zweiten Base. Der Offizielle Scorer darf dem Schlagmann nur einen 1-Base-Hit gutschreiben.

(2) Läufer auf dem zweiten Base. Der Schlagmann schlägt einen Fair Fly Ball. Der Läufer wartet, um zu sehen, ob der Ball gefangen wird und gelangt nur bis zum dritten Base, während der Schlagmann es bis zum zweiten Base schafft. Der Offizielle Scorer muss dem Schlagmann einen 2-Base-Hit gutschreiben.

(3) Läufer auf dem dritten Base. Der Schlagmann schlägt einen hohen Fair Fly Ball. Der Läufer entfernt sich von seinem Base, rennt dann zurück für ein „Tag Up" in der Annahme, dass der Ball gefangen wird. Der Ball fällt zu Boden, aber der Läufer kann keinen Punkt erzielen, obwohl der

Schlagmann das zweite Base erreicht hat. Der Offizielle Scorer muss dem Schlagmann einen 2-Base-Hit gutschreiben.

(c) Wenn der Schlagmann versucht, durch Rutschen (Slide) einen 2-Base-Hit oder 3-Base-Hit zu erzielen, muss er das letzte Base, zu dem er vorgerückt ist, auch halten. Wenn der laufende Schlagmann darüber hinausrutscht (Overslide) und aus gemacht wird, bevor er sicher zum Base zurückkehren kann, werden ihm nur so viele Bases gutgeschrieben, wie er sicher erreicht hat. Wenn der laufende Schlagmann über das zweite Base hinausrutscht und aus gemacht wird, muss ihm der Offizielle Scorer einen 1-Base-Hit gutschreiben; wenn der laufende Schlagmann das dritte Base überrutscht und aus gemacht wird, muss ihm der Offizielle Scorer einen 2-Base-Hit gutschreiben.

Kommentar zu Regel 9.06 (c) {10.06 (c)}: Wenn der laufende Schlagmann das zweite oder dritte Base überläuft und beim Versuch, zurückzukehren, aus gemacht wird, muss ihm der Offizielle Scorer das letzte Base gutschreiben, das er berührt hat. Wenn der laufende Schlagmann über das zweite Base hinausläuft, nachdem er es laufend erreicht hat und beim Versuch, dorthin zurückzukehren, aus gemacht wird, muss der Offizielle Scorer dem Schlagmann einen 2-Base-Hit gutschreiben. Wenn der laufende Schlagmann über das dritte Base hinausläuft, nachdem er dieses Base laufend erreicht hat, und beim Versuch, dorthin zurückzukehren, aus gemacht wird, muss der Offizielle Scorer dem Schlagmann einen 3-Base-Hit gutschreiben.

(d) Wenn der Schlagmann, nachdem er einen sicheren Hit erzielt hat, für aus erklärt wird, weil er ein Base nicht berührt hat, bestimmt das letzte Base, das der Schlagmann sicher erreicht hat, ob der Offizielle Scorer ihm einen 1-Base-Hit, einen 2-Base-Hit oder einen 3-Base-Hit gutschreiben muss. Wenn der laufende Schlagmann aus gegeben wird, nachdem er die Home Plate nicht berührt hat, muss ihm der Offizielle Scorer einen 3-Base-Hit gutschreiben. Wenn der laufende Schlagmann aus gegeben wird, nachdem er das dritte Base nicht berührt hat, muss ihm der Offizielle Scorer einen 2-Base-Hit gutschreiben. Wenn der laufende Schlagmann aus gegeben wird, nachdem er das zweite Base nicht berührt hat, muss ihm der Offizielle Scorer einen 1-Base-Hit gutschreiben. Wenn der laufende Schlagmann aus gegeben wird, weil er das erste Base nicht berührt hat, muss der Offizielle Scorer ihn mit einem At Bat belasten, darf ihm aber keinen Hit gutschreiben.

(e) Wenn der laufende Schlagmann aufgrund der Regeln 5.06 (b) (4) oder 6.01 (h) {7.05 oder 7.06 (a)} zwei Bases oder drei Bases oder einen Home Run zugesprochen bekommt, muss ihm der Offizielle Scorer dementsprechend einen 2-Base-Hit, einen 3-Base-Hit oder einen Home Run gutschreiben.

(f) Wenn ein Schlagmann ein Spiel durch einen sicheren Hit beendet, der so viele Punkte ins Ziel bringt, wie seine Mannschaft braucht, um zu gewinnen, darf ihm der Offizielle Scorer nur so viele Bases gutschreiben, wie der Läufer vorgerückt ist, der den Siegpunkt erzielt hat, und das auch nur, wenn der Schlagmann selbst genauso viele Bases vorrückt wie dieser Läufer, sofern es nicht in Regel 9.06 (g) {10.06 (g)} anders bestimmt ist.

Kommentar zu Regel 9.06 (f) {10.06 (f)}: Der Offizielle Scorer soll diese Regel auch dann anwenden, wenn der Schlagmann theoretisch dazu berechtigt ist, noch weiter vorzurücken, weil ihm durch die Regeln 5.05 und 5.06 (b) (4) {6.09 und 7.05} ein „automatischer" Extra-Base-Hit zugesprochen wird.

Der Offizielle Scorer muss dem Schlagmann ein Base gutschreiben, das er im normalen Spielverlauf berührt hat, auch wenn der spielentscheidende Punkt kurz zuvor im selben Spielzug erzielt wurde. BEISPIEL: Das Spiel steht unentschieden in der zweiten Hälfte des neunten Spielabschnitts mit einem Läufer auf dem zweiten Base, und der Schlagmann schlägt einen Ball ins Außenfeld, der zu einem Base Hit wird. Der Läufer erzielt einen Punkt, nachdem der Schlagmann das erste Base erreicht hat und zum zweiten Base weitergelaufen ist, aber kurz bevor der laufende Schlagmann das zweite Base erreicht. Wenn der laufende Schlagmann das zweite Base erreicht, dann muss der Offizielle Scorer dem Schlagmann einen 2-Base-Hit gutschreiben.

(g) Wenn der Schlagmann das Spiel mit einem Home Run beendet, den er aus dem Spielfeld hinausgeschlagen hat, sind der Schlagmann und alle Läufer berechtigt, einen Punkt zu erzielen.

9.07 Stolen Bases und Caught Stealing

Der Offizielle Scorer muss einem Läufer unter Berücksichtigung der folgenden Regeln jedes Mal ein Stolen Base gutschreiben, wenn der Läufer ein Base ohne Hilfe durch einen Hit, ein Putout, einen Error, ein Force Out, eine Fielder's Choice, einen Passed Ball, einen Wild Pitch oder einen Balk vorrückt.

(a) Wenn ein Läufer in Richtung auf das nächste Base losläuft, bevor der Pitcher den Ball wirft und der Pitch ein Wild Pitch oder Passed Ball wird, muss der Offizielle Scorer dem Läufer ein Stolen Base gutschreiben und das fehlerhafte Spiel wird nicht festgehalten, es sei denn, der Läufer kann als Resultat dieses Fehlers ein weiteres Base vorrücken oder ein anderer Läufer kann auch vorrücken; in diesem Fall muss der Offizielle Scorer den Wild Pitch oder Passed Ball zusätzlich zu dem Stolen Base anschreiben.

(b) Wenn ein Läufer versucht, ein Base zu stehlen und der Catcher, nachdem er einen Pitch gefangen hat, wirft ungenau bei dem Versuch, das Stolen Base zu verhindern, muss der Offizielle Scorer dem Läufer ein Stolen Base gutschreiben. Der Offizielle Scorer darf keinen Error anschreiben, solange der ungenaue Wurf dem Läufer nicht gestattet, ein oder mehrere weitere Bases vorzurücken oder einem anderen Läufer gestattet, vorzurücken; in diesem Fall muss der Offizielle Scorer dem Läufer das Stolen Base gutschreiben und den Catcher mit einem Error belasten.

(c) Wenn ein Läufer nach einem versuchten Steal oder einem Pick Off in einem Rundown Play gefangen wird, es der Feldmannschaft aber nicht gelingt, ihn aus zu machen und er ohne die Hilfe eines Errors zum nächsten Base gelangt, muss ihm der Offizielle Scorer ein Stolen Base gutschreiben. Wenn währenddessen ein weiterer Läufer ebenfalls vorrücken kann, muss der Offizielle Scorer beiden Läufern ein Stolen Base gutschreiben. Wenn ein Läufer vorrückt, während ein anderer Läufer, der versucht, ein Base zu stehlen, von der Feldmannschaft in einem Rundown Play nicht aus gemacht werden kann und ohne die Hilfe eines Errors sicher zu seinem Ausgangsbase zurückkehrt, muss der Offizielle Scorer dem Läufer, der vorgerückt ist, ein Stolen Base gutschreiben.

(d) Wenn zwei oder drei Läufer gleichzeitig versuchen, ein Base zu stehlen (Double Steal bzw. Triple Steal) und ein Läufer wird aus gemacht, bevor er das Base, das der Läufer zu stehlen versucht, sicher erreicht, wird keinem der anderen Läufer ein Stolen Base gutgeschrieben.

(e) Wenn ein Läufer mit dem Ball berührt und dadurch ausgemacht wird, nachdem er ein Base überrutscht hat, während er entweder versuchte, zu diesem Base zurückzukehren oder zum nächsten Base vorzurücken, darf ihm der Offizielle Scorer kein Stolen Base gutschreiben.

(f) Wenn ein Läufer, der versucht, ein Base zu stehlen, nach Meinung des Scorers nur sicher war, weil ein geworfener Ball fallen gelassen wurde, darf der Offizielle Scorer kein Stolen Base gutschreiben. Der Offizielle Scorer muss dem Feldspieler, der geworfen hat, einen Assist gutschreiben; der Feldspieler, der den Ball fallen gelassen hat, wird mit einem Error belastet und dem Läufer wird ein Caught Stealing angeschrieben.

(g) Der Offizielle Scorer darf kein Stolen Base gutschreiben, wenn ein Läufer ausschließlich deshalb vorrücken kann, weil die Feldmannschaft nicht daran interessiert ist, ihn am Vorrücken zu hindern (Defensive Indifference). Der Offizielle Scorer muss solch einen Spielzug als Fielder's Choice anschreiben.

Kommentar zu Regel 9.07 (g) {10.07 (g)}: Bei der Entscheidung, ob der Feldmannschaft das Vorrücken eines Läufers gleichgültig ist, muss der Scorer die Gesamtheit der Umstände berücksichtigen; einschließlich des Spielabschnitts und des Spielstands; ob die Feldmannschaft den Läufer am Base gehalten hat; ob der Pitcher vor dem Vorrücken eines Läufers gegen diesen Pick Offs versucht hat; ob der Feldspieler, der normalerweise das vom Läufer angelaufene Base abdecken würde, versucht hat, das Base abzudecken; ob die Feldmannschaft ein berechtigtes strategisches Interesse hatte, den Läufer nicht am Vorrücken zu hindern oder ob die Feldmannschaft eventuell versucht hat, dem Läufer die Gutschrift eines Stolen Base zu verweigern.

BEISPIEL: Mit Läufern auf dem ersten und dritten Base sollte der Offizielle Scorer gewöhnlich ein Stolen Base vergeben, wenn der Läufer vom ersten Base zum zweiten Base vorrückt, falls die Feldmannschaft nach Auffassung des Scorers ein berechtigtes strategisches Interesse hatte, das Vorrücken des Läufers nicht zu verhindern – und zwar, um zu vermeiden, dass der Läufer vom dritten Base auf den Wurf einen Punkt erzielt. Der Offizielle Scorer kann zu dem Schluss kommen, dass die Feldmannschaft eventuell versucht, dem Läufer die Gutschrift eines Stolen Base zu verweigern, wenn zum Beispiel die Feldmannschaft nichts gegen das Vorrücken eines Läufers unternimmt, der sich einem Liga- oder Karriererekord nähert oder einen Ligatitel in einer Statistikkategorie anstrebt.

(h) Der Offizielle Scorer muss einen Läufer mit einem Caught Stealing belasten, falls der Läufer aus gemacht wird oder aus gemacht worden wäre, wenn nicht ein Error passiert wäre, wenn dieser Läufer
  (1) versucht, ein Base zu stehlen;
  (2) durch einen Pick Off gefangen wird und versucht, vorzurücken (jede Bewegung in Richtung auf das nächste Base zu wird als Versuch, vorzurücken, gewertet); oder
  (3) beim Stehlen ein Base überrutscht.

Kommentar zu Regel 9.07 (h) {10.07 (h)}: Wenn der Catcher einen Pitch nicht festhalten kann und ein Läufer, der versucht, vorzurücken, aus gemacht wird, darf der Offizielle Scorer diesen Läufer nicht mit einem Caught Stealing belasten. Der Offizielle Scorer darf kein Caught Stealing anschreiben, wenn einem Läufer ein Base wegen Blockieren zugesprochen wird oder wenn ein Läufer wegen einer Behinderung durch den Schlagmann aus gegeben wird. Der Offizielle Scorer darf einen Läufer nicht mit einem Caught Stealing belasten, wenn dieser Läufer kein Stolen Base erhalten hätte, wenn er sicher gewesen wäre (z. B. wenn ein Catcher einen Läufer aus wirft, nachdem der Läufer versucht hat, auf einen fallen gelassenen Pitch vorzurücken).

9.08 Sacrifices
Der Offizielle Scorer muss:

(a) einen Sacrifice Bunt anschreiben, wenn der Schlagmann bei weniger als zwei Aus einen oder mehrere Läufer durch einen Bunt vorrücken lässt und selbst am ersten Base aus gemacht wird oder aus gemacht worden wäre, wäre nicht ein Error geschehen, es sei denn, der Schlagmann buntet nach Meinung des Offiziellen Scorers ausschließlich, um einen Base Hit zu erzielen und nicht, um seine Chance auf das Erreichen des ersten Base zugunsten des Vorrückens der Läufer zu opfern; in diesem Falle muss der Offizielle Scorer dem Schlagmann ein At Bat anschreiben;

Kommentar zu Regel 9.08 (a) {10.08 (a)}: Um zu bestimmen, ob der Schlagmann seine Chance, das erste Base zu erreichen, für das Vorrücken eines Läufers geopfert hat, muss der Offizielle Scorer im Zweifelsfall für den Schlagmann entscheiden. Der Offizielle Scorer muss die Gesamtheit der Umstände des At Bats berücksichtigen, einschließlich des Spielabschnitts, der Anzahl der Aus und des Spielstands.

(b) einen Sacrifice Bunt anschreiben, wenn die Feldspieler bei weniger als zwei Aus einen gebunteten Ball aufnehmen und ohne Error erfolglos versuchen, einen Läufer aus zu machen, der ein Base vorrückt, es sei denn, ein solcher Versuch schlägt fehl und der Schlagmann hätte nach Meinung des Offiziellen Scorers am ersten Base nicht mit normaler Anstrengung aus gemacht werden können; in diesem Fall wird dem Schlagmann ein 1-Base-Hit gutgeschrieben und kein Sacrifice;

(c) einen Sacrifice Bunt verweigern, wenn irgendein Läufer aus gemacht wird, der versucht, durch den Bunt ein Base vorzurücken; in diesem Fall muss der Offizielle Scorer dem Schlagmann ein At Bat anschreiben; und

(d) einen Sacrifice Fly anschreiben, wenn der Schlagmann mit weniger als zwei Aus einen Ball in die Luft schlägt, der von einem Außenfeldspieler oder einem Innenfeldspieler, der ins Außenfeld läuft, im Fair- oder Foul Territory gespielt wird und der

(1) aus der Luft gefangen wird, und nach dem Fang kann ein Läufer einen Punkt erzielen; oder

(2) der fallen gelassen wird, und ein Läufer erzielt einen Punkt, wenn dieser Läufer den Punkt nach Meinung des Scorers auch erzielt hätte, wäre der Ball gefangen worden.

Kommentar zu Regel 9.08 (d) {10.08 (d)}: Der Offizielle Scorer muss einen Sacrifice Fly nach Regel 9.08 (d) (2) {10.08 (d) (2)} auch dann anschreiben, wenn ein anderer Läufer durch ein Force Play aus gemacht wird, weil der Schlagmann zum Läufer wurde.

9.09 Putouts

Ein Putout ist eine Statistik, die einem Feldspieler gutgeschrieben wird, dessen Aktion zum Aus eines laufenden Schlagmanns oder Läufers führt, gemäß der nachstehenden Regel 9.09 {10.09}.

(a) Der Offizielle Scorer muss jedem Feldspieler ein Putout gutschreiben, der

(1) einen in die Luft geschlagenen Ball fängt, gleichgültig, ob Fair oder Foul;

(2) einen geschlagenen oder geworfenen Ball fängt und durch das Berühren eines Base einen Schlagmann oder Läufer aus macht; oder

Kommentar zu Regel 9.09 (a) (2) {10.09 (a) (2)}: Der Offizielle Scorer muss einem Feldspieler ein Putout gutschreiben, wenn dieser Feldspieler einen geworfenen Ball fängt und ein Base berührt und dadurch mit einem Appeal Play ein Aus erzielt.

        (3) einen Läufer mit dem Ball berührt, während dieser Läufer nicht das Base berührt, auf das der Läufer ein Recht hat.
(b) Der Offizielle Scorer muss dem Catcher ein automatisches Putout gutschreiben, wenn ein:
        (1) Schlagmann wegen drei Strikes aus gegeben wird;
        (2) Schlagmann wegen eines unerlaubten Schlags (Illegally Batted Ball) aus gegeben wird;
        (3) Schlagmann wegen eines Foul Bunts zum dritten Strike aus gegeben wird;

Kommentar zu Regel 9.09 (b) (3) {10.09 (b) (3)}: Siehe Ausnahme in Regel 9.15 (a) (4) {10.15 (a) (4)}.

        (4) Schlagmann aus gegeben wird, weil er von seinem eigenen geschlagenen Ball berührt wurde;
        (5) Schlagmann aus gegeben wird, weil er den Catcher behindert hat;
        (6) Schlagmann aus gegeben wird, weil er nicht in der Schlagreihenfolge geschlagen hat;

Kommentar zu Regel 9.09 (b) (6) {10.09 (b) (6)}: Siehe Regel 9.03 (d) {10.03 (d)}.

        (7) Schlagmann aus gegeben wird, weil er nach einem Base on Balls, einem Hit-by-Pitch oder einer Catcher's Interference das erste Base nicht berühren wollte; oder
        (8) Läufer aus gegeben wird, weil er sich weigerte, vom dritten Base zur Home Plate vorzurücken.
(c) Der Offizielle Scorer muss automatische Putouts folgendermaßen vergeben (und darf keine Assists anschreiben, es sei denn, es wird ausdrücklich erwähnt):
        (1) Wenn der Schlagmann wegen eines nicht gefangenen Infield Fly aus gegeben wird, muss der Offizielle Scorer das Putout dem Feldspieler anschreiben, der nach Meinung des Scorers den Ball hätte fangen können.

(2) Wenn ein Läufer aus gegeben wird, weil er im Fair Territory von einem geschlagenen Ball berührt wurde (einschließlich eines Infield Flys), muss der Offizielle Scorer das Putout dem Feldspieler gutschreiben, der dem Ball am nächsten war.

(3) Wenn ein Läufer aus gegeben wird, weil er die Linie zwischen den Bases verlassen hat, um einem Feldspieler auszuweichen, der ihn mit dem Ball berühren wollte, muss der Offizielle Scorer dem Feldspieler das Putout gutschreiben, dem der Läufer ausgewichen ist.

(4) Wenn ein Läufer aus gegeben wird, weil er einen anderen Läufer überholt hat, muss der Offizielle Scorer das Putout dem Feldspieler gutschreiben, der dem Punkt des Überholens am nächsten war.

(5) Wenn ein Läufer aus gegeben wird, weil er die Bases in der falschen Reihenfolge angelaufen hat, muss der Offizielle Scorer das Putout dem Feldspieler gutschreiben, der das Base bewacht, von dem aus der Läufer in die falsche Richtung losgelaufen ist.

(6) Wenn ein Läufer aus gegeben wird, weil er einen Feldspieler behindert hat, muss der Offizielle Scorer das Putout dem Feldspieler gutschreiben, der behindert wurde, es sei denn, dieser wurde beim Wurf behindert; in diesem Fall muss der Offizielle Scorer das Putout dem Feldspieler gutschreiben, der den Ball hätte fangen sollen, und dem Feldspieler, dessen Wurf behindert wurde, muss ein Assist gutgeschrieben werden; oder

(7) wenn der laufende Schlagmann nach Regel 6.01 (a) (5) {6.05 (m)} aus gegeben wird, weil ein anderer Läufer einen Feldspieler behindert hat, muss der Offizielle Scorer das Putout dem First Baseman gutschreiben. Wenn der Feldspieler beim Wurf behindert wurde, muss der Offizielle Scorer diesem Feldspieler ein Assist gutschreiben; darf aber bei jedem Spielzug höchstens ein Assist nach den Regeln 9.09 (c) (6) und 9.09 (c) (7) {10.09 (c) (6) und (7)} vergeben.

9.10 Assists

Ein Assist ist eine Statistik, die einem Feldspieler gutgeschrieben wird, dessen Handlung dazu beiträgt, einen laufenden Schlagmann oder einen

Läufer aus zu machen, gemäß der nachstehenden Regel 9.10 {10.10}.

(a) Der Offizielle Scorer muss jedem Feldspieler einen Assist gutschreiben, der

(1) einen geschlagenen oder geworfenen Ball so wirft oder umlenkt, dass ein Putout entsteht oder entstanden wäre, wenn nicht danach irgendein Feldspieler einen Error gemacht hätte. Genau ein Assist muss jedem Spieler gutgeschrieben werden, der den Ball in einem Rundown-Play wirft oder umlenkt, wenn dieses Rundown-Play zu einem Putout führt oder geführt hätte, wäre nicht danach ein Error geschehen; oder

Kommentar zu Regel 9.10 (a) (1) {10.10 (a) (1)}: Ein nicht effektiver Kontakt mit dem Ball wird nicht als Assist angesehen. „Umlenken" im Sinne dieser Regel bedeutet, dem Ball eine andere Richtung zu geben oder ihn abzubremsen; und zwar so, dass es effektiv dabei hilft, einen Schlagmann oder Läufer aus zu machen. Wenn ein Putout aus einem Appeal entsteht, der in einem laufenden Spielzug gemacht wird, dann muss der Offizielle Scorer jedem an dem Putout beteiligten Spieler, mit Ausnahme des Spielers, der das Putout macht, einen Assist gutschreiben. Wenn ein Putout aus einem Appeal entsteht, der vom Pitcher durch einen Wurf zu einem Feldspieler eingeleitet wird, nachdem der vorherige Spielzug beendet wurde, dann muss der Offizielle Scorer dem Pitcher und nur dem Pitcher einen Assist gutschreiben. den Ball in einem Spielzug wirft oder umlenkt, der dazu führt, dass ein Läufer wegen Behinderung oder wegen Verlassen der direkten Linie zwischen den Bases aus gegeben wird.

(b) Der Offizielle Scorer darf keinen Assist gutschreiben für

(1) den Pitcher bei einem Strikeout, es sei denn, der Pitcher nimmt einen nicht gefangenen dritten Strike auf und wirft so, dass daraus ein Putout entsteht;

(2) den Pitcher, wenn der Catcher einen regelkonformen Pitch fängt und damit einen Läufer aus macht; so z. B., wenn der Catcher einen Läufer mit einem Pick Off aus macht, einen Läufer auswirft, der versucht, ein Base zu stehlen oder er einen Läufer mit dem Ball berührt, der versucht, einen Punkt zu erzielen; oder

(3) einen Feldspieler, dessen ungenauer Wurf es einem Läufer gestattet, vorzurücken, auch wenn dieser Läufer durch fortlaufende Aktionen noch aus gemacht wird. Ein Spielzug,

der einem fehlerhaften Spiel folgt (ob dieses fehlerhafte Spiel ein Error ist oder nicht), ist ein neuer Spielzug, und ein Feldspieler, der einen solchen Fehlwurf macht, darf nicht mit einem Assist belohnt werden, solange dieser Feldspieler nicht an dem neuen Spielzug teilnimmt.

9.11 Double Plays und Triple Plays

Der Offizielle Scorer muss jedem Feldspieler die Beteiligung an einem Double Play oder Triple Play gutschreiben, der ein Putout oder einen Assist angeschrieben bekommt, wenn zwei oder drei Spieler in dem Zeitraum aus gemacht werden, nachdem ein Pitch geworfen wurde und bevor der Ball tot wird oder das nächste Mal in den Besitz des Pitchers in einer Pitching Position kommt, solange kein Error oder fehlerhaftes Spiel (Misplay) zwischen den Putouts passiert.

Kommentar zu Regel 9.11 {10.11}: Der Offizielle Scorer muss die Beteiligung an einem Double Play oder Triple Play auch dann gutschreiben, wenn ein Appeal zu einem zusätzlichen Putout führt, nachdem der Ball im Besitz des Pitchers war.

9.12 Errors

Ein Error ist eine Statistik, mit der ein Feldspieler belastet wird, dessen Handlung der Offensivmannschaft hilft, gemäß der nachstehenden Regel 9.12 {10.12}.

(a) Der Offizielle Scorer muss einen Feldspieler mit einem Error belasten:
(1) dessen fehlerhaftes Spiel (Fallenlassen eines Balls, ungenauer Wurf oder Fangen erst nach wiederholtem Versuch) den Schlagdurchgang eines Schlagmanns oder die Anwesenheit eines Läufers auf den Bases verlängert oder es einem Läufer gestattet, ein oder mehrere Bases vorzurücken, es sei denn, der Offizielle Scorer ist der Meinung, dass ein Feldspieler einen Foul Fly Ball absichtlich nicht fängt, während bei weniger als zwei Aus ein Läufer auf dem dritten Base steht, damit der Läufer keinen Punkt erzielen kann;

Kommentar zu Regel 9.12 (a) (1) {10.12 (a) (1)}: Das langsame Spielen eines Balls, das kein sichtbares fehlerhaftes Spiel beinhaltet, wird nicht als Error angesehen. Zum BEISPIEL: Der Offizielle Scorer darf einen Feldspieler nicht mit einem Error belasten, der einen geschlagenen Ball sauber aufnimmt, aber nicht rechtzeitig zum ersten Base wirft, um den Schlagmann aus zu machen.

Es ist nicht notwendig, dass ein Feldspieler den Ball berührt, um mit einem Error belastet zu werden. Wenn ein auf den Boden geschlagener Ball durch die Beine eines Feldspielers rollt oder ein Fly Ball unberührt zu Boden fällt, muss der Offizielle Scorer den Feldspieler mit einem Error belasten, wenn der Scorer der Meinung ist, dass der Feldspieler den Ball mit normaler Anstrengung hätte spielen können.

BEISPIEL: Der Offizielle Scorer muss einen Innenfeldspieler mit einem Error belasten, wenn ein auf den Boden geschlagener Ball diesen Innenfeldspieler seitlich passiert, falls nach Einschätzung des Offiziellen Scorers ein Feldspieler auf dieser Position mit normaler Anstrengung in der Lage gewesen wäre, den Ball aufzunehmen und einen Läufer aus zu machen. Der Offizielle Scorer muss einen Außenfeldspieler mit einem Error belasten, der einen in die Luft geschlagenen Ball fallen lässt, falls nach Einschätzung des Offiziellen Scorers ein Außenfeldspieler auf dieser Position mit normaler Anstrengung in der Lage gewesen wäre, den Ball zu fangen. Wenn ein Ball so hoch oder so tief oder so weit seitlich geworfen wird oder den Boden berührt und ein Läufer ein Base erreicht, der durch einen guten Wurf aus gemacht worden wäre, dann muss der Offizielle Scorer den Spieler, der den Wurf gemacht hat, mit einem Error belasten.

Der Offizielle Scorer darf Denkfehler und Fehleinschätzungen nicht als Error anschreiben, solange eine bestimmte Regel das nicht anders vorschreibt.

Ein Denkfehler eines Feldspielers, der zu einem sichtbaren fehlerhaften Spiel führt – z. B. das Werfen des Balls auf die Zuschauertribüne oder das Rollen des Balls zum Pitcher's Mound in der falschen Annahme, dass bereits drei Aus erzielt wurden und dadurch einem oder mehreren Läufern das Vorrücken erlaubt – wird nicht als Denkfehler im Sinne dieser Regel betrachtet und der Offizielle Scorer muss den Feldspieler, der solch einen Fehler begeht, mit einem Error belasten.

Der Offizielle Scorer darf keinen Error anschreiben, wenn der Pitcher es versäumt, bei einem Spielzug das erste Base abzudecken und dadurch der laufende Schlagmann das erste Base sicher erreicht. Der Offizielle Scorer darf einen Feldspieler nicht mit einem Error belasten, der während eines Spielzugs an ein falsches Base wirft.

Der Offizielle Scorer muss einen Feldspieler mit einem Error belasten, der einen anderen Feldspieler dazu bringt, einen Ball falsch zu spielen – z. B. indem er den Ball aus dem Handschuh des anderen Feldspielers schlägt. Wenn der Offizielle Scorer bei solch einem Spielzug den behindernden Feldspieler mit einem Error belastet, dann darf der Offizielle Scorer den behinderten Feldspieler nicht mit einem Error belasten.

(2) wenn dieser Feldspieler einen Foul Fly Ball fallen lässt und damit den Schlagdurchgang eines Schlagmanns verlängert; dabei ist es unerheblich, ob der Schlagmann später das erste Base erreicht oder aus gemacht wird;

(3) wenn dieser Feldspieler einen geworfenen oder auf den Boden geschlagenen Ball früh genug fängt, um den laufenden Schlagmann am ersten Base aus zu machen und es ihm nicht gelingt, den laufenden Schlagmann mit dem Ball oder das erste Base zu berühren;

(4) wenn dieser Feldspieler einen geworfenen oder auf den Boden geschlagenen Ball früh genug fängt, um irgendeinen Läufer in einem Force Play aus zu machen und es ihm nicht gelingt, diesen Läufer mit dem Ball oder das entsprechende Base zu berühren;

(5) dessen ungenauer Wurf es einem Läufer gestattet, ein Base sicher zu erreichen, wenn dieser Läufer nach Meinung des Scorers durch einen guten Wurf aus gemacht worden wäre, es sei denn, der ungenaue Wurf wird gemacht, um ein Stolen Base zu verhindern;

(6) dessen ungenauer Wurf beim Versuch, einen Läufer am Vorrücken zu hindern, dazu führt, dass dieser Läufer oder irgendein anderer Läufer ein oder mehrere Bases weiter vorrücken kann, als dieser Läufer das gekonnt hätte, wenn der Wurf genau gewesen wäre;

(7) dessen Wurf unnatürlich verspringt oder ein Base, die Pitcher's Plate oder einen Läufer berührt oder einen anderen Feldspieler oder Schiedsrichter berührt und dadurch einem Läufer ermöglicht, vorzurücken; oder

Kommentar zu Regel 9.12 (a) (7) {10.12 (a) (7)}: Der Offizielle Scorer muss diese Regel selbst dann anwenden, wenn es einem Feldspieler gegenüber ungerecht erscheint, dessen Wurf genau war. Zum BEISPIEL: Der Offizielle Scorer muss einen Außenfeldspieler mit einem Error belasten, dessen

genauer Wurf zum zweiten Base das Base trifft und zurück ins Außenfeld springt und dadurch einem Läufer das Vorrücken ermöglicht, weil für jedes Base, das ein Läufer vorrückt, eine Ursache verzeichnet werden muss.

    (8) der einen genau geworfenen Ball nicht gestoppt hat oder nicht versucht hat, einen solchen Wurf zu stoppen und dadurch einem Läufer erlaubt, vorzurücken, solange es einen Anlass für den Wurf gab. Wird solch ein Wurf zum zweiten Base gemacht, muss der Offizielle Scorer bestimmen, ob der Second Baseman oder der Shortstop den Ball hätte fangen müssen und muss dem verantwortlichen Feldspieler einen Error anschreiben.

Kommentar zu Regel 9.12 (a) (8) {10.12 (a) (8)}: Gab es für einen solchen Wurf nach Meinung des Offiziellen Scorers keinen Anlass, muss der Offizielle Scorer den Feldspieler mit einem Error belasten, der den Ball geworfen hat.

(b) Der Offizielle Scorer darf für jeden ungenauen Wurf nur einen Error anschreiben, unabhängig von der Zahl der Bases, die ein oder mehrere Läufer vorrücken konnten.

(c) Wenn ein Schiedsrichter dem Schlagmann oder einem oder mehreren Läufern ein oder mehrere Bases wegen Behinderung oder Blockieren zuspricht, muss der Offizielle Scorer den Feldspieler, der die Behinderung oder das Blockieren begangen hat, mit einem Error belasten, unabhängig davon, wie viele Bases der oder die Läufer oder der Schlagmann vorrücken durften.

Kommentar zu Regel 9.12 (c) {10.12 (c)}: Der Offizielle Scorer darf keinen Error anschreiben, wenn das Blockieren den Spielablauf nach Meinung des Scorers nicht verändert hat.

(d) Der Offizielle Scorer darf keinen Error anschreiben für:
    (1) den Catcher, wenn der Catcher, nachdem er einen Pitch gefangen hat, einen ungenauen Wurf macht, um ein Stolen Base zu verhindern, vorausgesetzt, dass dieser ungenaue Wurf nicht dazu führt, dass dieser oder ein anderer Läufer ein oder mehrere zusätzliche Bases vorrücken kann;
    (2) einen Feldspieler, der einen ungenauen Wurf macht, falls nach Meinung des Scorers auch durch einen guten Wurf der Läufer nicht mit normaler Anstrengung hätte aus gemacht werden können, vorausgesetzt, dass dieser unge-

naue Wurf nicht dazu führt, dass irgendein Läufer weiter vorrückt, als ein guter Wurf es gestattet hätte;

(3) einen Feldspieler, der einen ungenauen Wurf bei dem Versuch macht, ein Double Play oder ein Triple Play mit dem zweiten bzw. dritten Aus zu beenden, vorausgesetzt, dass dieser ungenaue Wurf nicht dazu führt, dass irgendein Läufer weiter vorrückt, als ein guter Wurf es gestattet hätte;

Kommentar zu Regel 9.12 (d) {10.12 (d)}: Wenn ein Feldspieler einen geworfenen Ball fallen lässt, der, wäre er festgehalten worden, ein Double Play oder Triple Play beendet hätte, muss der Offizielle Scorer den Feldspieler, der den Ball fallen lässt, mit einem Error belasten und dem Feldspieler, der geworfen hat, einen Assist gutschreiben.

(4) einen Feldspieler, der er einen auf den Boden geschlagenen Ball nicht unter Kontrolle bringen konnte oder einen in die Luft geschlagenen Ball oder einen geworfenen Ball fallen gelassen hat, wenn der Feldspieler den Ball rechtzeitig aufnimmt, um einen Läufer an irgendeinem Base durch ein Force Play aus zu machen; oder

(5) einen Feldspieler, wenn ein Wild Pitch oder Passed Ball angeschrieben wird.

(e) Der Offizielle Scorer darf keinen Error anschreiben, wenn der Schlagmann das erste Base aufgrund von vier Balls (Base on Balls) zugesprochen bekommt oder wenn der Schlagmann das erste Base zugesprochen bekommt, weil er von einem Pitch getroffen wurde (Hit-by-Pitch) oder wenn der Schlagmann das erste Base als Ergebnis eines Wild Pitches oder Passed Balls erreicht.

Kommentar zu Regel 9.12 (e) {10.12 (e)}: Siehe Regel 9.13 {10.13} für weitere Scoringregeln bezüglich Wild Pitches und Passed Balls.

(f) Der Offizielle Scorer darf keinen Error anschreiben, wenn ein oder mehrere Läufer durch einen Passed Ball, einen Wild Pitch oder einen Balk vorrücken können.

(1) Wenn der vierte Ball ein Wild Pitch oder ein Passed Ball ist und als Resultat
(A) der laufende Schlagmann dadurch weiter als bis zum ersten Base vorrücken kann;

(B) irgendein Läufer, der durch das Base on Balls gezwungen ist, vorzurücken, dadurch mehr als ein Base vorrücken kann; oder

(C) irgendein Läufer, der nicht durch das Base on Balls gezwungen ist, vorzurücken, ein oder mehrere Bases vorrücken kann, muss der Offizielle Scorer das Base on Balls anschreiben und zusätzlich dementsprechend den Wild Pitch oder Passed Ball.

(2) Wenn der Catcher den Ball nach einem Wild Pitch oder Passed Ball zum dritten Strike wieder aufnimmt und den laufenden Schlagmann mit dem Ball berührt oder den laufenden Schlagmann am ersten Base auswirft, aber ein oder mehrere andere Läufer vorrücken können, muss der Offizielle Scorer das Strikeout, das Putout und eventuell die Assists anschreiben und der oder die Läufer rücken durch eine Fielder's Choice vor.

Kommentar zu Regel 9.12 (f) {10.12 (f)}: Siehe Regel 9.13 {10.13} für weitere Scoringregeln bezüglich Wild Pitches und Passed Balls.

9.13 Wild Pitches und Passed Balls

Die Definition für einen Wild Pitch befindet sich in den Begriffsdefinitionen (Wild Pitch). Ein Passed Ball ist eine Statistik, mit der ein Catcher belastet wird, dessen Handlung zum Vorrücken eines oder mehrerer Läufer führt, gemäß der nachstehenden Regel 9.13 {10.13}.

(a) Der Offizielle Scorer muss einen Pitcher mit einem Wild Pitch belasten, wenn ein regelkonform geworfener Ball so hoch, so tief oder so weit seitlich ist, dass der Catcher ihn nicht mit normaler Anstrengung stoppen und unter Kontrolle bringen kann und dadurch einem oder mehreren Läufern ermöglicht wird, vorzurücken. Der Offizielle Scorer muss einen Pitcher mit einem Wild Pitch belasten, wenn ein regelkonform geworfener Ball den Boden oder die Home Plate berührt, bevor er den Catcher erreicht und vom Catcher nicht gespielt wird, wenn dadurch einem oder mehreren Läufern ermöglicht wird, vorzurücken. Wenn der dritte Strike ein Wild Pitch ist, der es dem Schlagmann gestattet, das erste Base zu erreichen, muss der Offizielle Scorer ein Strikeout und einen Wild Pitch anschreiben.

(b) Der Offizielle Scorer muss einen Catcher mit einem Passed Ball belasten, wenn es dem Catcher nicht gelingt, einen regelkonform gepitchten Ball festzuhalten oder unter Kontrolle zu bringen, den er mit normaler Anstrengung hätte festhalten oder unter Kontrolle bringen können, wenn dadurch einem oder mehreren Läufern ermöglicht wird, vorzurücken. Wenn der dritte Strike ein Passed Ball ist, der es dem Schlagmann gestattet, das erste Base zu erreichen, muss der Offizielle Scorer ein Strikeout und einen Passed Ball anschreiben.

Kommentar zu Regel 9.13 {10.13}: Der Offizielle Scorer darf keinen Wild Pitch oder Passed Ball anschreiben, wenn die Feldmannschaft ein Aus erzielt, bevor die Läufer vorrücken.

Zum BEISPIEL: Wenn ein Pitch den Boden berührt und vom Catcher nicht gefangen werden kann, während ein Läufer auf dem ersten Base steht, aber der Catcher den Ball rechtzeitig aufnimmt und ans zweite Base wirft und den Läufer dort aus macht, dann darf der Offizielle Scorer den Pitcher nicht mit einem Wild Pitch belasten. Der Offizielle Scorer muss das Vorrücken weiterer Läufer während des Spielzugs als Fielder's Choice anschreiben.

Zum BEISPIEL: Wenn ein Catcher einen Pitch fallen lässt, während ein Läufer auf dem ersten Base steht, aber der Catcher den Ball rechtzeitig aufnimmt und ans zweite Base wirft und den Läufer dort aus macht, dann darf der Offizielle Scorer den Catcher nicht mit einem Passed Ball belasten. Der Offizielle Scorer muss das Vorrücken weiterer Läufer während des Spielzugs als Fielder's Choice anschreiben.

Für weitere Scoringregeln bezüglich Wild Pitches und Passed Balls siehe Regeln 9.07 (a), 9.12 (e) und 9.12 (f) {10.07 (a), 10.12 (e) und 10.12 (f)}.

9.14 Base on Balls

Die Definition für ein Base on Balls befindet sich in den Begriffsdefinitionen (Base on Balls).

(a) Der Offizielle Scorer muss jedes Mal ein Base on Balls anschreiben, wenn einem Schlagmann das erste Base zugesprochen wird, weil vier Balls außerhalb der Strike Zone gepitcht wurden; wenn jedoch der vierte solche Ball den Schlagmann berührt, wird dieses als Hit-by-Pitch angeschrieben.

Kommentar zu Regel 9.14 (a) {10.14 (a)}: Regel 9.16 (h) {10.16 (h)} legt fest, welchem Pitcher ein Base on Balls anzulasten ist, wenn mehr als ein Pitcher an einem solchen Base on Balls beteiligt ist. Siehe auch Regel 9.15 {10.15}, die Situationen regelt, in denen ein Einwechselschlagmann ein Base on Balls erhält.

(b) Der Offizielle Scorer muss ein Intentional Base on Balls anschreiben, wenn der Pitcher keinen Versuch macht, den letzten Pitch zum Schlagmann in die Strike Zone zu werfen, sondern absichtlich den Ball seitlich vorbei zum Catcher wirft, der sich außerhalb der Catcher's Box befindet.

(c) Wenn ein Schlagmann aus gegeben wird, weil er sich nach einem Base on Balls weigert, zum ersten Base vorzurücken, darf der Offizielle Scorer kein Base on Balls gutschreiben, sondern muss ein At Bat anschreiben.

9.15 Strikeouts

Ein Strikeout ist eine Statistik, die einem Pitcher gutgeschrieben wird und mit der ein Schlagmann belastet wird, wenn der Schiedsrichter drei Strikes gegen den Schlagmann verhängt, gemäß der nachstehenden Regel 9.15 {10.15}.

(a) Der Offizielle Scorer muss jedes Mal ein Strikeout anschreiben, wenn ein Schlagmann:
   (1) dadurch aus gemacht wird, dass ein dritter Strike vom Catcher gefangen wird;
   (2) aus gegeben wird, wenn ein dritter Strike nicht gefangen wird und das erste Base bei weniger als zwei Aus besetzt ist;
   (3) zum Läufer wird, weil ein dritter Strike nicht gefangen wird; oder
   (4) einen Bunt ins Foul Territory zum dritten Strike macht, es sei denn, solch ein Bunt zum dritten Strike wird zu einem Foul Fly Ball, der von einem Feldspieler gefangen wird; in diesem Fall darf der Offizielle Scorer kein Strikeout anschreiben und muss dem Feldspieler, der den Ball fängt, ein Putout gutschreiben.

(b) Wenn ein Schlagmann mit zwei Strikes gegen sich ausgewechselt wird und der Einwechselschlagmann das Strikeout vervollständigt, muss der Offizielle Scorer das Strikeout und das At Bat dem ersten Schlagmann anschreiben. Wenn der Einwechselschlagmann den Schlagdurchgang auf irgendeine andere Art und Weise beendet, einschließlich eines Base on Balls, muss der Offizielle Scorer diese Aktion dem Einwechselschlagmann anschreiben.

9.16 Earned Runs und zugelassene Runs

Ein Earned Run ist ein Punkt, für den ein Pitcher verantwortlich gemacht wird. Um die Anzahl der Earned Runs zu bestimmen, muss der Offizielle Scorer den Spielabschnitt ohne Errors (ausschließlich Behinderung durch den Catcher (Catcher's Interference) und Passed Balls rekonstruieren; dabei soll im Zweifelsfall immer für den Pitcher entschieden werden, wenn bestimmt wird, welches Base die Läufer bei fehlerlosem Spiel erreicht hätten. Um die Earned Runs zu bestimmen, wird ein Intentional Base on Balls genauso behandelt wie ein gewöhnliches Base on Balls, gleichgültig, welche Umstände dazu geführt haben.

(a) Der Offizielle Scorer muss einen Pitcher jedes Mal mit einem Earned Run belasten, wenn ein Läufer das Home Base durch Safe Hits, Sacrifice Bunts, einen Sacrifice Fly, Stolen Bases, Putouts, Fielder's Choices, Bases on Balls, vom Pitch getroffene Schlagmänner, Balks und Wild Pitches erreicht (einschließlich Wild Pitches zum dritten Strike, die es einem Schlagmann gestatten, zum ersten Base vorzurücken), bevor die Feldmannschaft defensive Möglichkeiten hatte, um die Mannschaft in der Offensive aus zu machen. Eine Strafe wegen Defensive Interference durch die Feldmannschaft gilt im Sinne dieser Regel als Möglichkeit, ein Aus zu machen.

Ein Wild Pitch ist allein die Schuld des Pitchers und trägt genauso zu einem Earned Run bei, wie ein Base on Balls oder ein Balk.

Kommentar zu Regel 9.16 (a) {10.16 (a)}: Es folgen einige Beispiele für Earned Runs, die einem Pitcher angelastet werden:

(1) *Peter pitcht und macht Andreas und Bernd aus, die ersten beiden Schlagmänner in einem Spielabschnitt. Christoph erreicht das erste Base durch den Error eines Feldspielers. Dirk schlägt einen Home Run. Ernst schlägt einen Home Run. Peter macht Frank aus und beendet den Spielabschnitt. Drei Punkte wurden erzielt, aber Peter werden keine Earned Runs angelastet, weil Christoph das dritte Aus gewesen wäre, wenn der Spielabschnitt ohne den Error rekonstruiert wird.*

(2) *Peter pitcht und macht Andreas aus. Bernd schlägt einen 3-Base-Hit. Während er gegen Christoph pitcht, wirft Peter*

einen Wild Pitch, der es Bernd erlaubt, einen Punkt zu erzielen. Peter macht Dirk und Ernst aus. Ein Punkt wurde erzielt, der Peter als Earned Run angelastet wird, denn Wild Pitches tragen zu Earned Runs bei.

Wenn in einem Spielabschnitt ein laufender Schlagmann durch eine Catcher's Interference das erste Base erreicht, dann zählt dieser laufende Schlagmann nicht als Earned Run, falls er später einen Punkt erzielen sollte. Der Offizielle Scorer darf allerdings nicht annehmen, dass der Schlagmann ohne die Behinderung des Catchers aus gemacht worden wäre (im Gegensatz zu Situationen, in denen ein laufender Schlagmann das erste Base durch das fehlerhafte Spiel eines Feldspielers erreicht, das mit einem Error belastet wird). Weil der Schlagmann keine Chance hatte, seinen Schlagdurchgang zu beenden, ist nicht bekannt, wie es dem Schlagmann ohne die Behinderung des Catchers ergangen wäre. Man vergleiche die folgenden Beispiele:

(3) *Bei zwei Aus erreicht Andreas das erste Base durch einen Error des Shortstops, der einen auf den Boden geschlagenen Ball fehlerhaft spielt. Bernd schlägt einen Home Run. Christoph erhält ein Strikeout. Zwei Punkte wurden erzielt, aber keiner ist ein Earned Run, weil Andreas' At Bat das dritte Aus des Spielabschnitts gewesen wäre, wenn der Spielabschnitt ohne den Error rekonstruiert wird.*

(4) *Bei zwei Aus erreicht Andreas das erste Base durch eine Catcher's Interference. Bernd schlägt einen Home Run. Christoph erhält ein Strikeout. Zwei Punkte wurden erzielt, aber nur einer ist ein Earned Run (Bernds), weil der Offizielle Scorer nicht annehmen kann, dass Andreas ohne die Behinderung des Catchers aus gemacht worden und der Spielabschnitt beendet gewesen wäre.*

(b) Es wird kein Earned Run angeschrieben, wenn ein Läufer einen Punkt erzielt, der das erste Base erreicht

(1) durch einen Hit oder auf andere Weise, nachdem sein Schlagdurchgang durch einen fallen gelassenen Foul Fly Ball verlängert wurde;

(2) durch Behinderung oder Blockieren; oder

(3) durch einen Error im Feldspiel.
- (c) Es wird kein Earned Run angeschrieben, wenn ein Läufer einen Punkt erzielt, dessen Anwesenheit auf den Bases durch einen Error verlängert wurde, wenn dieser Läufer durch fehlerfreies Spiel aus gemacht worden wäre.
- (d) Es wird kein Earned Run angeschrieben, wenn ein Läufer einen Punkt erzielt, dessen Vorrücken durch einen Error, einen Passed Ball oder eine Defensive Interference oder Obstruction unterstützt wurde, wenn der Offizielle Scorer der Meinung ist, dass der Läufer ohne die Hilfe dieser Fehler keinen Punkt erzielt hätte.
- (e) Ein Error des Pitchers wird bei der Bestimmung der Earned Runs genauso behandelt wie ein Error durch irgendeinen anderen Feldspieler.
- (f) Jedes Mal, wenn ein Error im Feldspiel geschieht, wird bei der Bestimmung, welches Base ein Läufer erreicht hätte, wenn das Feldspiel der Feldmannschaft fehlerfrei gewesen wäre, im Zweifelsfall für den Pitcher entschieden.
- (g) Wenn während eines Spielabschnitts der Pitcher gewechselt wird, darf der Offizielle Scorer dem Einwechselpitcher keinen Punkt anlasten (ob Earned Run oder nicht), der durch einen Läufer erzielt wird, der bereits auf einem Base stand, als der Einwechselpitcher ins Spiel kam. Dem Einwechselpitcher wird auch kein Punkt angelastet, den ein Läufer erzielt, der durch Fielder's Choice ein Base erreicht, wenn durch dieses Fielder's Choice ein Läufer aus gemacht wird, der von einem vorherigen Pitcher auf dem Base zurückgelassen wurde.

Kommentar zu Regel 9.16 (g) {10.16 (g)}: Die Absicht der Regel 9.16 (g) {10.16 (g)} ist es, jedem Pitcher die Anzahl der Läufer anzulasten, die er auf ein Base hat kommen lassen und nicht, ihm die individuellen Läufer anzulasten. Wenn ein Pitcher einen oder mehrere Läufer auf ein Base hat kommen lassen und danach ausgewechselt wird, werden diesem Pitcher alle danach erzielten Punkte bis hin zur Zahl der Läufer angelastet, die auf einem Base waren, als er ausgewechselt wurde, es sei denn, einer dieser Läufer wird aus gemacht, ohne dass ein Schlagmann Anteil an dem Aus hat (z. B. durch ein Caught Stealing, wenn ein Läufer durch ein Pick Off aus gemacht wird oder wegen Behinderung ausgegeben wird und der Schlagmann dabei das erste Base nicht erreicht). Zum BEISPIEL:

(1) Peter pitcht. Andreas erreicht das erste Base durch ein Base on Balls. Robert ersetzt Peter. Durch Bernds Ground Ball gelangt Andreas zum zweiten Base und Bernd wird am ersten Base aus gemacht. Christoph wird durch einen gefangenen Fly Ball aus gemacht. Durch den 1-Base-Hit von Dirk erzielt Andreas einen Punkt. Der Punkt von Andreas wird Peter angelastet.

(2) Peter pitcht. Andreas erreicht das erste Base durch ein Base on Balls. Robert ersetzt Peter. Bernd schlägt einen Ground Ball, durch den Andreas am zweiten Base aus gemacht wird. Christoph wird am ersten Base aus gemacht, aber dadurch gelangt Bernd zum zweiten Base. Durch den 1-Base-Hit von Dirk erzielt Bernd einen Punkt. Bernds Punkt wird Peter angelastet.

(3) Peter pitcht. Andreas erreicht das erste Base durch ein Base on Balls. Robert ersetzt Peter. Durch den 1-Base-Hit von Bernd gelangt Andreas ans dritte Base. Christoph schlägt einen Ground Ball zum Shortstop, der Andreas an der Home Plate auswirft und Bernd erreicht das zweite Base. Dirk wird durch einen gefangenen Fly Ball aus gemacht. Durch den 1-Base-Hit von Ernst erzielt Bernd einen Punkt. Bernds Punkt wird Peter angelastet.

(4) Peter pitcht. Andreas erreicht das erste Base durch ein Base on Balls. Robert ersetzt Peter. Bernd erhält ein Base on Balls. Christoph wird durch einen gefangenen Fly Ball aus gemacht. Andreas wird am zweiten Base durch ein Pick Off aus gemacht. Durch den 2-Base-Hit von Dirk erzielt Bernd einen Punkt. Bernds Punkt wird Robert angelastet.

(5) Peter pitcht. Andreas erreicht das erste Base durch ein Base on Balls. Robert ersetzt Peter. Bernd erreicht das erste Base durch ein Base on Balls. Robert wird durch Sven ersetzt. Durch den Schlag von Christoph wird Andreas am dritten Base aus gemacht. Durch den Schlag von Dirk wird Bernd am dritten Base aus gemacht. Ernst schlägt einen Home Run, durch den drei Punkte erzielt werden. Der Offizielle Scorer muss einen Punkt Peter, einen Punkt Robert und einen Punkt Sven anlasten.

(6) Peter pitcht. Andreas erreicht das erste Base durch ein Base on Balls. Robert ersetzt Peter. Bernd erreicht das erste Base durch ein Base on Balls. Durch Christophs 1-Base-Hit sind alle Bases besetzt. Durch den Schlag von Dirk wird Andreas an der Home Plate aus gemacht. Durch den 1-Base-Hit von Ernst erzielen Bernd und Christoph je einen Punkt. Der Offizielle Scorer muss einen Punkt Peter und einen Punkt Robert anlasten.

(7) Peter pitcht. Andreas erreicht das erste Base durch ein Base on Balls. Robert ersetzt Peter. Bernd schlägt einen 1-Base-Hit, aber Andreas wird aus gemacht, als er versucht, das dritte Base zu erreichen und durch den Wurf erreicht Bernd das zweite Base. Durch den 1-Base-Hit von Christoph erzielt Bernd einen Punkt. Bernds Punkt wird Robert angelastet.

(h) Ein Einwechselpitcher darf nicht dafür verantwortlich gemacht werden, wenn der erste Schlagmann, zu dem er pitcht, das erste Base durch ein Base on Balls erreicht, wenn dieser Schlagmann einen eindeutigen Vorteil im Ball-und-Strike-Count hatte, als die Pitcher gewechselt wurden.

(1) Wenn der Pitcher gewechselt wird und der Count ist
zwei Balls und kein Strike,
zwei Balls und ein Strike,
drei Balls und kein Strike,
drei Balls und ein Strike,
drei Balls und zwei Strikes,
und der Schlagmann bekommt ein Base on Balls, muss der Offizielle Scorer diesen Schlagmann und das Base on Balls dem ausgewechselten Pitcher anlasten und nicht dem eingewechselten Pitcher.

(2) Jede andere Aktion durch diesen Schlagmann, wie z. B. das Erreichen des ersten Base durch einen Hit, einen Error, eine Fielder's Choice, ein Force Out oder ein Hit-by-Pitch, führt dazu, dass dieser Schlagmann dem eingewechselten Pitcher angelastet wird.

Kommentar zu Regel 9.16 (h) {10.16 (h)}: Die Bestimmungen der Regel 9.16 (h) (2) {10.16 (h) (2)} stehen in keinem Widerspruch zu Regel 9.16 (g) {10.16 (g)} und beeinflussen diese auch nicht.

(3) Wenn der Pitcher gewechselt wird und der Count ist
zwei Balls und zwei Strikes,
ein Ball und zwei Strikes,
ein Ball und ein Strike,
ein Ball und kein Strike,
kein Ball und zwei Strikes,
kein Ball und ein Strike,
muss der Offizielle Scorer diesen Schlagmann und die Aktionen dieses Schlagmanns dem eingewechselten Pitcher anlasten.

(i) Wenn der Pitcher während eines Spielabschnitts gewechselt wird, darf der eingewechselte Pitcher bei der Bestimmung der Earned Runs nicht von Chancen, Spieler aus zu machen, profitieren, die die Feldmannschaft vor seiner Einwechslung nicht verwertet hat.

Kommentar zu Regel 9.16 (i) {10.16 (i)}: Es ist die Absicht der Regel 9.16 (i) {10.16 (i)}, einen eingewechselten Pitcher mit den Earned Runs zu belasten, für die er allein verantwortlich ist. In einigen Fällen können Punkte, die für einen Pitcher als Earned Runs angeschrieben werden, für die Mannschaft als Unearned Runs angeschrieben werden. *Zum BEISPIEL:*

(1) Peter pitcht und bei zwei Aus erreicht Andreas das erste Base durch ein Base on Balls. Bernd erreicht das erste Base durch einen Error. Peter wird durch Robert ersetzt. Christoph schlägt einen Home Run, durch den drei Punkte erzielt werden. Der Offizielle Scorer muss Peter zwei Unearned Runs, Robert einen Earned Run und der Mannschaft drei Unearned Runs anlasten (weil der Spielabschnitt mit dem dritten Aus hätte enden sollen, als Bernd geschlagen hat und der Error begangen wurde).

(2) Peter pitcht und bei zwei Aus erreichen Andreas und Bernd das erste Base jeweils durch ein Base on Balls. Peter wird durch Robert ersetzt. Christoph erreicht das erste Base durch einen Error. Dirk schlägt einen Home Run, durch den vier Punkte erzielt werden. Der Offizielle Scorer muss Peter und Robert je zwei Unearned Runs anlasten (weil der Spielabschnitt mit dem dritten Aus hätte enden sollen, als Christoph geschlagen hat und der Error begangen wurde).

(3) Peter pitcht und bei keinem Aus erreicht Andreas das erste Base durch ein Base on Balls. Bernd erreicht das erste Base durch einen Error. Peter wird durch Robert ersetzt. Christoph schlägt einen Home Run, durch den drei Punkte erzielt werden. Dirk und Ernst werden jeweils durch ein Strikeout aus gemacht. Frank erreicht das erste Base durch einen Error. Gerhard schlägt einen Home Run, durch den zwei Punkte erzielt werden. Der Offizielle Scorer muss zwei Runs Peter anlasten, einer davon ist ein Earned Run, drei Runs Robert anlasten, einer davon ist ein Earned Run und fünf Runs werden der Mannschaft angelastet, davon sind zwei Earned Runs (weil nur Andreas und Christoph einen Punkt erzielt hätten, würde man den Spielabschnitt ohne die Errors rekonstruieren).

9.17 Winning und Losing Pitcher

(a) Der Offizielle Scorer muss das gewonnene Spiel dem Pitcher gutschreiben, dessen Mannschaft in Führung geht, während er als Pitcher im Spiel ist oder wenn er ausgewechselt wird, als seine Mannschaft in der Offensive ist und in diesem Spielabschnitt die Führung erobert und diese Führung auch nicht mehr abgibt, es sei denn

    (1) der Pitcher ist der Starting Pitcher und Regel 9.17 (b) {10.17 (b)} kommt zur Anwendung, oder

    (2) Regel 9.17 (c) {10.17 (c)} kommt zur Anwendung.

Kommentar zu Regel 9.17 (a) {10.17 (a)}: Jedes Mal, wenn der Spielstand unentschieden ist, beginnt ein neuer Wettbewerb in Bezug auf das gewonnene Spiel. Wenn die gegnerische Mannschaft in Führung geht, werden alle Pitcher, die bis zu diesem Zeitpunkt im Einsatz waren und die bereits ausgewechselt sind, von der Vergabe des gewonnenen Spiels ausgeschlossen. Wenn der Pitcher, gegen den die gegnerische Mannschaft die Führung erobert hat, zu werfen fortfährt, bis seine Mannschaft die Führung zurückerobert und sie diese Führung bis zum Ende des Spiels nicht mehr abgibt, wird diesem Pitcher das gewonnene Spiel gutgeschrieben.

(b) Falls der Pitcher, dessen Team in Führung geht, während er als Pitcher im Spiel ist oder wenn er ausgewechselt wird, als seine Mannschaft in der Offensive ist und in diesem Spielabschnitt die Führung erobert und diese Führung auch nicht mehr abgibt, der Starting Pitcher ist und nicht komplette

    (1) fünf Innings gepitcht hat, in einem Spiel, das sechs oder mehr Innings in der Defensive dauert; oder

    (2) vier Innings gepitcht hat, in einem Spiel, das fünf Innings in der Defensive dauert,

dann muss der Scorer das gewonnene Spiel dem Einwechselpitcher gutschreiben, falls es nur einen Einwechselpitcher gibt, oder dem Einwechselpitcher, der nach Meinung des Offiziellen Scorers am effektivsten war, falls es mehr als einen Einwechselpitcher gibt.

Kommentar zu Regel 9.17 (b) {10.17 (b)}: Die Intention der Regel 9.17 (b) {10.17 (b)} ist, dass ein Einwechselpitcher mindestens ein komplettes Inning pitcht oder pitcht, wenn ein entscheidendes Aus gemacht wird, gemessen an der Spielsituation (inklusive des Spielstandes), damit er das gewonnene Spiel gutgeschrieben bekommt. Falls der erste Einwechselpitcher effektiv pitcht, sollte der Scorer diesem Pitcher nicht automatisch ein gewonnenes Spiel gutschreiben, denn die Regel verlangt, dass das gewonnene Spiel dem Pitcher gutgeschrieben wird, der am effektivsten war und ein nachfolgender Einwechselpitcher war möglicherweise am effektivsten. Der Offizielle Scorer sollte bei der Bestimmung, welcher Einwechselpitcher der effektivste war, die Anzahl der Runs, der Earned Runs und der auf Base gelassenen Läufer eines jeden Einwechselpitchers und die Situation des Spiels, während der Einwechselpitcher im Spiel war, berücksichtigen. Falls zwei oder mehr Einwechselpitcher gleich effektiv waren, sollte der Scorer dem Pitcher das gewonnene Spiel gutschreiben, der früher im Einsatz war.

(c) Der Offizielle Scorer darf einem Einwechselpitcher, der ineffektiv und nur kurz im Spiel ist, kein gewonnenes Spiel gutschreiben, wenn wenigstens ein nachfolgender Einwechselpitcher effektiv pitcht und dabei hilft, die Führung seiner Mannschaft zu erhalten. In solch einem Fall muss der Offizielle Scorer das gewonnene Spiel dem Einwechselpitcher gutschreiben, der nach Meinung des Offiziellen Scorers am effektivsten war.

Kommentar zu Regel 9.17 (c) {10.17 (c)}: Generell sollte der Offizielle Scorer, muss dies aber nicht zwingend, den Einsatz eines Einwechselpitchers als ineffektiv und kurz ansehen, falls solch ein Einwechselpitcher weniger als ein Inning pitcht und zwei oder mehr Earned Runs zulässt (auch wenn diese Runs einem vorherigen Pitcher angeschrieben werden). Der Kommentar zu Regel 9.17 (b) {10.17 (b)} gibt Hinweise bei der Auswahl des Winning Pitchers aus mehreren aufeinanderfolgenden Einwechselpitchern.

(d) Ein verlorenes Spiel wird dem Pitcher angeschrieben, der für den Run verantwortlich ist, der der siegreichen Mannschaft eine Führung verschafft, die die siegreiche Mannschaft nicht mehr abgibt.

Kommentar zu Regel 9.17 (d) {10.17 (d)}: Jedes Mal, wenn der Spielstand unentschieden ist, beginnt ein neuer Wettbewerb in Bezug auf das verlorene Spiel.

(e) Eine Liga kann bestimmen, dass für ein Spiel, das kein Meisterschaftsspiel ist (z. B. das Major League All-Star Game) die Regeln 9.17 (a) (1) und 9.17 (b) {10.17 (a) (1) und 10.17 (b)} nicht gelten. In solchen Spielen muss der Offizielle Scorer dem Pitcher ein gewonnenes Spiel gutschreiben, dessen Mannschaft in Führung geht, während er als Pitcher im Spiel ist oder wenn er ausgewechselt wird, als seine Mannschaft in der Offensive ist und in diesem Spielabschnitt die Führung erobert und diese Führung auch nicht mehr abgibt, es sei denn, dieser Pitcher wird wegen einer schlechten Leistung ausgewechselt, nachdem die siegreiche Mannschaft eine dominierende Führung erlangt und der Offizielle Scorer zu dem Schluss kommt, dass ein nachfolgender Pitcher es verdient hat, das gewonnene Spiel gutgeschrieben zu bekommen.

9.18 Shutouts

Ein Shutout ist eine Statistik, die einem Pitcher gutgeschrieben wird, der in einem Spiel keine Punkte zulässt. Einem Pitcher darf kein Shutout gutgeschrieben werden, wenn er nicht das komplette Spiel pitcht, es sei denn, er kommt im ersten Spielabschnitt bei keinem Aus ins Spiel, bevor das gegnerische Team Punkte erzielt hat, beendet den Spielabschnitt, ohne einen Punkt zuzulassen und pitcht für den Rest des Spiels, ohne einen Punkt zuzulassen. Wenn zwei oder mehr Pitcher zusammen einen Shutout erzielen, muss die Statistikstelle der Liga dies in der offiziellen Liga-Pitching-Statistik vermerken.

9.19 Saves für Einwechselpitcher

Ein Save ist eine Statistik, die einem Einwechselpitcher gutgeschrieben wird, gemäß der folgenden Regel 9.19 {10.19}.

Der Offizielle Scorer muss einem Pitcher einen Save gutschreiben, wenn dieser Pitcher jede der folgenden vier Bedingungen erfüllt:

(a) Er ist der letzte Pitcher in einem Spiel, das seine Mannschaft gewinnt.
(b) Er ist nicht der Winning Pitcher.
(c) Er bekommt mindestens ein Drittel Inning pitched gutgeschrieben; und
(d) er erfüllt eine der folgenden Bedingungen:
   (1) Er kommt ins Spiel mit einer Führung von drei Punkten oder weniger und pitcht mindestens ein Inning.
   (2) Er kommt ins Spiel, unabhängig vom Count, wenn der Spieler, der den Ausgleich erzielen könnte, auf Base steht, am Schlagmal steht oder On Deck ist (d. h. wenn der potenzielle Ausgleichspunkt entweder schon auf Base steht oder einer der beiden ersten Schlagmänner ist, gegen die

der Pitcher wirft); oder

(3) er pitcht mindestens drei Innings.

9.20 Statistiken

Der Verband (Ligapräsident) muss einen offiziellen Statistiker bestimmen. Der Statistiker muss kumulativ alle Aufzeichnungen über Schlag- und Laufleistungen sowie das Feldspiel und das Pitching sammeln, die in Regel 9.02 {10.02} aufgelistet werden und zwar für jeden einzelnen Spieler, der an einem Meisterschaftsspiel oder Postseasonspiel dieser Liga teilnimmt.

Der Statistiker muss am Ende der Saison einen tabellarischen Bericht erstellen, in dem jede Einzelstatistik und jede Mannschaftsstatistik aller Meisterschaftsspiele aufgeführt wird und diesen an den Verband (Ligapräsidenten) übergeben. Der Bericht muss jeden Spieler mit seinem Vor- und Nachnamen identifizieren, für jeden Schlagmann angeben, ob er rechtshändig, linkshändig oder beidhändig schlägt und für jeden Feldspieler und Pitcher angeben, ob er mit der linken oder mit der rechten Hand wirft.

Wenn ein Spieler, der zu Beginn des Spiels in der Schlagreihenfolge aufgeführt ist, ausgewechselt wird, bevor er in der Defensive eingesetzt wird, dann darf er nicht in den Defensivstatistiken (Fielding) aufgeführt werden, bevor er nicht tatsächlich eine Feldposition während eines Spiels eingenommen hat. Allerdings muss solchen Spielern ein absolviertes Spiel (in der Offensivstatistik) angeschrieben werden, sofern sie im Spiel angekündigt werden oder in der offiziellen Schlagreihenfolge aufgeführt sind.

Kommentar zu Regel 9.20 {10.20}: Der Offizielle Scorer muss einem Spieler einen Einsatz in der Defensive gutschreiben, wenn der Spieler für wenigstens einen Pitch oder einen Spielzug auf dem Feld steht. Wenn ein Spiel abgebrochen wird (z. B. wegen Regen), nachdem ein Einwechselspieler das Feld betritt, aber bevor ein Pitch geworfen oder ein Spielzug gemacht wird, muss der Offizielle Scorer diesem Spieler ein absolviertes Spiel in der Offensivstatistik gutschreiben, aber darf dem Spieler kein absolviertes Spiel in der Defensivstatistik gutschreiben. Wenn ein Spiel abgebrochen wird (z. B. wegen Regen), nachdem ein Einwechselpitcher das Feld betritt, aber bevor ein Pitch geworfen oder ein Spielzug gemacht wird, muss der Offizielle Scorer diesem Pitcher ein absolviertes Spiel in der Offensivstatistik gutschreiben, aber darf dem Pitcher kein absolviertes Spiel in der Defensivstatistik oder geworfenes Spiel in der Pitchingstatistik gutschreiben.

Entscheidungsspiele, die bei Tabellengleichstand zweier Mannschaften durchgeführt werden, werden ebenfalls in der Statistik für diese Saison erfasst.

9.21 Berechnung der Durchschnittsleistungen

Zur Berechnung:

- (a) des Prozentsatzes der gewonnenen und verlorenen Spiele (Win-Loss Percentage), wird die Anzahl der gewonnenen Spiele geteilt durch die Summe der gewonnenen und verlorenen Spiele;
- (b) des Schlagdurchschnitts (Batting Average), wird die Anzahl der Safe Hits (nicht die Anzahl der Bases, die durch Hits erreicht wurden) geteilt durch die Anzahl der At Bats gemäß Regel 9.02 (a) {10.02 (a)};
- (c) des Basedurchschnitts (Slugging Percentage), wird die Anzahl der Bases, die durch Safe Hits erreicht wurden, geteilt durch die Anzahl der At Bats gemäß Regel 9.02 (a) {10.02 (a)};
- (d) des Feldspieldurchschnitts (Fielding Average), wird die Summe der Putouts und Assists geteilt durch die Summe der Putouts, Assists und Errors (die Chancen genannt werden);
- (e) des Earned-Run-Durchschnitts (Earned Run Average) für einen Pitcher, wird die Anzahl der Earned Runs, die diesem Pitcher angelastet werden, mit neun multipliziert und geteilt durch die Anzahl der von diesem Pitcher gepitchten Innings, inklusive Bruchteilen von Innings; und

Kommentar zu Regel 9.21 (e) {10.21 (e)}: Hat ein Pitcher z. B. neun und ein Drittel Innings gepitcht und werden ihm drei Earned Runs angelastet, ergibt sich ein Earned Run Average von 2,89 (3 Earned Runs × 9 / (9 1/3) = 2,89).

- (f) des On-Base-Durchschnitts (On-Base Percentage), wird die Summe aller Hits, Bases on Balls und Hits-by-Pitch geteilt durch die Summe der At Bats, Bases on Balls, Hits-by-Pitch und Sacrifice Flies.

Kommentar zu Regel 9.21 (f) {10.21 (f)}: Bei der Berechnung der On-Base Percentage werden die Bases, die ein Schlagmann wegen Behinderung oder Blockieren zugesprochen bekommt, nicht berücksichtigt.

9.22 Mindestanforderungen für Spielerauszeichnungen

Um die Einheitlichkeit bei der Vergabe der Batting-, Pitching und Fieldingtitel in professionellen Ligen zu gewährleisten, müssen die Titelträger die folgenden Mindestanforderungen erfüllen:

(a) Der individuelle Batting Champion, Slugging Champion oder On-Base-Percentage Champion ist der Spieler mit dem höchsten Schlagdurchschnitt bzw. Basedurchschnitt bzw. On-Base-Durchschnitt, vorausgesetzt, dem Spieler werden mindestens so viele Plate Appearances in den Meisterschaftsspielen angeschrieben, wie die Anzahl der in dieser Saison für jede Mannschaft in dieser Liga angesetzten Spiele, multipliziert mit 3,1 für einen Major-League-Spieler und mit 2,7 für einen Spieler der National Association.
Die Gesamtzahl der Plate Appearances muss die At Bats enthalten, plus Bases on Balls, Hits-by-Pitch, Sacrifice Hits, Sacrifice Flies und die Zuerkennung des ersten Base wegen Behinderung oder Blockieren.
Ungeachtet der vorhergehenden Anforderung nach einer Mindestanzahl von Plate Appearances muss einem Spieler der Battingtitel bzw. der Sluggingtitel bzw. der On-Base-Percentagetitel zuerkannt werden, wenn dieser Spieler weniger als die geforderten Plate Appearances absolviert hat, sein Durchschnitt aber der höchste wäre, wenn man ihm die benötigten Plate Appearances anschreiben würde.

Kommentar zu Regel 9.22 (a) {10.22 (a)}: Wenn eine Liga z. B. 162 Spiele für jede Mannschaft ansetzt, dann qualifiziert sich ein Spieler mit 502 Plate Appearances (162 mal 3,1 ist gleich 502) für einen Batting-, Slugging- oder On-Base-Percentage-Titel. Wenn eine Liga der National Association 140 Spiele für jede Mannschaft ansetzt, dann qualifiziert sich ein Spieler mit 378 Plate Appearances (140 mal 2,7 ist gleich 378) für einen Batting-, Slugging- oder On-Base-Percentage-Titel. Bruchteile einer Plate Appearance werden auf die nächste ganze Zahl auf- oder abgerundet. Beispiel: 162 mal 3,1 ist gleich 502,2, was auf eine Anforderung von 502 abgerundet wird.

BEISPIEL: Andreas hat den höchsten Schlagdurchschnitt unter den Spielern mit 502 Plate Appearances mit einem Schlagdurchschnitt von .362 (181 Hits in 500 At-Bats) und Bernd hat 490 Plate Appearances, 440 At-Bats und 165 Hits, mit einem Schlagdurchschnitt von .375. Bernd muss der Batting Champion sein, denn wenn man 12 zusätzliche At-Bats zu Bernds Statistik addiert, wäre Bernds Schlagdurchschnitt immer noch höher als der von Andreas: .365 (165 Hits in 452 At-Bats) verglichen mit Andreas' .362.

(b) Der individuelle Pitching Champion in einer Major League ist der Pitcher mit dem niedrigsten Earned-Run-Durchschnitt, vorausgesetzt, der Pitcher hat in den Meisterschaftsspielen mindestens so viele Innings gepitcht, wie die Anzahl der in dieser Saison für jede Mannschaft in dieser Liga angesetzten Spiele. Der individuelle Pitching Champion in einer Liga der National Association ist der Pitcher mit dem niedrigsten Earned-Run-Durchschnitt, vorausgesetzt, der Pitcher hat in den Meisterschaftsspielen mindestens so viele Innings gepitcht, wie 80 % der in dieser Saison für jede Mannschaft in dieser Liga angesetzten Spiele.

Kommentar zu Regel 9.22 (b) {10.22 (b)}: Wenn z. B. eine Major League 162 Spiele für jede Mannschaft ansetzt, dann qualifiziert sich ein Pitcher mit 162 Innings für einen Pitchingtitel. Ein Pitcher mit 161 und zwei Drittel Innings würde sich nicht qualifizieren. Wenn eine Liga der National Association 140 Spiele für jede Mannschaft ansetzt, dann qualifiziert sich ein Pitcher mit 112 Innings für einen Pitchingtitel. Bruchteile von Innings werden auf das nächste Drittel gerundet. Zum Beispiel ergibt 80 % von 144 Spielen 115,2, sodass 115 und ein Drittel Innings das Minimum wären, um sich für einen Pitchingtitel in einer Liga der National Association zu qualifizieren, die 144 Spiele ansetzt und 80 % von 76 Spielen ergibt 60,8, sodass 60 und zwei Drittel Innings das Minimum wären, um sich für einen Pitchingtitel in einer Liga der National Association zu qualifizieren, die 76 Spiele ansetzt.

(c) Die individuellen Fielding Champions sind die Spieler mit dem höchsten Feldspieldurchschnitt auf jeder Position, vorausgesetzt:
   (1) Ein Catcher muss als Catcher in mindestens der Hälfte der in dieser Saison für jede Mannschaft in seiner Liga angesetzten Spiele gespielt haben.
   (2) Ein Innenfeldspieler oder Außenfeldspieler muss auf seiner Position in mindestens zwei Drittel der in dieser Saison für jede Mannschaft in seiner Liga angesetzten Spiele gespielt haben; und
   (3) ein Pitcher muss mindestens so viele Innings gepitcht haben, wie die Anzahl der in dieser Saison für jede Mannschaft in seiner Liga angesetzten Spiele, es sei denn, ein anderer Pitcher hat einen gleich hohen oder höheren Feldspieldurchschnitt und mehr Total Chances in weniger Innings erreicht; in diesem Fall ist der andere Pitcher der Fielding Champion.

9.23 Richtlinien für Rekordserien

(a) Fortlaufende Hitserien: Eine fortlaufende Hitserie (Consecutive Hitting Streak) wird nicht beendet, wenn eine Plate Appearance eines Schlagmanns in einem Base on Balls, Hit-by-Pitch, Defensive Interference oder Obstruction oder einem Sacrifice Bunt resultiert. Ein Sacrifice Fly beendet die Serie.

(b) Fortlaufende-Spiele-Hitserien: Eine Fortlaufende-Spiele-Hitserie (Consecutive-Game Hitting Streak) wird nicht beendet, wenn alle Plate Appearances eines Schlagmanns (eine oder mehrere) in einem Spiel in einem Base on Balls, Hit-by-Pitch, Defensive Interference oder Obstruction oder einem Sacrifice Bunt resultieren. Die Serie wird beendet, wenn der Spieler einen Sacrifice Fly schlägt und keinen Hit.

Die individuelle Fortlaufende-Spiele-Hitserie eines Spielers muss anhand der Spiele ermittelt werden, in denen dieser Spieler eingesetzt wird und wird nicht ermittelt durch die Spiele seiner Mannschaft.

(c) Fortlaufende-Spiele-Einsatz-Serien: Eine Fortlaufende-Spiele-Einsatz-Serie (Consecutive-Game Playing Streak) wird fortgesetzt, wenn ein Spieler für die Hälfte eines Spielabschnitts in der Defensive eingesetzt wird oder wenn der Spieler einen Schlagdurchgang beendet, indem er ein Base erreicht oder aus gemacht wird. Ein Einsatz nur als Einwechselläufer setzt die Serie nicht fort. Wenn gegen einen Spieler vom Schiedsrichter ein Platzverweis ausgesprochen wird, bevor dieser Spieler die Anforderungen dieser Regel 9.23 (c) {10.23 (c)} erfüllen kann, wird die Serie fortgesetzt.

(d) Aufgeschobene Spiele (Suspended Games): Für die Anwendung dieser Regel 9.23 {10.23} müssen alle Aktionen, die in der Fortsetzung eines aufgeschobenen Spiels erzielt werden, so behandelt werden, als wären sie am ursprünglichen Tag des Spiels erzielt worden.

BEGRIFFSDEFINITIONEN

Die hier aufgeführten Fachbegriffe sind zentrale Bestandteile der Regeln und enthalten wichtige Definitionen. Einige Begriffe wurden im Vergleich zum amerikanischen Original hinzugefügt, um das Verständnis der Übersetzung zu verbessern. Diese zusätzlichen Fachbegriffe sind nicht Bestandteil der Regeln und deshalb grau hinterlegt.

ABERKANNTES SPIEL (→ FORFEITED GAME)

Ein **ABGEBROCHENES SPIEL** (Called Game) ist ein Spiel, welches vom Hauptschiedsrichter aus irgendeinem Grund abgebrochen wurde. Ob ein solches Spiel mit dem Ergebnis zum Zeitpunkt des Abbruchs Bestand hat, vollständig wiederholt, an einem anderen Termin fortgesetzt oder ohne weitere Aktionen zugunsten einer Mannschaft gewertet wird, wird in Regel 7.00 definiert.

Ein **APPEAL** ist eine Aktion eines Feldspielers, mit der er einen Regelverstoß der Offensivmannschaft anzeigt.

Ein **AT BAT** bezeichnet den Schlagdurchgang eines Schlagmanns. Der Schlagdurchgang beginnt, wenn der Schlagmann gemäß der Schlagreihenfolge seiner Mannschaft an der Reihe ist und den Schlagraum betritt und endet, wenn der Schlagmann zum laufenden Schlagmann oder zum Aus wird.

AUFGESCHOBENES SPIEL (→ SUSPENDED GAME)

AUS (→ OUT)

AUSSENFELD (→ OUTFIELD)

Der **BACKSTOP** ist der Zaun hinter der Home Plate.

Ein **BALK** ist eine unerlaubte Handlung des Pitchers, sofern sich Läufer auf den Bases befinden. Ein Balk berechtigt alle Läufer, ein Base vorzurücken.

Ein „BALL" ist ein Pitch, der nicht im Flug durch die Strike Zone geht und nach dem der Schlagmann nicht schlägt. Berührt ein Pitch den Boden und springt dann durch die Strike Zone, dann ist dies ein „Ball". Siehe auch Regel 5.05 (a)(3) {2.00 (Ball) Kommentar.}

BALLBESITZ – ein Feldspieler befindet sich in Ballbesitz, wenn er den Ball sicher in der Hand oder im Handschuh hält und offensichtlich die Kontrolle über diesen Ball besitzt.

Ein **BASE** ist einer der vier Punkte, die ein Läufer in der richtigen Reihenfolge berühren muss, um einen Punkt zu erzielen. Die Bases (erste Base, zweite Base und dritte Base) werden durch Gummikissen und eine Gummiplatte (Home Plate) markiert.

Ein **BASE COACH** ist ein Mannschaftsmitglied in Spielerkleidung, der in einer Coach Box an der ersten oder dritten Base steht, um dort dem Schlagmann und den Läufern Anweisungen zu geben.

BASE HIT (→ HIT)

BASES LOADED bezeichnet eine Situation, in der auf allen drei Bases jeweils ein Läufer der Offensivmannschaft steht.

Ein BASE ON BALLS ist die Berechtigung für den Schlagmann, ohne Risiko zum ersten Base vorzurücken, weil er während seines Schlagdurchgangs vier Pitches außerhalb der Strike Zone erhalten hat, oder weil der Manager der Defensivmannschaft dem Schiedsrichter ein Zeichen gibt, mit dem er beabsichtigt, den Schlagmann absichtlich zum ersten Base vorrücken zu lassen. Wenn der Manager den Schiedsrichter über seine Absicht informiert, muss der Schiedsrichter dem Schlagmann das erste Base zusprechen – genauso als hätte der Schlagmann vier Pitches außerhalb der Strike Zone erhalten.

Ein **BAT** ist der Baseballschläger.

Ein **BATTER** (Schlagmann) ist ein Spieler in der Angriffsphase seiner Mannschaft, der seine Position im Schlagraum einnimmt.

Mit **BATTER-RUNNER** (laufender Schlagmann) wird ein Schlagmann bezeichnet, der gerade seinen Schlagdurchgang beendet hat, bis er zum Aus wird oder der Spielzug beendet ist, durch den er zum Läufer wurde.

Die **BATTER'S BOX** (Schlagraum) ist der Bereich, in dem der Schlagmann während seines Schlagdurchgangs stehen muss.

Mit **BATTERY** werden Pitcher und Catcher bezeichnet.

In der **BATTING ORDER** (Schlagreihenfolge) ist die Reihenfolge der Schlagmänner namentlich festgelegt. Die Batting Order wird auf der Lineup Card notiert.

BEHINDERUNG (→ INTERFERENCE)

Mit **BENCH** oder **DUGOUT** bezeichnet man die Mannschaftsbank und den umgebenden Bereich, der für Spieler, Ersatzspieler oder andere Mannschaftsmitglieder in Spielerbekleidung reserviert ist, wenn diese gerade nicht auf dem Spielfeld aktiv sind.

BLOCKIEREN (→ OBSTRUCTION)

Ein **BUNT** ist ein geschlagener Ball, nach dem der Schlagmann nicht voll geschwungen hat, sondern den er absichtlich nur leicht mit dem Schläger berührt und so ins Innenfeld abprallen lässt.

Ein **CALL** bezeichnet die Entscheidung eines Schiedsrichters. Die Entscheidungen werden in den meisten Fällen gerufen.

Ein **CALLED GAME** ist ein Spiel, das vom Hauptschiedsrichter aus irgendeinem Grund abgebrochen wurde.

Ein **CATCH** bezeichnet den gelungenen Versuch eines Feldspielers, einen im Flug befindlichen Ball sicher in seinen Besitz zu bekommen. Dazu muss er den Ball sicher in der Hand oder im Handschuh halten. Er darf dabei weder Mütze, Teile der Schutzkleidung, eine Tasche noch andere Bestandteile seiner Spielerbekleidung benutzen. Es ist kein Catch, wenn er in dem Moment oder unmittelbar danach, wo er den Ball berührt, mit einem anderen Spieler oder der Spielfeldbegrenzung zusammenprallt oder stürzt und infolge dieses Zusammenpralls oder Sturzes den Ball fallen lässt.

Es ist auch kein Catch, wenn ein Feldspieler einen Flugball berührt, und der Ball dann einen Schiedsrichter oder einen Spieler der anderen Mannschaft berührt, und wenn dieser Ball danach noch, bevor er den Boden berührt, von einem Feldspieler gefangen wird.

Zur Beurteilung der Gültigkeit eines Catchs muss der Feldspieler den Ball lange genug in seinem Besitz halten, um so zu beweisen, dass er sowohl vollständige Kontrolle über den Ball hat, als auch dass das Loslassen des Balls freiwillig und absichtlich erfolgt.

Wenn ein Feldspieler den Ball erfolgreich gefangen hat und den Ball erst beim darauf folgenden Wurfversuch fallen lässt, gilt das vorherige Fangen als Catch.

(Catch) Kommentar {2.00 (Catch)}: Es gilt als regelkonformer Catch, wenn ein Feldspieler den Ball unter Kontrolle hat, bevor der Ball den Boden berührt, auch wenn der Ball zuvor von einem (oder mehreren) Feldspielern berührt, kurz gehalten oder/und herumjongliert wurde. Die Läufer dürfen ihr Base in dem Moment verlassen, in dem der erste Feldspieler den Ball erstmalig berührt. Um den Ball aus der Luft zu fangen, darf ein Feldspieler über ein Geländer, Seil oder einen Zaun oder Ähnliches greifen, die das Spielfeld zum Foul Territory hin begrenzen oder sich auf ihm befinden. Er darf auf solche Begrenzungen auch hinaufspringen. Greift ein Feldspieler über eine Feldbegrenzung hinaus, um den Ball zu fangen, tut er dies auf eigenes Risiko und die Regeln über Behinderung (Interference) finden in solchen Fällen keine Anwendung.

Begibt sich ein Feldspieler in die Nähe des Bereichs einer Mannschaftsbank und die dort befindlichen Spieler verhindern durch Abstützen, dass er beim Fangen des Balls stürzt, so gilt dies als regelkonformer Catch, wenn er den Ball fängt.

Der **CATCHER** ist der Feldspieler, der seine Position hinter dem Home Base einnimmt.

Die **CATCHER'S BOX** ist der Bereich, in dem der Catcher stehen muss, bis der Pitcher mit dem Ball einen Pitch ausführt.

Mit **CAUGHT STEALING** bezeichnet man das Aus eines Läufers, der beim Versuch, ein Base zu stehlen, zum Aus gespielt wurde.

CLUB (→ VEREIN)

Ein **COACH** ist ein Mannschaftsmitglied in Spielerkleidung, das die ihm vom Manager zugedachten Pflichten auf dem Spielfeld wahrnimmt – zum Beispiel als Base Coach.

Die **COACHES BOX** ist der Bereich, in dem sich ein Base Coach aufhalten muss. Die Coaches Box ist meist eine rechteckige, gekreidete Fläche am ersten und dritten Base.

Mit **COUNT** (Zählung) bezeichnet man die Zählung von „Balls" und „Strikes" im Duell zwischen Pitcher und Schlagmann. „Balls" sind die Würfe des Pitchers, die außerhalb der Strike Zone waren und nach denen der Schlagmann nicht geschwungen hat. „Strikes" sind die bereits erfolgten Schlagversuche des Schlagmanns sowie Würfe des Pitchers, die innerhalb der Strike Zone waren und nach denen der Schlagmann nicht geschwungen hat. Im Count wird zuerst die Zahl der „Balls", dann die Zahl der „Strikes" genannt. BEISPIEL: Count von 2:1 – bedeutet eine Zählung von zwei „Balls" und einem „Strike". Einen Count mit 3:2 nennt man auch „Full Count".

DEAD BALL bezeichnet eine Situation, in der der Ball aufgrund einer Regel zeitweise nicht spielbar ist.

Die **DEFENSIVE** oder DEFENSIVMANNSCHAFT (Feldmannschaft) ist die Mannschaft oder ein Spieler dieser Mannschaft, die sich gerade auf dem Spielfeld befindet.

Ein **DESIGNATED HITTER** (designierter Schlagmann) ist ein Schlagmann, der von seiner Mannschaft benannt wird, und anstelle des Pitchers dessen Schlagdurchgang absolviert. Wird ein solcher Schlagmann eingesetzt, nimmt der Pitcher keine offensiven Aufgaben wahr, und der für ihn eingesetzte Schlagmann nimmt keine defensiven Aufgaben wahr.

DH (→ DESIGNATED HITTER)

DOPPELSPIELTAG (→ DOUBLE-HEADER)

Ein **DOUBLE-HEADER** (Doppelspieltag) sind zwei regulär oder neu angesetzte Spiele, die unmittelbar hintereinander gespielt werden.

Ein **DOUBLE PLAY** ist ein Spielzug der Verteidigung (Feldmannschaft), in dessen Verlauf zwei Spieler der Offensivmannschaft zum Aus gespielt werden, wobei der Spielzug als fortlaufende Aktion und ohne Fehler (Error) gespielt werden muss.

(a) Ein „Force Double Play" ist ein Spielzug, in dem beiden Spieler, die zum Aus gespielt werden, zum Vorrücken gezwungen waren (Force Play).

(b) Ein „Reverse Force Double Play" ist ein Spielzug, in dem der erste Spieler in einer Situation zum Aus gespielt wird, in der er zum Vorrücken gezwungen war (Force Play). Das zweite Aus wird dann an einem Spieler gespielt, für den aufgrund des ersten Aus der Zwang zum Vorrücken erloschen ist.
BEISPIEL: Läufer auf dem ersten Base, ein Aus. Der Schlagmann schlägt den Ball auf den Boden und der First Baseman nimmt den Ball auf. Er tritt auf das erste Base (ein Aus) und wirft dann den Ball zum zweiten Base. Der Läufer vom ersten Base muss dort mit dem Ball berührt werden (Tag Play), bevor er das Base erreicht.
BEISPIEL: Alle Bases besetzt, kein Aus. Der Schlagmann schlägt den Ball auf den Boden und der Third Baseman nimmt den Ball auf. Er tritt auf das dritte Base (ein Aus), dann wirft er den Ball zum Catcher. Der Catcher muss den Läufer vom dritten Base nun mit dem Ball berühren (Tag Play).

DUGOUT (→ BENCH)

EINSPRUCH (→ APPEAL)

EINWECHSELLÄUFER (→ PINCH RUNNER)

EINWECHSELSCHLAGMANN (→ PINCH HITTER)

Eine **EJECTION** bezeichnet einen Platzverweis, den ein Schiedsrichter ausspricht.

Ein **ERROR** bezeichnet einen Fehler eines Defensivspielers beim Aufnehmen, Werfen oder Fangen des Balls. Eine genaue Definition findet sich in Regel 9.12 {10.12}.

ERZWUNGENES VORRÜCKEN (→ FORCE PLAY)

Ein **FAIR BALL** ist ein vom Schlagmann geschlagener Ball, der –

- zwischen Home Base und dem ersten Base bzw. zwischen Home Base und dem dritten Base auf dem Boden im Fair Territory liegen bleibt; oder
- der auf bzw. über Fair Territory ist, wenn er über das erste bzw. dritte Base hinaus ins Außenfeld springt; oder
- der das erste, zweite oder dritte Base berührt; oder
- der auf oder hinter dem ersten bzw. dritten Base im Fair Territory den Boden zum ersten Mal berührt; oder
- der auf oder über Fair Territory einen Spieler oder Schiedsrichter berührt; oder
- der die hinterste Spielfeldbegrenzung im Flug über Fair Territory überquert.

Ein Fair geschlagener Flugball wird anhand der relativen Position des Balls zu den Spielfeldlinien einschließlich der Markierungsmasten beurteilt und nicht danach, ob sich ein Feldspieler im Fair Territory oder Foul Territory befindet, wenn er den Ball berührt.

Kommentar zu FAIR BALL {2.00 (Fair Ball)}: Landet ein Flugball im Innenfeld zwischen Home Base und dem ersten bzw. dritten Base und verspringt dann zwischen Home Base und dem ersten bzw. dritten Base ins Foul Territory, ohne an diesen Bases innen vorbeizugehen und ohne dabei einen Spieler oder Schiedsrichter zu berühren, ist dies ein Foul Ball. Wenn ein Ball im Foul Territory liegen bleibt oder dort von einem Spieler berührt wird, ist dies ein Foul Ball. Wenn ein Flugball auf oder hinter dem ersten bzw. dritten Base im Fair Territory landet und dann ins Foul Territory rollt oder springt, ist dies ein Fair Ball.

{2.00 (Foul Ball)} Ein geschlagener Ball, der nicht von einem Feldspieler berührt wurde und die Pitcher's Plate berührt und von dort zwischen Home Base und erster Base bzw. dritter Base in Foul Territory abprallt, ist ein Foul Ball.

Vereine stellen vermehrt hohe Markierungsmasten (Foul Poles) an den beiden Stellen auf, wo die Spielfeldlinien auf den Zaun im Außenfeld stoßen. An diesen Stangen sind nach innen Richtung Fair Territory Netze befestigt, die es den Schiedsrichtern ermöglichen, Fair Balls und Foul Balls besser zu unterscheiden.

Das **FAIR TERRITORY** ist der Teil des Spielfeldes, der von den Spielfeldlinien eingeschlossen wird, die von Home Plate über das erste Base und von Home Plate über das dritte Base markiert sind. Die Spielfeldlinien selbst gehören zum Fair Territory. Das Fair Territory erstreckt sich von Home Plate bis zur Unterkante der hintersten Spielfeldbegrenzung und an dieser entlang aufwärts.

FELDSPIELER (→ FIELDER)

Ein **FIELDER** ist ein Feldspieler. Ein Spieler ist dann Feldspieler, wenn sich seine Mannschaft in der Defensivphase befindet und der Spieler eine Position auf dem Spielfeld einnimmt.

FIELDER'S CHOICE bezeichnet die Aktion eines Feldspielers, der einen auf den Boden geschlagenen Ball aufnimmt und nicht zum ersten Base wirft, um dort den laufenden Schlagmann zum Aus zu spielen, sondern zu einem anderen Base wirft und dadurch versucht, ein Aus gegen einen anderen Läufer zu erzielen. Der Begriff wird auch vom offiziellen Scorer benutzt, um:

(a) das Vorrücken eines laufenden Schlagmanns zu notieren, der ein oder mehrere zusätzliche Bases vorrückt, während der Feldspieler, der den Safe Hit aufnimmt, versucht, ein Aus gegen einen anderen Läufer zu erzielen.
(b) das Vorrücken eines Läufers zu notieren, während ein Feldspieler versucht, ein Aus gegen einen anderen Läufer zu erzielen. Hiervon ausgenommen ist das Vorrücken aufgrund eines gestohlenen Base (Steal) oder eines Fehlers (Error) der Defensive.
(c) das Vorrücken eines Läufers zu notieren, das ausschließlich aufgrund der Gleichgültigkeit der Defensivmannschaft erfolgt (Undefended Steal).

Ein **FLY BALL** (Flugball) ist ein vom Schlagmann hoch in die Luft geschlagener Ball, der den Boden noch nicht berührt hat – also sich im Flug befindet.

FLUGBALL (→ FLY BALL)

Ein **FORCE PLAY** ist ein Spielzug, in welchem ein Läufer sein Anrecht auf ein Base verliert, weil der Schlagmann zum Läufer wird.

Kommentar zu FORCE PLAY: Die genaue Bedeutung dieses Begriffs lässt sich erklären, wenn man sich vor Augen hält, dass ein Force Play in einem Spielzug auch aufgehoben werden kann.

BEISPIEL: Läufer auf dem ersten Base, ein Aus. Der First Baseman nimmt den geschlagenen Ball auf und tritt auf das erste Base (der Schlagmann wird zum Aus). Der Läufer vom ersten Base ist nun nicht mehr gezwungen, sein Base zu verlassen. Läuft er dennoch zum zweiten Base, muss er mit dem Ball berührt werden (Tag Play), bevor er das Base erreicht, damit gegen ihn ein Aus erzielt werden kann. Befinden sich auch auf dem zweiten und dritten Base Läufer und irgendeiner dieser Läufer erzielt einen Punkt, bevor der Läufer vom ersten Base mit dem Ball berührt wird, würde dieser Punkt zählen. Hätte der First Baseman den Ball zuerst zum zweiten Base geworfen und der Ball wäre dann zum ersten Base geworfen worden, wären beide Läufer in einem Force Play zum Aus gespielt worden und die Punkte würden nicht gewertet, da das dritte Aus in einem Force Play erzielt wurde. Immer wenn das dritte Aus in einem Force Play erzielt wird, zählen im gleichen Spielzug erzielte Punkte nicht.

BEISPIEL: Kein Aus im Force Play. Ein Aus. Läufer auf dem ersten und dritten Base. Der Schlag des Schlagmanns wird aus der Luft gefangen – zum zweiten Aus. Der Läufer vom dritten Base läuft nach dem Fangen des Balls los und erzielt durch Erreichen von Home Plate einen Punkt. Der Läufer vom ersten Base ist zu früh vom Base losgelaufen. Er läuft zum ersten Base zurück, aber der Ball erreicht das Base vor ihm. Obwohl der First Baseman in diesem Fall nur das Base berühren muss (um das Aus des Läufers zu erspielen), handelt es sich nicht um ein Aus im Force Play, da der Läufer durch das Aus des Schlagmanns nicht mehr gezwungen war, sein Base zu verlassen. Der Punkt zählt, wenn der Läufer das Home Base erreicht hat, bevor der Ball – zum Erzielen des dritten Aus – am ersten Base war (Time Play).

Ein **FORFEITED GAME** ist ein Spiel, das vom Hauptschiedsrichter wegen Regelverstößen einer Mannschaft beendet wurde. Der Sieg wird der anderen Mannschaft mit 9:0 zugeschrieben.

Ein **FOUL BALL** ist ein vom Schlagmann geschlagener Ball,

- der zwischen Home Base und dem ersten bzw. zwischen Home Base und dem dritten Base auf Foul Territory liegen bleibt; oder
- der am ersten bzw. dritten Base über Foul Territory vorbeispringt; oder
- der hinter dem ersten bzw. dritten Base im Foul Territory das erste Mal den Boden berührt; oder
- der über bzw. auf Foul Territory einen Spieler oder Schiedsrichter oder irgendein Objekt berührt, das nicht zum Spielfeld selbst gehört.

Ein Foul Ball wird anhand der relativen Position des Balls zu den Spielfeldlinien einschließlich der Markierungsmasten beurteilt und nicht danach, ob sich der Feldspieler im Fair Territory oder Foul Territory befindet, wenn er den Ball berührt.

Kommentar zu FOUL BALL: Ein geschlagener Ball, der nicht von einem Feldspieler berührt wurde und die Pitcher's Plate berührt und von dort zwischen Home Base und erster Base bzw. dritter Base ins Foul Territory abprallt, ist ein Foul Ball.

Landet ein Flugball im Innenfeld zwischen Home Base und dem ersten bzw. dritten Base und verspringt dann zwischen Home Base und dem ersten bzw. dritten Base ins Foul Territory, ohne an diesen Bases innen vorbeizugehen und ohne dabei einen Spieler oder Schiedsrichter zu berühren, ist dies ein Foul Ball. Wenn ein Ball im Foul Territory liegen bleibt oder dort von einem Spieler berührt wird, ist dies ein Foul Ball. Wenn ein Flugball auf oder hinter dem ersten bzw. dritten Base im Fair Territory landet und dann ins Foul Territory rollt oder springt, ist dies ein Fair Ball.

Die **FOUL LINES** sind die beiden Spielfeldlinien, die das Fair Territory vom Foul Territory trennen. Sie beginnen an der Spitze des Home Base und verlaufen durch das erste bzw. dritte Base bis zur Außenfeldbegrenzung. Die Spielfeldlinien selbst sind Bestandteil des Fair Territorys.

FOUL POLE (Markierungsmast): Je einer steht am Ende der Spielfeldlinien knapp hinter der hintersten Spielfeldbegrenzung. Die Masten und die daran befestigten Netze zur Innenseite des Spielfeldes helfen bei der Bestimmung, ob ein Ball das Spielfeld im Flug über Fair Territory (Home Run) oder über Foul Territory (Foul Ball) verlassen hat. Trifft ein Ball einen dieser Masten im Flug, gilt der Schlag als Home Run.

Das **FOUL TERRITORY** ist der Teil des Spielfeldes rechts und links außerhalb der Spielfeldlinien von Home Base über das erste bzw. dritte Base. Es erstreckt sich von diesen Spielfeldlinien bis zu den seitlichen Spielfeldbegrenzungen und an diesen entlang aufwärts.

Ein **FOUL TIP** ist ein geschlagener Ball, der vom Schläger gerade und direkt in die Hand oder in den Handschuh des Catchers geht und regelkonform gefangen wird. Wird ein solcher Ball nicht gefangen, ist es kein Foul Tip. Jeder Foul Tip, der gefangen wird, gilt als Strike. Das Spiel wird nicht unterbrochen und der Ball ist spielbar. Prallt der Ball zunächst vom Catcher ab und wird erst dann vom Catcher gefangen, gilt er nicht als regelkonform gefangen – es sei denn, der Ball hatte zuerst den Handschuh oder die Hand des Catchers berührt.

Ein **GROUND BALL** – auch „Grounder" – ist ein geschlagener Ball, der über den Boden rollt oder nahe am Boden springt.

Die **GROUND RULES** (Spielfeldregeln) sind die Regeln, die dazu dienen, das Spiel eventuellen Besonderheiten eines einzelnen Spielfeldes anzupassen. Solche Spielfeldregeln dürfen nicht im Widerspruch zu den allgemeinen Spielregeln stehen.

HAUPTSCHIEDSRICHTER ist der Schiedsrichter, der seine Position hinter der Home Plate einnimmt, wenn mehr als ein Schiedsrichter ein Spiel leiten. Auch wenn alle Schiedsrichter eigenverantwortlich und ohne Einfluss von den anderen Schiedsrichtern handeln, ist der Hauptschiedsrichter zusätzlich für bestimmte Aufgaben, die in diesen Regeln definiert sind, verantwortlich.

Die **HEIMMANNSCHAFT** (Home Team) ist die Mannschaft, auf deren Spielfeld das Spiel ausgetragen wird. Die Heimmannschaft ist in jedem Spielabschnitt zuerst in der Defensive (Punkte des Gegners verhindern) und dann in der Offensive (eigene Punkte erzielen). Wird ein Spiel auf einem neutralen Spielfeld ausgetragen, so wird im gegenseitigen Einvernehmen entschieden, welche Mannschaft die Heimmannschaft ist.

Ein **HIT** ist ein Schlag, der so gut ist, dass die Defensivmannschaft gegen den Schlagmann am ersten Base kein Aus erzielen kann, obwohl sie keinen Fehler begeht – der Schlagmann kann das erste Base sicher (Safe) erreichen.

HIT BY PITCH – wenn der Schlagmann von einem Pitch getroffen wird, ist der Ball nicht spielbar und der Schlagmann darf kampflos zum ersten Base vorrücken.

Als **HOME RUN** bezeichnet man den Treffer eines Schlagmanns, bei dem der Ball so weit geschlagen wird, dass dieser im Flug über das Fair Territory die hinterste Spielfeldgrenze überquert. Glückt ein solcher Schlag, ist der Ball nicht mehr spielbar und der Schlagmann sowie alle Läufer, die zu diesem Zeitpunkt auf den Bases standen, können bis zum Home Base vorrücken und jeweils einen Punkt erzielen. Sind zum Zeitpunkt eines Home Runs alle drei Bases besetzt, können insgesamt vier Punkte mit einem solchen Schlag erzielt werden. Dann spricht man auch von einem Grand Slam Home Run.

HOME TEAM (→ HEIMMANNSCHAFT)

ILLEGAL bedeutet, dass ein Verhalten im Widerspruch zu diesen Regeln steht – also regelwidrig ist. Das Gegenteil – also legal – bezeichnet ein regelkonformes Verhalten.

Ein **ILLEGAL PITCH** bezeichnet einen regelwidrigen Pitch des Pitchers – ein solcher ist (1) ein Pitch zum Schlagmann, wenn der Pitcher die Pitcher's Plate nicht berührt; (2) ein QUICK RETURN PITCH. Ein regelwidriger Pitch mit Läufern auf den Bases ist ein Regelverstoß des Pitchers (Balk).

IM FLUG (→ IN FLIGHT)

Das **INFIELD** (Innenfeld) bezeichnet den Teil des Spielfelds, der von den drei Bases und der Home Base umschlossen wird.

Ein **INFIELDER** ist ein Spieler der Defensivmannschaft, der im Innenfeld spielt.

Ein **INFIELD FLY** ist ein Flugball über Fair Territory (Fair Fly Ball) – mit Ausnahme von parallel zum Boden geschlagenen Bällen (Line Drive) oder versuchten Abtropfschlägen (Bunt) –, der von einem Innenfeldspieler mit normaler Anstrengung aus der Luft gefangen werden kann – sofern das erste und zweite Base oder das erste, zweite und dritte Base besetzt sein müssen, und noch nicht zwei Aus bestehen. Der Pitcher, der Catcher und Außenfeldspieler, die sich im Innenfeld postieren, werden im Sinne dieser Regel als Innenfeldspieler angesehen.

Scheint es offensichtlich, dass ein geschlagener Ball zum Infield Fly wird, muss der Schiedsrichter sofort „Infield Fly" rufen – damit die Läufer von dieser Regel profitieren können. Wird der Ball in die Nähe einer Spielfeldlinie geschlagen, ruft der Schiedsrichter: „Infield Fly, If Fair."

Der Ball bleibt spielbar, und Läufer dürfen auf die Gefahr hin vorrücken, dass der Ball aus der Luft gefangen wird. Oder sie berühren nochmals ihr Base, nachdem der Ball gefangen wurde und rücken danach vor – genauso wie bei jedem anderen Flugball. Wird solch ein Schlag zum Foul Ball, wird er genauso behandelt wie jeder andere Foul Ball.

Fällt ein Flugball, der zum Infield Fly erklärt wurde, unberührt zu Boden und springt oder rollt vor der ersten bzw. dritten Base ins Foul Territory, dann ist dies ein Foul Ball. Fällt ein Flugball, der zum Infield Fly erklärt wurde, außerhalb der Spielfeldlinien unberührt zu Boden und springt oder rollt dann ins Fair Territory, bevor er an der ersten bzw. dritten Base vorbeigegangen ist, dann ist dies ein Infield Fly.

Kommentar zu INFIELD FLY: Bei der Anwendung der Infield-Fly-Regel muss der Schiedsrichter entscheiden, ob der Ball üblicherweise von einem Innenfeldspieler gespielt werden konnte. Dabei darf er sich nicht an Gegebenheiten des Spielfeldes – wie Graskanten oder Spielfeldlinien – orientieren. Der Schiedsrichter muss auch auf Infield Fly entscheiden, wenn der Ball von einem Außenfeldspieler gespielt wird, falls der Ball nach Meinung des Schiedsrichters genauso von einem Innenfeldspieler hätte gespielt werden können. Ein Infield Fly ist unter keinen Umständen ein Spielzug mit Einspruchsmöglichkeit (Appeal). Die Entscheidung des Schiedsrichters zählt und diese Entscheidung sollte unverzüglich gefällt werden.

Wird auf Infield Fly entschieden, können die Läufer auf eigenes Risiko weiterrücken. Lässt ein Feldspieler den geschlagenen Ball – einen Infield-Fly-Ball – absichtlich fallen, nachdem der Schiedsrichter „Infield Fly" gerufen hat, bleibt der Ball spielbar – unabhängig von Regel 5.09 (a)(12) {6.05 (l)}. Die Infield-Fly-Regel hat Vorrang.

Sollten die Schiedsrichter während eines Infield Flys eine Behinderung signalisieren, dann bleibt der Ball so lange spielbar, bis entschieden werden kann, ob es sich um einen Fair Ball oder einen Foul Ball handelt. Ist es ein Fair Ball, dann werden sowohl der Schlagmann als auch der Läufer zum Aus, der die Behinderung begangen hat. Ist es ein Foul Ball, dann wird der Läufer zum Aus und der Schlagmann kehrt zurück an den Schlag – unabhängig davon, ob der Ball regelkonform gefangen wurde oder nicht.

IN FLIGHT – im Flug. Ein geschlagener, geworfener oder als Pitch geworfener Ball, der bislang weder den Boden noch einen Gegenstand berührt hat – Feldspieler ausgenommen –, befindet sich im Flug.

IN JEOPARDY – in Gefahr. Damit wird der Zustand bezeichnet, in dem der Ball spielbar ist und gegen einen offensiven Spieler ein Aus erzielt werden kann.

INNENFELD (→ INFIELD)

Ein **INNING** ist ein Spielabschnitt. Innerhalb eines Spielabschnitts spielen beide Mannschaften abwechselnd einmal in der Offensive und einmal in der Defensive – jeweils in ihrer Hälfte eines Spielabschnitts. Die Hälfte eines Spielabschnitts endet, wenn eine Mannschaft ihren Schlagdurchgang absolviert hat und drei ihrer Spieler zum Aus geworden sind.

Ein **INTENTIONAL WALK** ist ein taktischer Spielzug der Defensivmannschaft. Der Pitcher wirft den Ball absichtlich als vierten „Ball" zum Schlagmann. Der Schlagmann darf somit kampflos zum ersten Base laufen – „Base On Balls". Sehr gute Schlagmänner werden so umgangen oder das erste Base wird mit Absicht besetzt, damit andere Läufer in eine Situation geraten können, in der sie zum Vorrücken gezwungen werden (Force Play). Es kommt auch zum Intentional Walk, wenn der Manager der Defensivmannschaft dem Schiedsrichter ein Zeichen gibt, mit dem er beabsichtigt, den Schlagmann absichtlich zum ersten Base vorrücken zu lassen (BASE ON BALLS).

Mit **INTERFERENCE** bezeichnet man eine Behinderung.

(a) Offensive Interference: So bezeichnet man eine Aktion der Offensivmannschaft, die einen Spieler der Defensivmannschaft bei dem Versuch, einen Spielzug durchzuführen, behindert, aufhält, blockiert oder verwirrt.

(b) Defensive Behinderung: So bezeichnet wird eine Aktion eines Feldspielers, der den Schlagmann dabei behindert oder es verhindert, dass der Schlagmann einen vom Pitcher geworfenen Pitch schlagen kann.

(c) Schiedsrichterbehinderung: Diese liegt dann vor, wenn (1) ein Schiedsrichter einen Catcher dabei behindert, den Ball zu einem Base zu werfen, um einen Steal zu verhindern oder um einen Pick Off zu spielen, oder wenn (2) ein Fair Ball einen Schiedsrichter im Fair Territory berührt, bevor der Ball an einem Feldspieler vorbeigeht.

(d) Zuschauerbehinderung: Diese liegt vor, wenn sich ein Zuschauer aus dem Zuschauerbereich heraus und über das Spielfeld lehnt, oder wenn ein Zuschauer das Spielfeld betritt und dabei (1) den spielbaren Ball berührt oder (2) einen Spieler berührt und so beim Versuch behindert, den spielbaren Ball zu spielen.

LÄUFER (→ RUNNER)

LAUFENDER SCHLAGMANN (→ BATTER-RUNNER)

LEGAL (→ REGELKONFORM)

Eine **LIGA** ist eine Gruppe von Vereinen, deren Mannschaften in einem bereitgestellten Terminplan unter diesen Regeln um die Meisterschaft ihrer Liga spielen.

Der **LIGAPRÄSIDENT** ist der Ligaoffizielle, der verantwortlich ist für die Durchsetzung der offiziellen Regeln, für die Verhängung von Geldstrafen oder Sperren gegen Spieler, Coaches, Manager und Schiedsrichter wegen Verletzung dieser Regeln, für das Schlichten von Auseinandersetzungen über die Regeln und für die Entscheidung von Protesten.

(Ligapräsident) Kommentar: Im Bereich von Major League Baseball übernehmen durch den Commissioner of Baseball ernannte Vertreter die in den Regeln genannten Aufgaben des Ligapräsidenten. Der Commissioner kann verschiedene offizielle Vertreter ernennen, die wiederum einzelne Aufgaben übernehmen, die im Regelwerk dem Ligapräsidenten zufallen.

Kommentar für den deutschen Spielbetrieb: Die im Regelwerk beschriebenen Aufgabe des Ligapräsidenten werden im deutschen Baseballspielbetrieb durch Personen oder Gremien wahrgenommen, die dem Bundesverband oder einem Landesverband zugehörig sind. Detaillierte Bestimmungen finden sich in der Bundesspielordnung, in den Durchführungsverordnungen der Landesverbände bzw. in der Rechts- und Verfahrensordnung. In der Regelübersetzung wird „Ligapräsident" deshalb auch durch „Verband" übersetzt.

Ein **LINE DRIVE** ist ein geschlagener Ball, der hart und in direkter Linie vom Schläger zu einem Feldspieler geht, ohne den Boden zu berühren.

LINEUP CARD (→ BATTING ORDER)

Mit **LIVE BALL** (Ball ist spielbar) bezeichnet man den Zustand, in dem Spielzüge erfolgen können.

MAGNESIABEUTEL (→ ROSIN BAG)

Der **MANAGER** ist eine vom Verein ernannte Person, die für alle Handlungen der Mannschaft auf dem Spielfeld verantwortlich ist. Er vertritt die Mannschaft bei der Kommunikation mit den Schiedsrichtern und der gegnerischen Mannschaft. Auch ein Spieler kann zum Manager ernannt werden.

MANNSCHAFTSBANK (→ BENCH)

Die **NATIONAL ASSOCIATION** ist die Dachorganisation der Minor Leagues – in Abgrenzung zum Spielbetrieb der Major League.

NORMALE ANSTRENGUNG ist die Leistung, die ein Feldspieler mit durchschnittlichen Fähigkeiten auf einer bestimmten Position in einer bestimmten Liga oder einer Gruppe von Ligen vorweisen sollte, unter gebührender Berücksichtigung der Feldbeschaffenheit und der Wetterbedingungen.

(Normale Anstrengung) Kommentar: Dieser Maßstab, auf den in den Regeln zum Anfertigen des Spielberichts (z. B. 9.05 (a) (3), 9.05 (a) (4), 9.05 (a) (6), 9.05 (b) (3) (Base Hits); 9.08 (b) (Sacrifices); 9.12 (a) (1) Kommentar, 9.12 (d) (2) (Errors) und 9.13 (a), 9.13 (b) (Wild Pitches und Passed Balls)) und in den Spielregeln (z. B. Begriffsdefinitionen „Infield Fly") mehrfach verwiesen wird, ist ein objektiver Maßstab hinsichtlich jedes einzelnen Feldspielers. Anders ausgedrückt: Selbst wenn ein Spieler seine bestmögliche Leistung erbringt, diese Leistung aber unter der Leistung liegt, die ein durchschnittlicher Feldspieler auf dieser Position in dieser Liga in dieser Situation erbracht hätte, dann sollte der Offizielle Scorer diesen Feldspieler mit einem Error belasten.

OBSTRUCTION (Blockieren) bezeichnet den Vorgang, wenn ein Läufer durch einen Feldspieler blockiert wird, wobei der Feldspieler selber nicht in Ballbesitz ist und nicht gerade dabei ist, den Ball aufzunehmen.

Die **OFFENSIVMANNSCHAFT** ist die Mannschaft bzw. jeder Spieler der Mannschaft, die gerade am Schlag ist und ihren Schlagdurchgang absolviert.

Der **OFFICIAL SCORER** (offizieller Scorer) ist der Verfasser des Spielberichts. Siehe Regel 9.00 {10.00}.

ORDINARY EFFORT (→ NORMALE ANSTRENGUNG)

Mit **OUT** (Aus) bezeichnet man das Scheitern und vorübergehende Ausscheiden eines Spielers der Offensivmannschaft. Drei Aus muss die Defensivmannschaft gegen die Offensivmannschaft in jedem Spielabschnitt erzielen.

Das **OUTFIELD** (Außenfeld) bezeichnet den Teil des Spielfelds hinter dem Innenfeld bis zur hintersten Spielfeldbegrenzung.

Ein **OUTFIELDER** (Außenfeldspieler) ist ein Spieler der Defensivmannschaft, der seine Position im Außenfeld einnimmt.

Ein **OVERSLIDE** (Überrutschen) tritt dann auf, wenn ein Läufer über ein Base hinausrutscht, sodass er dabei den Kontakt zum Base wieder verliert. Ausnahme: Wenn der Schlagmann vom Home Base zum First Base vorrückt.

Ein **OVERTHROW** (Überwurf) ist ein Wurf, der so ungenau ist, dass er das Spielfeld verlässt und der Ball nicht mehr spielbar ist.

Ein **PASSED BALL** (verpasster Wurf) ist ein vom Pitcher zum Schlagmann geworfener Pitch, den der Catcher nicht unter Kontrolle bringen kann, obwohl er dies mit normaler Anstrengung hätte tun können.

PENALTY ist die Strafe, die bei einer Verletzung dieser Regeln ausgesprochen wird.

Die **PERSON** eines Spielers oder Schiedsrichters umfasst alle Teile des Körpers zuzüglich Kleidung und Ausrüstung.

Ein **PICK OFF** bezeichnet den Versuch eines Pitchers, einen Läufer nahe an einem Base zu halten. Zu diesem Zweck führt der Pitcher keinen Pitch in Richtung des Schlagmanns aus, sondern wirft zu einem seiner Feldspieler, die an den drei Bases stehen. Ist der Pitcher schnell genug und erwischt den Läufer auf dem falschen Fuß, kann gegen den Läufer so ein Aus erzielt werden.

Ein **PINCH HITTER** oder ein **PINCH RUNNER** ist ein Spieler, der während der Offensivphase einer Mannschaft eingewechselt wird. Meist bleibt er nur bis zum Ende dieser Offensivphase eingesetzt. Dennoch ist dies eine regelkonforme Auswechslung. Der Spieler, den der Pinch Hitter bzw. Pinch Runner ersetzt, gilt als ausgewechselt.

Ein **PITCH** ist der vom Pitcher (Werfer) zum Schlagmann geworfene Ball.

(Pitch) Kommentar: Alle anderen Ballbeförderungen von einem Spieler zum anderen sind Würfe.

Anmerkung des Übersetzers: Einen Wurf kann jeder Spieler ausführen, einen Pitch kann aber nur der Pitcher ausführen – sofern sich der Pitcher in einer der beiden zulässigen Pitchingpositionen gemäß Regel 5.07 (a)(1) bzw. 5.07 (a)(2) befindet.

Der **PITCHER** (Werfer) ist der von seiner Mannschaft bestimmte Feldspieler, der dem Schlagmann den Ball zuwirft – also Pitches ausführt.

Die **PITCHER'S PLATE** ist eine kleine, rechteckige Gummimatte, die der Pitcher bei der Ausführung eines Pitchs berühren muss. Sie liegt in der Mitte zwischen First Base und Third Base und ist 18,44 m von der Home Plate entfernt.

Der **PITCHER'S MOUND** ist der flache Hügel im Innenfeld, auf dem die Pitcher's Plate liegt. Dort bezieht der Pitcher seine Position.

Als **PIVOT FOOT** (Standfuß) des Pitchers bezeichnet man den Fuß, mit dem der Pitcher während der Ausführung des Pitchs Kontakt zur Pitcher's Plate behält.

PLATZVERWEIS (→ EJECTION)

Ein **PLAY** ist ein Spielzug.

„**PLAY**" ist die Aufforderung des Schiedsrichters, das Spiel zu beginnen oder wieder aufzunehmen, nachdem der Ball nicht spielbar war.

Die **POSTSEASON** (Nachsaison) umfasst alle Spiele, die nach dem Ende der regulären Saison ausgetragen werden. Dazu gehören Play-Off- und Play-Down-Spiele, sowie Platzierungs- und Relegations- und Meisterschaftsspiele.

Ein **PUTOUT** bezeichnet das durch einen Feldspieler erzielte Aus gegen einen Schlagmann oder Läufer.

Ein **QUICK RETURN PITCH** ist ein Pitch, bei dem der Pitcher mit erkennbarer Absicht so agiert, dass er den Schlagmann unvorbereitet überrascht. Ein solcher Quick Return Pitch ist ein regelwidriger Pitch (Illegal Pitch).

Als **REGELKONFORM** wird jede Aktion bezeichnet, die in Übereinstimmung mit diesem Regelwerk ausgeführt wird.

REGULÄRES SPIEL (→ REGULATION GAME)

Ein **REGULATION GAME** (reguläres Spiel) – siehe Regel 7.01 {4.10}.

Ein **RETOUCH** (Wiederberühren) ist das von den Regeln vorgeschriebene Zurückkehren eines Läufers zu einem Base.

Ein **ROSIN BAG** (Magnesiabeutel) ist ein Stoffbeutel, der mit Magnesiumpulver gefüllt ist und hinter dem Werferhügel auf dem Boden platziert wird. Der Pitcher darf ihn benutzen, um seine Hände zu trocknen.

Ein **RUN** ist ein Punkt, der von einem Spieler der Offensive erzielt wird, indem er vom Schlagmann zum Läufer wird und dann die First Base, Second Base, Third Base und Home Base in dieser Reihenfolge berührt.

Ein **RUN-DOWN** ist ein Spielzug, in dem zwei oder mehrere Spieler der Defensivmannschaft versuchen, ein Aus an einem Läufer zu erzielen, der sich zwischen zwei Bases befindet.

Ein **RUNNER** (Läufer) ist ein Spieler der Offensivmannschaft, der auf ein Base zuläuft, ein solches berührt oder zu einem Base zurückkehrt.

Bei einem **SACRIFICE BUNT** (Opferschlag) lässt der Schlagmann einen Pitch vom Schläger nur abtropfen (Bunt), sodass ein anderer Läufer dadurch ein oder mehrere Bases vorrücken kann. Der Schlagmann nimmt dabei in Kauf, dass er dabei selbst vor Erreichen von First Base zum Aus wird.

„**SAFE**" ruft der Schiedsrichter, wenn ein Läufer das Recht auf ein erreichtes Base erlangt hat.

SCHLAGDURCHGANG (→ AT BAT)

SCHLAGMANN (→ BATTER); **LAUFENDER SCHLAGMANN** (→ BATTER-RUNNER)

SCHLAGRAUM (→ BATTER'S BOX)

SCHLAGREIHENFOLGE (→ BATTING ORDER)

SCORE bezeichnet den Spielstand in Punkten.

Die **SET-POSITION** ist eine der beiden regelkonformen Positionen, aus denen heraus der Pitcher einen Pitch ausführen darf.

Ein **SLIDE** bezeichnet das Rutschen eines Läufers zu einem Base.

SPIELABSCHNITT (→ INNING)

SPIELBAR (→ LIVE BALL); **NICHT SPIELBAR** (→ DEAD BALL)

Ein **SQUEEZE PLAY** ist ein Spielzug, wenn der Schlagmann mit einem Bunt versucht, einen Läufer vom dritten Base vorrücken und dadurch einen Punkt erzielen zu lassen.

Ein **STEAL** (Stehlen) bezeichnet das Vorrücken eines Läufers zum nächsten Base, ohne dass der Ball geschlagen wurde.

STEHLEN (→ STEAL)

Ein **STOLEN BASE** ist ein Base, das ein Läufer durch Stehlen erreicht hat.

STRAFE (→ PENALTY)

Ein **STRIKE** ist – vom Schiedsrichter entschieden – ein regelkonformer Pitch des Pitchers,
- (a) an dem ein Schlagmann vorbeischlägt;
- (b) nach dem der Schlagmann nicht schlägt, aber irgendein Teil des Balls durch irgendeinen Teil der Strike Zone geht;
- (c) der vom Schlagmann bei weniger als zwei Strikes ins Foul Territory geschlagen wird;
- (d) der per Bunt ins Foul Territory geschlagen wird;
- (e) der den Schlagmann berührt, während dieser nach diesem Ball schlägt;
- (f) der den Schlagmann im Flug in der Strike Zone trifft; oder
- (g) der zu einem Foul Tip wird.

Die **STRIKE ZONE** ist ein Raum über der Home Plate. Die Obergrenze der Strike Zone verläuft parallel zum Boden in der Mitte zwischen den Schultern und dem oberen Rand der Hose des Schlagmanns. Die untere Grenze liegt an der Unterkante von dessen Kniescheibe. Die Größe der Strike Zone ergibt sich aus der Haltung des Schlagmanns in dem Moment, in dem er bereit ist, nach dem Ball zu schlagen (siehe Anhang Abb. 5).

Ein **SUSPENDED GAME** (aufgeschobenes Spiel) ist ein abgebrochenes Spiel, das zu einem späteren Zeitpunkt fortgesetzt wird.

Ein **TAG** (Antippen mit Ball bzw. in Ballbesitz) ist die Aktion eines Feldspielers, der mit seinem Körper ein Base berührt, während er gleichzeitig den Ball sicher und fest in seiner Hand oder in seinem Fanghandschuh hält. Ein „Tag" bezeichnet auch das Berühren eines Läufers mit dem Ball, während sich der Ball sicher und fest in der Hand oder im Handschuh befindet. Es ist kein erfolgreicher „Tag", wenn der Feldspieler gleichzeitig mit oder unmittelbar nach der Berührung des Base oder Läufers den Ball fallen lässt. Zur Beurteilung der Gültigkeit eines „Tags" muss der Feldspieler den Ball lange genug in seinem Besitz halten, um so zu beweisen, dass er vollständige Kontrolle über den Ball hat. Wenn ein Feldspieler nach einem „Tag" den Ball infolge eines anschließenden Versuchs, den Ball zu werfen, fallen lässt, dann gilt der „Tag" dennoch als erfolgreich.

TAG PLAY (→ TAG)

Mit **TAG UP** (Ablösen) wird die Aktion eines Läufers beschrieben, der sein Base erst nach der ersten Berührung eines Flugballs durch einen Feldspieler verlässt, bevor er zum nächsten Base läuft.

Ein **THROW** (Wurf) bezeichnet das Vorwärtsbewegen des Balls mit der Hand zu irgendeinem Ziel. Wichtig ist, dass man immer sehr genau zwischen einem „Wurf" (ausgeführt von irgendeinem Feldspieler) und einem „Pitch" (Ballbeförderung durch den Pitcher zum Schlagmann) unterscheiden muss.

Ein **TIE GAME** ist ein reguläres Spiel, bei dessen Abbruch Punktegleichstand herrscht.

„**TIME**" ruft der Schiedsrichter, um das Spiel regelkonform zu unterbrechen. Der Ball ist dann nicht spielbar.

TIME PLAY bezeichnet einen Spielzug, bei dem die zeitliche Abfolge von zwei oder mehr Aktionen darüber entscheidet, ob ein Punkt zählt. Zu solchen Situationen kann es kommen, wenn ein Läufer Richtung Home Base läuft und gegen einen anderen Läufer, der nicht zum Vorrücken gezwungen war, das dritte Aus erzielt wird. Die zeitliche Abfolge entscheidet hier: Hat der erste Läufer schon das Home Base berührt, bevor das Aus am anderen Läufer erzielt wurde – dann zählt der Punkt des ersten Läufers, sonst zählt der Punkt nicht.

Mit **TOUCH** wird die Berührung eines Spielers oder Schiedsrichters nicht nur am Körper, sondern auch an der Kleidung oder Schutzausrüstung bezeichnet. *Kommentar: Ausrüstung gilt dann als von einem Spieler oder Schiedsrichter getragen, wenn sich diese in Kontakt mit dem dafür vorgesehenen Platz am Körper befindet.*

Ein **TRIPLE PLAY** ist ein Spielzug der Verteidigung (Feldmannschaft), in dessen Verlauf drei Spieler der Offensivmannschaft zum Aus gespielt werden, wobei der Spielzug als fortlaufende Aktion und ohne Fehler (Error) gespielt werden muss.

Ein **UMPIRE** ist ein Schiedsrichter. Hinter der Home Plate steht der Plate Umpire, an den Bases Feldschiedsrichter. Der Plate Umpire ist gleichzeitig der Hauptschiedsrichter im Sinne dieser Regeln.

Der **VEREIN** ist im Sinne dieser Regeln eine Person oder eine Personengruppe, die dafür verantwortlich ist, dass Helfer bzw. Bedienstete und zum Spielbetrieb gehörige Personen sich versammeln. Ferner ist der Verein dafür verantwortlich, das Spielfeld und benötigte Einrichtungen bereitzustellen. Der Verein vertritt die Mannschaft in Angelegenheiten, die den Spielbetrieb der Liga betreffen.

WALK (→ BASE ON BALLS)

WERFER (→ PITCHER)

WERFERHÜGEL (→ PITCHER'S MOUND)

Ein **WILD PITCH** ist ein Pitch, der so hoch, so tief oder so weit seitlich von Home Plate geworfen wurde, dass der Catcher ihn nicht mit normaler Anstrengung spielen kann.

Die **WINDUP-POSITION** ist eine der beiden regelkonformen Positionen, aus denen heraus der Pitcher einen Pitch ausführen darf.

WURF (→ THROW)

WURFMAL (→ PITCHER'S PLATE)

ZÄHLUNG (→ COUNT)

Es versteht sich, dass alle Formulierungen in diesen Regeln gleichermaßen für Frauen und Männer gelten.

ANHANG

1   Aufbau des Spielfeldes

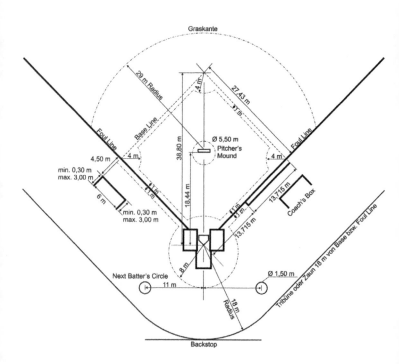

2 Abmessungen an Home Plate, erste, zweite und dritte Base

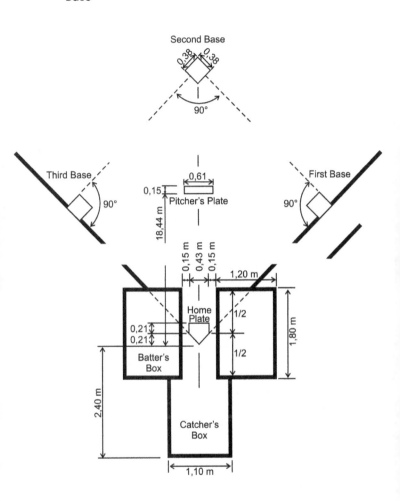

3 Abmessungen des Werferhügels (Pitcher's Mound)

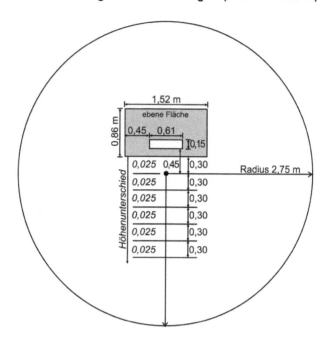

Abb. 3 ergänzt Abb. 2. In Zweifelsfällen gilt Abb. 3.

Das Gefälle von einem Punkt 15 cm vor dem Pitcher's Plate in Richtung auf einen Punkt 180 cm in Richtung auf die Home Plate muss 2,5 cm auf 30 cm (= 8,3 %) betragen und gleichmäßig sein.

Werferhügel: ein Kreis mit 5,5 m Durchmesser, dessen Mittelpunkt 17,99 m von der hinteren Ecke von Home Plate entfernt ist.

Das Pitcher's Plate wird 45 cm hinter der Mitte des Werferhügels angebracht. Entfernung Vorderkante Pitcher's Plate – hintere Ecke Home Plate: 18,44 m.

Das Gefälle beginnt 15 cm vor der Vorderkante des Pitcher's Plates. Das Gefälle erstreckt sich bis zu einem Punkt 180 cm vor der Vorderkante des Pitcher's Plates und ist gleichmäßig.

Die ebene Fläche um das Pitcher's Plate erstreckt sich 15 cm vor dem Pitcher's Plate, 45 cm zu jeder Seite und 55 cm hinter das Pitcher's Plate. Die gesamte Fläche misst 1,52 m x 0,86 m.

4 Abmessungen eines Fanghandschuhs

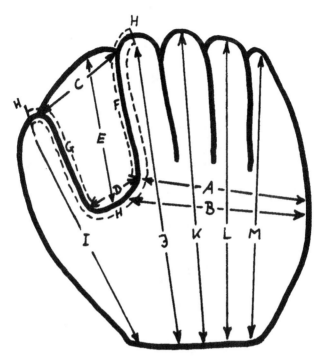

A	Breite der Handfläche	19,7 cm
B	Breite der Handfläche	20,3 cm
C	Oberste Öffnung des Netzes Das Netz darf an keiner Stelle breiter sein.	11,5 cm
D	Unterste Öffnung des Netzes	8,9 cm
E	Oberkante bis Unterkante des Netzes	14,6 cm
F	Verbindungsnaht zum Zeigefinger	14,0 cm
G	Verbindungsnaht zum Daumen	14,0 cm
H	Umlaufende Verbindungsnaht	34,9 cm
I	Oberkante Daumen bis unterster Rand	19,7 cm
J	Oberkante Zeigefinger bis unterster Rand	33,0 cm
K	Oberkante Mittelfinger bis unterster Rand	30,0 cm
L	Oberkante Ringfinger bis unterster Rand	27,3 cm
M	Oberkante kleiner Finger bis unterster Rand	23,0 cm

5 Strike Zone

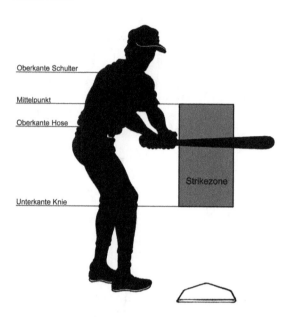

ÄNDERUNGEN 2017 UND 2018

Die folgende Übersicht zeigt die Änderungen der Original-Regeln zur US-Spielsaison 2016 und 2017. Die Jahreszahl in eckigen Klammern verweist auf das jeweilige Jahr, in dem eine Änderung in den Original-Regeln eingeführt wurde. Alle aufgeführten Änderungen wurden in das Regelheft eingearbeitet und gelten für den deutschen Spielbetrieb ab der Saison 2018.

3.05 – Größere Abmessung des Handschuhs eines First Baseman erlaubt
Änderung: Der Handschuh eines First Baseman darf jetzt maximal 33 cm groß sein (Unterkante bis Oberkante) – zuvor waren es maximal 30,5 cm. [2016]

3.06 – Größere Abmessung des Handschuhs eines Feldspielers erlaubt
Änderung: Der Handschuh eines Feldspielers darf jetzt maximal 33 cm groß sein (Unterkante bis Oberkante) – zuvor waren es maximal 30,5 cm. [2016]

3.10 (b) – Verbot von speziellen Markierungen auf dem Spielfeld

Hinzufügung: Verbot von Markierungen auf dem Spielfeld, die Spielern helfen, sich in einer speziellen Art besser zu positionieren. [2017]**4.04 (a) und (b) – Regelungen zur Bespielbarkeit des Spielfeldes an Doppelspieltagen**
Konkretisierung: Es wird klargestellt, dass bei Doppelspieltagen (Double-Header) sowohl konventionelle Doppelspieltage als auch solche gemeint sind, die am gleichen Tage unterteilt sind. [2017]

4.04 (c) – Behandlung von vor Spielbeginn abgesagten (verschobenen) Spielen
Neue Regel: Es wird klargestellt, dass ein verschobenes Spiel (durch die Heimmannschaft vor Spielbeginn abgesagt) als nicht gespielt zählt (No Game). [2016]

4.08 (a)(1) – Minor Leagues: Beendigung eines ausgeschobenen Spieles vor einem Double-Header unzulässig

Hinzufügung: **In den Minor Leagues ist es nicht gestattet, am gleichen Tag vor einem planmäßig angesetzten Double-Header noch ein aufgeschobenes Spiel zu beenden** – ebenfalls hinzugefügt im Kommentar von Regel 7.02 (b). [2017]4.08 (b) – Regelung zu Doppelspieltagen
Konkretisierung: Es wird klargestellt, dass bei Doppelspieltagen (Double-Header) sowohl konventionelle Doppelspieltage als auch solche gemeint sind, die am gleichen Tage unterteilt sind. [2017]

5.03 – Verhalten von Base Coaches
Änderung / Konkretisierung: Es wird genauer definiert, wann ein Base Coach die Coaches Box verlassen darf und zu welchem Zweck. Der Kommentar zu dieser Regel wurde entfernt und dessen Inhalt in leicht abgeänderter Form in den Abschnitt „Strafe" überführt. [2017]

5.04 (b)(2) – Kein Balk bei Verletzung der Schlagraum-Regel
Löschung / Hinzufügung / Konkretisierung: In Übereinstimmung mit Änderungen in der Schlagraum-Regel 5.04 (b)(4)(A) wurde der Kommentar angepasst und neu sortiert: In der Major League – ohne Anwendung des automatischen Strike – wird mit „Time" unterbrochen, wenn der Schlagmann unerlaubt aus dem Schlagraum heraustritt und der Pitcher deshalb seinen Pitch abbricht: Beide beginnen noch einmal erneut. In den Minor Leagues wird in einem solchen Fall ebenfalls nicht auf „Balk" entschieden – aber in Bezug auf den Schlagmann wird die Schlagraum-Regel angewendet (Verwarnung, bei Wiederholung automatischer Strike). [2017]

5.04 (b)(4)(A) / 5.04 (b)(4)(B) – Weitere Ausnahmen zur Schlagraum-Regel

Hinzufügung: Beiden Regelstellen wurde jeweils eine weitere Ausnahme hinzugefügt. In 5.04 (b)(4)(A) darf der Schlagmann den Schlagraum auch verlassen, wenn nach einem abgebrochenen Schwungversuch ein Einspruch bei einem Feldschiedsrichter eingelegt wird (Checked Swing). In 5.04 (b)(4)(B) darf der Schlagmann auch den Aschekreis von Home Plate verlassen, wenn er möglicherweise oder tatsächlich verletzt ist. Die Nummerierung an beiden Regelstellen wurde verändert. [2016]

5.04 (b)(4)(A) – Strafe bei Verletzung der Schlagraum-Regel abhängig von Liga
Änderung: **Es wird unterschieden zwischen der Anwendung in der Major League und den Minor Leagues. In der Major League wird bei**

Verletzung der Schlagraum-Regel der Schlagmann lediglich verwarnt, im Wiederholungsfall kann der Verband Strafen aussprechen. In den Minor Leagues wird ebenfalls zunächst verwarnt, bei Wiederholung allerdings das Spiel unterbrochen und auf einen automatischen Strike entschieden. [2017]5.05 (b)(1) – Intentional Base on Balls per Zeichen ohne Pitches möglich

Hinzufügung: Ergänzung der Regelung zu Base on Balls für den Fall, dass ein absichtliches Base on Balls durch den Manager per Zeichen signalisiert wurde – vergleiche hierzu auch Hinzufügung in den Begriffsdefinitionen für „Base on Balls". [2017]

5.06 (b)(3)(C) – Betreten eines nicht bespielbaren Bereiches

Konkretisierung: Erweiterung der Regel und des zugehörigen Kommentars – bislang war nur das Stürzen in einen nicht bespielbaren Bereich definiert (nach einem gefangenen Flugball). Die Regel gilt nun auch dann, wenn der nicht bespielbare Bereich mit mindestens einem Fuß betreten wird. [2016]

5.07 (a) – Weitere Definitionen für nicht erlaubte Pitch-Bewegungen

Hinzufügung / Konkretisierung: Es wird klargestellt, dass ein Pitcher nur einen Schritt in Richtung Home Plate bei der Pitch-Durchführung ausführen darf. Ebenso darf er bei der Pitch-Ausführung seinen Standfuß nicht umsetzen. Dies gilt für Pitch-Ausführungen aus der Windup- und Set-Position. [2017]5.07 (a)(2) – Kriterien zur Annahme einer Set-Position des Pitchers

Änderung / Konkretisierung: Es kann vorkommen, dass nicht genau unterschieden werden kann, ob sich ein Pitcher nun in der Set- oder Windup-Position befindet. Diese Konkretisierung versucht dies zu beschreiben und verlangt in Situationen mit Läufern auf Base, dass der Pitcher die Art seiner Position per Zeichen anzeigt. [2017]

5.08 (b) – Spielzüge, die ein Spiel beenden

Konkretisierung: Redaktionelle Klarstellung, dass nicht nur der Läufer vom dritten Base sondern alle Läufer inklusive des laufenden Schlagmannes zum Vorrücken gezwungen sind. [2016]

5.09 (a)(1) – Betreten eines nicht bespielbaren Bereiches

Konkretisierung im Kommentar: Wie beim Stürzen in den Bereich einer

Mannschaftsbank nach einem gefangenen Flugball ist nun ebenso der Ball nicht mehr spielbar (und Läufer rücken je ein Base vor), wenn ein Feldspieler nach einem gefangenen Flugball den Bereich einer Mannschaftsbank betritt. [2016]

5.09 (b)(9) – Sich überholende Läufer
Konkretisierung: Ein (regelwidriges) Überholen kann von einem nachfolgenden aber auch von einem vorauslaufenden Läufer ausgelöst werden. Die Regel enthält dazu jetzt ein konkretes Beispiel. [2016]

5.09 (c)(3) – Überlaufen vom ersten Base: Möglichkeiten, einen Einspruch zu spielen
Konkretisierung: Wird ein Einspruch (Appeal) gegen einen laufenden Schlagmann gespielt, der das erste Base überlaufen bzw. überrutscht hat (und vorausgesetzt dieser laufende Schlagmann kehrt nicht unverzüglich zum ersten Base zurück) – dann kann ein Einspruch durch Berührung vom ersten Base oder durch Berühren des laufenden Schlagmannes gespielt werden. [2016]

5.12 (b)(6) – Betreten eines nicht bespielbaren Bereiches
Konkretisierung: analog zu 5.09 (a)(1) – hier im Rahmen der Situationen von Spielunterbrechungen. [2016]

6.01 (a)(1) – Behinderung bei einem nicht gefangenen dritten Strike
Konkretisierung: Es muss sich um einen nicht gefangenen dritten Strike handeln. Behindert in dieser Situation der Schlagmann deutlich erkennbar den Catcher, so ist auf Behinderung zu entscheiden. [2016]

6.01 (j) – Angemessenes Verhalten des Läufers bei möglichem Double Play
Neue Regel: Es wird definiert, was unter einem „angemessenen" Slide im Zuge eines möglichen Double Plays zu verstehen ist. Gleichzeitig werden Sanktionen konkretisiert, die bei Verstößen zum Tragen kommen. [2016]

6.03 (a)(4) – Behinderung durch geworfenen Schläger

Neue Regel: Konkretisierung der Situation, wenn ein Schlagmann seinen Schläger wirft und dabei den Catcher behindert, der einen Spielzug ausführen und/oder den dritten Strike fangen will. Die bisherigen Unterpunkt

6.03 (a)(4) wurden verschoben nach 6.03 (a)(5). Ausnahme und Kommentar gelten nun für 6.03(a)(4) und 6.03(a)(3) gleichermaßen. [2016]

7.01 (e) – Behandlung von verschobenen (abgesagten) Spielen
Konkretisierung: Angleichung der Regel analog zu 4.04 (c). [2016]

7.02 – Änderung der Kapitelüberschrift
Änderung: Kapiteltitel „Aufgeschobene Spiele (Suspended Games)" wurde erweitert durch „verschobene Spiele (Postponed Games)" und „Spiele mit Gleichstand (Tie Games)". [2016]

7.02 (b)(4) – Verfahren bei Spielausfällen am Ende der regulären Spielsaison
Konkretisierung: Das bisherige Verfahren wird ausgedehnt und gleichzeitig bekommt der Ligapräsident weitere Entscheidungsmöglichkeiten. Dies betrifft auch die Regeln 7.02 (b)(4)(A), 7.02 (b)(4)(B), 7.02 (b) Kommentar – sowie 7.02 (b)(4)(C) die in 7.02 (b)(5) umgewandelt wurde. [2016]

7.02 (b)(5) – Verfahren bei Spielausfällen am Ende der regulären Spielsaison
Konkretisierung: Klarstellung, welche Auswirkungen bei der Entscheidung des Ligapräsidenten bzw. Verbandes berücksichtigt werden können. [2017]

7.02 (b) – Minor Leagues: Keine Beendigung eines ausgeschobenen Spieles vor einem Double-Header zulässig
Hinzufügung im Kommentar: In den Minor Leagues ist es nicht gestattet, am gleichen Tag vor einem planmäßig angesetzten Double-Header noch ein aufgeschobenes Spiel zu beenden. Wird ein aufgeschobenes Spiel beendet, darf am gleichen Tag nur noch ein Einzelspiel folgen – ebenfalls hinzugefügt in Regel 4.08 (a)(1). [2017]

9.14 (d) – Official Scorer – Anschreiben der Intentional Base on Balls
Hinzufügung: Trägt der neuen Möglichkeit Rechnung, dass ein Intentional Base on Balls auch ohne Durchführung von Pitches erfolgen kann. Aber ob durch Pitches oder Zeichen – der Official Scorer schreibt eine Intentional Base on Balls an. [2017]

Begriffsdefinition „Base on Balls" – Intentional Base on Balls ohne Pitches möglich

Hinzufügung: Ergänzung der Regelung zu Base on Balls. Ein Schiedsrichter lässt einen Schlagmann auch dann kampflos zum ersten Base vorrücken, wenn der Manager der Defensivmannschaft den Schiedsrichter per Zeichen dazu auffordert. Bei einer solchen absichtlichen Base on Balls gelten die gleichen Regeln wie bei jeder anderen Base on Balls. [2017]

Begriffsdefinition „Tag"

Angleichung und Konkretisierung: Einheitliche Definition mit den Spielschreiber-Regeln aus Abschnitt 9.00. Herabhängende Schnüre eines Fanghandschuhs alleine führen nicht zu einem regelkonformen Berühren („Tag"). [2016]

Begriffsdefinition „Touch"

Konkretisierung – neuer Kommentar: Ausrüstung gilt dann als von einem Spieler oder Schiedsrichter getragen, wenn sich diese in Kontakt mit dem dafür vorgesehen Platz am Körper befindet. [2016]

Abbildung Nr. 4 – Neue Abmessungen gemäß 3.05 und 3.06

Änderung: Die neuen Abmessungen aus den Regeln 3.05 und 3.06 wurden in die Abbildung übertragen. [2016]

BILDNACHWEIS:

Abb. 1 (Spielfeld)	200
Abb. 2 (Home Plate und Bases)	201
Abb. 3 (Aufbau des Pitcher's Mound)	202
Abb. 4 (Fanghandschuh)	203
Abb. 5 (Strikezone)	204

Coverfoto:	Walter Keller
	www.catchthefever.de
Covergrafik (oben):	©Thinkstockphotos/iStock
Lektorat:	Dr. Irmgard Jaeger
Covergestaltung:	Andreas Reuel

Abonnieren Sie unseren kostenlosen Newsletter unter **www.dersportverlag.de**

KRAFT- UND MUSKELAUFBAU

ISBN: 978-3-89899-992-2
€ [D] 19,95/€ [A] 20,60

ISBN: 978-3-8403-7545-3
€ [D] 19,95/€ [A] 20,60

ISBN: 978-3-89899-966-3
€ [D] 24,95/€ [A] 25,70

ISBN: 978-3-89899-876-5
€ [D] 29,95/€ [A] 30,80

Preisänderungen vorbehalten und Preisangaben ohne Gewähr © Thinkstockphotos/iStock/Ingram Publishing

ISBN: 978-3-89899-993-9
€ [D] 29,95/€ [A] 30,80

ISBN: 978-3-89899-945-8
€ [D] 22,95/€ [A] 23,60

ISBN: 978-3-89899-986-1
€ [D] 19,95/€ [A] 20,60

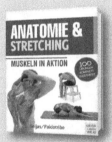

ISBN: 978-3-89899-987-8
€ [D] 22,95/€ [A] 23,60

MEYER & MEYER
Fachverlag GmbH
Von-Coels-Str. 390
52080 Aachen

Telefon 02 41 - 9 58 10 - 13
Fax 02 41 - 9 58 10 - 10
E-Mail vertrieb@m-m-sports.com
Webseite www.dersportverlag.de

Unsere Bücher erhalten Sie online oder bei Ihrem Buchhändler.

MEYER
& MEYER
VERLAG

Abonnieren Sie unseren kostenlosen Newsletter unter **www.dersportverlag.de**

FITNESSTRAINING

ISBN: 978-3-8403-7547-7

€ [D] 25,00/€ [A] 25,70

ISBN: 978-3-8403-7531-6

€ [D] 19,95/€ [A] 20,60

ISBN: 978-3-8403-7562-0

€ [D] 22,95/€ [A] 23,60

ISBN: 978-3-89899-926-7

€ [D] 19,95/€ [A] 20,60

Preisänderungen vorbehalten und Preisangaben ohne Gewähr © AdobeStock

ISBN: 978-3-8403-7552-1
€ [D] 19,95/€ [A] 20,60

ISBN: 978-3-8403-7556-9
€ [D] 19,95/€ [A] 20,60

ISBN: 978-3-8403-7546-0
€ [D] 9,95/€ [A] 10,30

ISBN: 978-3-8403-7558-3
€ [D] 19,95/€ [A] 20,60

MEYER & MEYER	Telefon	02 41 - 9 58 10 - 13
Fachverlag GmbH	Fax	02 41 - 9 58 10 - 10
Von-Coels-Str. 390	E-Mail	vertrieb@m-m-sports.com
52080 Aachen	Webseite	www.dersportverlag.de

Unsere Bücher erhalten Sie online oder bei Ihrem Buchhändler.

MEYER & MEYER VERLAG